李白與地域文化

LI BAI AND REGIONAL CULTURE

蔣志 ——著

文學 LITERATURE AS A PART OF CULTURE

作為文化的一個部分，

它的創作必然受到地域文化的熏染——

ITS CREATION IS INEVITABLY INFLUENCED BY REGIONAL CULTURE

本書是作者三十年李白研究的結晶，

從特定視角展開，與李白家世、生平和詩歌創作密切關連

極具綜合性

全局性

獨創性

目錄

目錄

目錄

目錄

序

蔣志教授長期以來潛心研究「李白與地域文化」這個課題，收穫頗豐，其所累積的成果匯為《李白與地域文化》一書，即將付梓，囑我為序。我深深感激蔣志先生的信任，論年資與學術，我都得尊他為長，因而不敢推辭，乃寫下自己拜讀書稿後的點滴感想與心得以覆命。

蔣志先生是李白故里江油人，一九八〇年代初，他就開始研究「李白與江油」的課題，取得了一系列成果。在此基礎上，他一方面追尋李白生平遊蹤，將研究目光擴大到荊楚、吳越、中原、齊魯、西域，全面考察了李白與地域文化的關係，得出「中華多元文化孕育了李白」的結論；另一方面，又對「李白文化及其現代價值」從理論和實踐上進行了探討與闡釋。在此之前，已有學者從地域著眼，發表過《李白與長江》、《李白與黃河》等具有很高水準的研究論文，但就體系之完整而言，蔣志先生的著作在專論「李白與地域文化」方面仍是第一部。這是從總體上評說蔣志先生這部著作填補空白的創新意義和學術價值。然而，要真正了解這部著作內在的學術價值，還須特別關注其中具有代表性的若干要點。下面，僅就個人體會，談幾個具體問題。

對於李白故里詩作、故里生活以及故里山川、故里文化的研究，無疑是這部著作最富特色的內容構成，蔣志先生在這方面的研究是具有權威性的。比如，李白《訪戴天山道士不遇》詩寫到的戴天山和杜甫《不見》詩寫到的匡山，到底是什麼關係？回答這個問題，似只有李白故里人士才有發言權。早先曾有江油的研究者發表文章，說戴天山即大匡山，又名大康山。我自己以前是信從並引用過這種說法的。

但蔣志先生指出，「戴天山、大匡山是同一山脈的兩座山頭」，「匡山只不過是戴天山前一座小山」，並對兩座山的自然形勢和人文景觀、包括李白「匡山讀書處」做了精確描述。現在我當然就得信從蔣志先生的說法了，因為他寫道：「筆者從小生活在匡山之麓，多次遊匡山，曾專程考察戴天山，二者位置已經弄清。」那麼，你不信從他還能信從誰呢？本書第一編對李白出蜀前的事跡和作品做了全面、深入研究，我想，今後當人們說到李白在故里的經歷和創作時，是無論如何繞不開蔣志先生的成果的。

與故里研究緊密相關而且備受關注的，是李白的出生地問題。由於史料的限制以及對僅存史料的不同解讀，研究界關於李白出生地有多種說法，其中最重要的是碎葉與蜀中兩說。當前，「碎葉說」雖然占據「主流」，但「蜀中說」從未沉寂，我想借此機會說說自己的看法。「碎葉說」所據史料及推論過程是：李白於至德二載（七五七）所作《為宋中丞自薦表》云：「前翰林供奉李白，年五十有七。」由此可以推定其生年為長安元年（七〇一）；李陽冰《草堂集序》說李白之家「神龍之始，逃歸於蜀」，范傳正《唐左拾遺翰林學士李公新墓碑並序》說「隋末多難，一房被竄於碎葉……神龍初，潛還廣漢」，神龍跨了三個年頭，「神龍之始」或「神龍初」必指神龍元年（七〇五），這一年李白已五歲，則李白出生地宜為其家歸蜀前的居住地碎葉。以上史料形成了一個「證據鏈」，第一環是《為宋中丞自薦表》，第二環是並列的《草堂集序》和《唐左拾遺翰林學士李公新墓碑並序》，史料的真實性和推理的邏輯過程都無懈可擊，因此，「碎葉說」成為主流看法是有充分理由的。然而，同樣是《草堂集序》和《唐左拾遺翰林學士李公新墓碑並序》，又都是先記李白之家「逃歸於蜀」或「潛還廣漢」，接著才說到李白的降生，就敘事順序而言，李白是生於其家歸蜀之後；另一條史料，即李白的友人魏顥在

《李翰林集序》中徑言李白「身既生蜀，則江山英秀」。所以，說李白出生於蜀中也是持之有故、言之有據的。應該說，正是原始史料本身造成了「碎葉說」與「蜀中說」的矛盾，這一矛盾是無法解釋更無法消弭的，除非有新的（然而很難指望的）史料發現。所以，關於李白的出生地實應二說並存。安旗主編《李白全集編年註釋》所附由我執筆的《簡譜》，即謂「其出生地無確考，略有二說：一說生於西域（緯按，指碎葉）……一說生於蜀。」但這並不妨礙人們從二說中取其一說，當年，裴斐先生就力主李白生於「蜀中說」，他很看重王琦「神龍之年號乃神功之訛」的推想，在《李白選集》的「前言」中，明謂李白「其父於唐武后神功元年（六九七）遷蜀定居」。蔣志先生也主張「蜀中說」，為了證成此說，他做了多方面的論證：首先是全面梳理了關於李白出生地的各種說法，一一予以仔細的分析辨證，這是一件很有意義的工作；他徵引了岑仲勉《唐史余瀋》的一項考證成果，即蘇頲《唐璿碑》中「神功初征拜輔國大將軍、同中書門下三品」所謂「神功」即「神龍」之訛，以此來支持王琦的推想；他從史書中發現，從七〇三年到七〇六年，西域的形勢是「安西道絕」，從而斷定李白之父不可能在此期間帶著一大家人從「絕道」歸蜀；他還在宋代地理書中檢出「與李白基本上是同時代的於邵，在李白死後八年，在李白故里為李白立碑」一事，碑文雖然不傳，但可間接獲知其中有「白生於此縣」的記載，這無疑給「蜀中說」增添了一個籌碼。因此，我們可以說，對於李白生於蜀中這一說法，蔣志先生的考證用力最勤、學術貢獻也最大。

本書第二編是以平實的敘事性評說為基本表達方式，然而學術探索仍然貫穿其中。比如，在「李白與楚文化」章之「李白與孟浩然」一節中，從二人初識直至浩然辭世，詳細考證了李白與孟浩然交遊的全過程，對李白的名篇《黃鶴樓送孟浩然之廣陵》、《贈孟浩然》以及《遊溧陽北湖亭瓦屋山懷古贈孟浩然》（或作《遊溧陽北湖亭瓦屋山懷古贈同旅》）、《淮南對雪贈孟浩然》（或作《淮海對雪贈傅靄》）、《春日歸山寄孟浩然》等詩篇的作時、作地和寫作背景都有精到而富有創見的考述。對李白為什麼特別崇敬孟浩然，也作了詳盡的分析。這既是李白研究的收穫，也是孟浩然研究的收穫。在「李白與吳越文化」章中涉及吳筠是否曾薦舉李白入朝的問題，與郁賢皓先生展開商榷，認為吳筠「《登北固山望海》顯然是開元盛世所作。開元中漫遊吳越，與李白交往的事，不能輕易否定」。這是很有見解的。在「李白與西域文化」章討論西域音樂對李白的影響，涉及了詞的起源問題，說「西域樂曲形式多樣，節奏較快，傳統的五言、七言詩難以適應，故而打破五言、七言句法，寫出便於歌唱的長短句，這就是詞」，進而論曰：「《菩薩蠻》就是從西域傳入的樂曲。李白善於從西域文化和民間文化中吸取營養，完全可能依曲調填寫《菩薩蠻》。其詞意境宏大，情感深沉，達到了高渾純熟的藝術境界，故被尊為「百代詞曲之祖」」。這一看法，對於判斷《菩薩蠻》是否為李白所作具有正面意義。

蔣志先生不但以嚴肅的態度治學，而且內心富有朝氣，觀察事物的眼光也很有時代性。這在本書第三編有生動體現。當他講到全球化浪潮中李白文化的價值時，視野相當開闊；當他對李白文化傳播中出現的諸如李白是「古惑仔」之類消極現象加以批判時，筆鋒十分犀利；當他從旅遊角度講到李白文化的開發時，甚至不乏經濟頭腦和經營意識。結合李白文化的旅遊開發，他還對近些年出現的關於李白故里的品牌之爭發表了中肯而公允的意見，呼籲「秦安、江油、安陸，還有李白第二次安家的兗州，李白的流放地夜郎（今貴州桐梓），終老之地馬鞍山……一切有李白文化遺蹟的地方都可以聯合起來，共同打造『李白文化之旅』」。我完全贊同蔣志先生的立場和意見，我想，大家都來響應蔣志先生的呼籲，他的這部著作就不僅具有學術價值，而且會顯示出指導現實的應用價值。這一定是蔣志先生所期盼的！

是為序。

薛天緯

二〇一一年三月三十日於京東八里橋寓所

前言

李白是中國詩歌史上的天才、奇才，他的詩歌具有持久的生命力和永恆的藝術魅力，在全世界都享有很大聲譽。李白的愛國主義精神，剛正不阿的高貴品質以及他詩歌藝術上的傑出成就，是中華傳統文化的瑰寶。明晰李白的思想、個性特徵和詩歌藝術風格是怎樣形成的，對於現在建設社會主義先進文化具有重大的學術價值和現實意義。

從一九八〇年代起，李白研究進入了高潮時期，學術界對李白的出生地、家世、生平事跡和李白的思想、藝術成就等方面做了全面的研究和探討。對李白如何接受中華傳統文化影響，做了一般的、籠統的研究，或者說是著眼於宏觀的展現。對李白生平的研究，著重在出蜀之後，而對於其一生至關重要的青少年時期所受的巴蜀地域文化薰陶，以及他曾生活過的地域的風俗民情、思維方式、典型性格對他的影響，更是研究得少之又少。這使李白研究陷入一種表層的平面的述說，對李白的思想、個性特徵、詩歌藝術風格的形成，他與其他詩人的異同的根本原因，未能深入加以探討。要打破這種狀態，必須從李白所受的地域文化影響這樣一個新的視角來研究李白。

中國是一個幅員遼闊、地形複雜、氣候多樣的多民族國家。在歷史的長河中，各地域、各民族共同發展和創造了中華文化。「一方水土養一方人」。由於不同的地理環境及政治、經濟、歷史、民族等種種因素的差異，形成不同地域群的生活方式、思想觀念、行為準則。這種差異具體表現為語言、飲食、建築、婚姻制度、生活習慣、宗教信仰、職業類別，以至於學術文化等等方面的區域差異，由此形成不同特徵的地域文化。因而中華文化既是統一的，又是多元的，即是由若干各具特色的地域文化組成的有機統一體。錢穆先生形象地說：「中國是一個大家庭，她能具備好幾個搖籃，同時哺育好幾個孩子。」（《中國文化史導論》）中華文化與地域文化的關係實際上是共性與個性的關係，或者說是大系統與子系統的關係。中華文化是整個中華民族的共性，而地域文化則是中華文化在各地域的具體表現，或者說是中華文化在各地域的個性。

中國古人就已經看到不同的地域，由於不同的自然條件、經濟條件而產生不同的文化。《禮記·王制》：「廣谷大川異制，民生其間異俗。」強調了地理環境對人類的決定性影響。《管子·水地》：「地者，萬物之本源，諸生之根菀，美惡賢不肖愚俊之所生也。」認識到了在不同地理環境下有不同的人文性格。《史記·貨殖列傳》將中華大地分為山西、山東、江南、北地四大文化地區。《漢書·地理志》云：「凡民函五常之性，而其剛柔緩急，聲音不同，系水土之風氣，故謂之風；好惡取捨，動靜無常，隨君上之情慾，故謂之俗。」該書將中華大地分為秦地（含巴蜀）、魏地、周地、韓地、趙地、燕地、齊地、魯地、宋地、衛地、吳地、粵地（含越）等十二個文化區域。《隋書·地理志》按九州排列，分別敘述其地理環境及風俗習慣、人文性格的差異。

文學作為文化的一個部分，它的創作必然要受到地域文化的熏染。前人早已注意到了這一點，如班固提出「以詩證地」，看出了詩歌風格與山川風氣的內在淵源。劉勰在《文心雕龍》中說：「若乃山林奧壤，實文思之奧府……屈平所以能洞鑒風騷之情者，抑亦江山之助乎？」《隋書·文學傳序》：「江左宮商發越，貴於清綺；河朔詞義貞烈，重乎氣質。」宋代王應麟在《詩地理考序》中說：「人之心與天地山川流通。發於聲，見於辭，莫不繫水土之風而屬三光五嶽之氣。因詩以求其地之所在，稽風俗之厚薄，見政化之盛衰，感發善心而得性情之正。」指出了詩歌與特定地理環境之關係。劉師培《南北文學不同論》說：「大抵北方之地，土厚水深，民生其間，多尚實際。南方之地，水勢浩洋，民生其間，多尚虛無。」他論證了不同地域的音聲不同造成南北文學的差異，不同地域的山川相異導致民俗不同而詩歌各異。

中華文化在其發生時期呈現多元狀態。在夏商周三代時，形成了中原的中央王國文化與周圍方國文化的相互依存。到春秋戰國時期，地域文化的格局已經形成，中原有河洛文化、三晉文化，關中有秦文化，黃河下遊有齊魯文化、燕趙文化，長江上遊有巴蜀文化，長江中遊有荊楚文化，長江下遊有吳越文化。秦漢時期，從政治、經濟、疆域上統一了中國，在文化上實行專制主義。中華文化的共性淩駕於地域文化的個性之上，一體化的表象幾乎湮沒多元化的潛質。但各地域文化的基本特徵是在上千年歷史、獨特的地理等多種因素作用下形成的，不能也不可能驟然消亡，文化專制主義並沒有從根本上改變各地域文化的個性特徵。魏晉南北朝時期，北方少數民族南遷，帶來了胡文化，在戰亂之中，多元文化相互碰撞，相互融合，在此基礎上隨著隋唐帝國的統一，出現了氣勢恢宏、輝煌壯麗的盛唐文化。李白正是盛唐文化哺育的偉大詩人。盛唐文化本身就是各地域文化相互交融，並汲取了外來文化之精華而產生的。李白是中國古代作家中個性最突出，創作特徵最鮮明的詩人，我們在探討李白之所以能成為偉大詩人及其個性特徵的形成時，僅泛泛地論述中華文化、盛唐文化對李白的影響是遠遠不夠的，必須要探討各地域文化對他的影響。

筆者把李白放在中華文化這個大的背景下，從地域文化的特定視角來深入探討李白的思想性格與詩歌創作的個性特徵形成的原因。這就使李白與中華傳統文化的關係，從一般的平面的關係，變為具體的立體的多層次的關係。這在李白研究中具有綜合性、全局性和獨創性，填補了李白研究在這方面的空白。

人是文化的創造者，又是一定文化的產物。美國著名的人類學家本尼迪特克說：「個體生命史首先要適應他的共同體世代相傳的方式和標準，從他出世時候起，他生入其中的風俗習慣就塑造他的經驗和行為，到他會講話時，它的習慣就是他的習慣，它的信念就是他的信念。」這就是說一個人在他出生後就要受到他生活的地域文化的影響，而這種影響是無可抗拒的。李白出生於蜀，在蜀中生活二十五年，因此首先要研究李白在巴蜀的事跡與行蹤，研究巴蜀文化對李白的決定性的影響，探討他如何繼承巴蜀文化的優良傳統。然而，李白在巴蜀這一段歷史，史料貧乏，且多矛盾，學術界爭議很大。如李白是不是生於蜀，李白出生在怎樣一個家庭，李白青少年時期在蜀中接受的什麼樣的教育，李白在巴蜀走過哪些地方，與哪些人交遊，創作過哪些詩文，都是需要弄清的問題。筆者有幸生長於李白故里，少年時就在李白讀書的匡山之麓，聽父親講李白的故事，背誦李白的詩歌，在那時就產生了對李白的崇敬之情。

李白二十五歲出蜀以後，漫遊中國各地，先後接受了荊楚文化、吳越文化、中原文化、齊魯文化的影響。李唐王朝是一個十分開放的王朝，西域文化滲透到內地，李白父輩就是從西域而來，在那樣的家庭環境中，必然也受到了西域文化的影響。正是由於李白廣泛地接受各地域文化的影響，吸收其精華與長處，終於成為名揚海內的大詩人。

李白漫遊中國，在各地留下遺蹟、詩作和傳說故事，而且影響其民俗，給當地文化增添了色彩，形成了李白文化，留下了李白文化旅遊資源。本書在研究各地域文化對李白的影響中，綜合提出了「李白文化」這一概念，對這新的概念作出了比較準確的界定，對其內涵與外延作了論述。並對「李白文化」

前言

在當代的情況作了考察，對「李白文化」的現代價值進行了闡述。對李白文化旅遊資源的開發與保護作了較詳的論證。這也是對李白文化的實用價值的發掘。

本書不僅僅從文學、史學的角度研究李白，而是打開視野，從歷史學、人文地理學、社會學、民俗學、文化學、美學等多個角度研究地域文化對李白的影響。其獨創性的觀點主要有：

❖ 對於李白出生於蜀的觀點，進行了詳細的很有說服力的論述；對於李白生於碎葉、焉耆、哈密、條支、阿富汗等觀點進行了有力的批駁；對當前網路上　熱門話題「李白故里之爭」給了明確的答案。

❖ 在李白家世問題上，認為李白出身並非貴族富商，而是普通平民百姓，李白之父並非富商，而是文學修養很高的繼承了中華文化的隱士，駁斥了李白之父是胡商，李白是胡人、外國人的觀點。

❖ 對於李白在蜀中的事跡、詩作做了詳實的考證。學術界對青年李白的隱居地有不同觀點，戴天山、大匡山兩者的關係沒有搞清楚。筆者透過調查研究，明確了它們的具體位置。

❖ 對於李白在蜀中的交遊，特別是與趙蕤的關係及所受的影響，做了詳細的論述。

❖ 論述了巴蜀文化對李白的影響，論證了李白從小受巴蜀文化的薰陶而形成自己獨特的個性。

❖ 李白漫遊中國各地，先後接受了楚文化、吳越文化、中原文化、魯文化的影響。李白父輩從西域而來，也接受了西域文化的影響。李白正是由多元一體化的中華文化孕育出來的偉大詩人。

❖ 從地域文化的特定視角，尋求李白的思想性格與詩歌創作的個性特徵形成的原因，比較李白與同時代詩人杜甫、孟浩然的異同。

❖ 在研究各地域文化對李白影響的基礎上，提出了「李白文化」概念，對這新的概念，作出了明確的界定和闡述。

❖ 論述了「李白文化」的形成，按文化結構將李白文化分為三個層次，分別進行論述。對「李白文化」在當代的情況作了論述；對於李白文化的核心——精神文化及其現代價值進行了闡述，特別是對於李白的愛國主義精神，崇拜和熱愛大自然的精神及其現代價值進行了詳細論證。

❖ 對李白文化旅遊資源的狀況、價值進行了論述；對李白文化旅遊資源的開發與保護提出了對策。

本書既具有學術價值，填補了學術空白，又具有實用價值，可以產生社會效益和經濟效益。

中國李白學會會長薛天緯教授評價：「《李白與地域文化》的研究從一個特定視角展開，與李白家世、生平和詩歌創作密切相關，具有綜合性與全局性。」（《李白文化研究．序》）他又說：「這裡特別要說道，李白的地方性研究，構成了李白生平與創作研究的一項重要的、有特色的內容……蔣志先生的一系列關於李白故里的研究成果……憑藉地利優勢，帶著對李白的特殊感情，以專注而精心的力量投入所取得的研究成果，具有不可替代的價值。」

筆者曾撰《李白蜀中論考》，內部印發了一千冊，早已在幾次學術會上分送完。在「中國李白網」上評介了《李白蜀中論考》後，有不少研究李白的專家學者和李白的崇拜者索要此書。現在將該書的主要內容納入《李白與地域文化》中，正式出版發行，以饗讀者。

前言

第一章 李白出生於蜀

第一章　李白出生於蜀

唐代偉大詩人李白於西元七〇一年出生於劍南道綿州巴西郡昌隆縣青蓮鎮（今四川省江油市青蓮鎮）。這個本來就有充分歷史根據的觀點卻遭受過不少質疑。

李白的出生地在唐代就有不同說法。《舊唐書・李白傳》說李白是山東人。《新唐書・李白傳》說：「李白……其先隋末以罪徙西域，神龍初遁還，客巴西。白之生，母夢長庚星，因以命之。」這就糾正了《舊唐書》的謬誤。從兩宋以至近代，對李白生於蜀並無異議，只是王琦提出了一個疑問，他在《李太白全集》後的《年譜》中說：「以《代宋中丞自薦表》核之……神龍改元，太白已數歲，豈神龍之年號乃神功之訛，抑太白之生在未家廣漢（綿州在漢代屬廣漢郡）之前歟！」但他最後的結論仍然很明確：「太白生於蜀中。」到一九二六年，李宜琛《李白底籍貫與生地》首倡李白生於西域說，後來陳寅恪在《李太白氏族之疑問》一文中也認為「太白生於西域，不生於中國。」但這個觀點並未引起學術界多大迴響，在《辭源》、《辭海》上皆說李白生於蜀。

一九七一年郭沫若發表《李白與杜甫》，提出李白「出生於中亞細亞的碎葉城」，其位置在今吉爾吉斯境內的托克馬克附近。接著中國的對蘇照會也說，中國偉大詩人李白出生於碎葉，說明那片土地自古是中國所有。在那「萬馬齊喑」的日子裡，權威的話一出，也就一錘定音了，所有的工具書、教材都改為李白出生於中亞碎葉。

筆者首先向「李白生於碎葉說」發難，幾經周折，拙作《李白生於四川江油》終於在一九八二年《四川大學學報叢刊》第十五輯上發表，在學術界引起熱烈討論。一九八〇年代先後出現了六種李白出生地的說法，除「中亞碎葉說」、「蜀中說」外，還有「新疆焉耆說」、「新疆哈密說」、「阿富汗（條支）說」、「長安說」。經過激烈爭論，「李白生於蜀」的觀點為大多數人所接受，一九九二年版改為

「李白彰明（今江油）人」。《中國大百科全書》、《英國簡明不列顛百科全書》的「李白」專條中，也明確肯定李白生於四川江油。但爭論並未結束，有幾位學者對「李白生於蜀」的觀點質疑，在此將李白生於蜀的觀點作一系統闡述，並對「非蜀中」說質疑。

第一節　李白生於四川江油

第一個為李白編詩集的魏顥說李白「身既生蜀」，這個說法是可靠的。李白與魏顥的關係很親密，據李白《送王屋山人魏萬還王屋》詩序中說：「王屋山人魏萬（即魏顥）云：自嵩宋沿吳相訪，數千里不遇，乘興遊台越，經永嘉，觀謝公石門，後於廣陵相見。美其愛文好古，浪跡方外，因述其行而贈是詩。」魏顥在天寶十三年（七五四）用了半年時間，走了幾千里路訪問李白，可見對李白十分崇敬。李白對魏顥也很尊重，「宣父敬項橐，林宗重黃生。一長復一少，相看如弟兄。惕然意不盡，更逐西南去。同舟入秦淮，建業盤龍處。」他倆從春到夏，很親密地一同遊覽了廣陵、金陵等地。李白說魏顥「爾後必著大名於天下，無忘老夫與明月奴，因盡出其文，命顥為集」。魏顥沒有辜負李白的信任，七年後將李白的詩編為《李翰林集》並作序（以下簡稱「魏序」），序言中說：「蜀之人無聞則已，聞則傑出。是生相如、君平、王褒、揚雄，降有陳子昂、李白，皆五百年矣。白本隴西，乃放形，因家於綿。身既生蜀，則江山英秀。」這裡很明確地說李白祖籍在隴西，出生於蜀。魏顥寫這篇序言的時間是上元末，即西元七六一年，李白還健在，序中說：「白未絕筆，吾其再刊。」他還準備以後再給李白編詩集。

王輝斌先生對「魏序」「白本隴西，乃放形，因家於綿。身既生蜀」是這樣解釋的：「李白祖籍隴西，他因為『放形』的原因，才家於綿，遷居於四川的，由此我們可知，李白在未曾『放形』前是居於他地的……李白『放形』後『家於綿』乃在他五歲時隨父所致……『身既生蜀』這個生是生活、生長的意思。」這裡我們要弄清「放形」的意思。「放形」源於王羲之《蘭亭集序》：「夫人之相與，俯仰一世，或取諸懷抱，悟言一室之內，或因寄所托，放浪形骸之外。」「放形」即「放浪形骸」，指不受封建禮法拘束，看破功名利祿的隱士的行為，這絕非五歲的李白的行為，而是指李白之父，這與范傳正《李公新墓碑並序》（以下簡稱「范碑」）可以印證，「父客以逋其邑，遂以客為名，高臥雲林，不求祿仕」。這表明李白之父隱居於綿州（屬廣漢），放形於山水間。「魏序」說李白「身既生蜀」的「生」，只能解釋為誕生，因為在此之前還有一大段話：「自盤古劃天地，天地之氣艮於西南。劍門上斷，橫江下絕，岷峨之曲，別為錦川。蜀之人無聞則已，聞則傑出。是生相如、君平、王褒、揚雄，降有陳子昂、李白，皆五百年矣。」這是從蜀中的「地靈」說到「人傑」，列舉了六位名人，都誕生於蜀，有什麼道理要把李白剔出來，說他只是長於蜀，而非生於蜀？再說，若「身既生蜀」的「生」解釋成「生活」、「生長」，就成了「李白的身體生活、生長在蜀」，很不通順，明顯地違背了原意。

李家烈先生又為之辯解說：魏顥舉的蜀人，「亦全非土生土長的蜀人」。「自漢唐以降，對司馬相如的生籍一直就有異議……君平、王褒，雖被籠而統之稱為蜀人，但『未詳生於何縣』，可見其生籍是否蜀中仍值得懷疑」。筆者認為，不能因這幾位蜀中傑出人物具體生於何縣有異議就推翻「誕生於蜀」這個大前提。

司馬相如的祖上是秦滅巴蜀後遷入蜀的，先定居於安漢縣（今蓬安縣），司馬相如可能出生於安漢，後遷居成都。蔡榮中、蕭紅濤先生的《相如故里知何處》有詳實考證。不論相如生於蓬安或是生於

第一節　李白生於四川江油

成都，但生於蜀這個大前提是無法推翻的。晉朝人常璩《華陽國志》對土生土長的巴蜀人作了「小傳」和「贊」，一一指出其生籍，嚴君平為成都人，王褒為資中人。現在還找不出否定他們生於蜀的證據。「魏序」把李白同土生土長的巴蜀名人列在一起，當然是說李白也是生於蜀。

李陽冰是李白的從叔，西元七六二年李陽冰在當塗做縣令時，李白投靠於他。「陽冰試絃歌於當塗，心非所好，公遐不棄我，乘扁舟而相顧，臨當掛冠，公又疾亟。草稿萬卷，手集未修。枕上授簡，俾予為序」。在李陽冰作的《草堂集序》（以下簡稱「李序」）仲介紹的李白家世，應當是出自李白「枕上」親授。《序》曰：「李白，字太白，隴西成紀人，涼武昭王暠九世孫，蟬聯組，世為顯著。中葉非罪，謫居條支，易姓與名。然自窮蟬至舜，五世為庶，累世不大曜，亦可嘆焉。神龍之始，逃歸於蜀，復指李樹而生伯陽。驚姜之夕，長庚入夢，故生而名白，以太白字之。」這段文字明明白白地說入蜀之後李白才誕生。再從李白這個名字來看，只有生在西蜀才有可能姓李名白，因為他家在西域是「易姓與名」，並不姓李，入蜀後才復姓李，如果李白出生於西域就不會叫做李白了。

劉友竹先生對「李序」這段話又有不同的解讀：「『復指李樹而生伯陽』是說李家復姓，而不是說生李白。」李家烈先生也持相同看法。筆者認為「復指李樹而生伯陽」這是引用老子出生的典故，葛洪《神仙傳》卷一：「老子者，名重耳，字伯陽……或云老子之母，適至李樹下而生，老子生而能言，指李樹曰：『以此為我姓。』」在唐詩中也有用此作為詠李氏出生的典故，李陽冰用此典故也是指李白出生。此可緊接在「神龍之始，逃歸於蜀」之後，下面又說「驚姜之夕，長庚入夢，故生而名白，以太白字之」。這就明白無誤地說李白是在其家遷入蜀後才出生的，並以此為契機恢復李姓，改名李白。

與李白同時代的劉全白在貞元六年（七九〇）即李白去世後的二十八年寫的《唐故翰林學士李君碣

第一章　李白出生於蜀

記》一開頭就以肯定的語氣說：「君名白，廣漢人。」綿州巴西郡昌隆縣（後稱彰明縣，今屬江油縣）在漢代屬廣漢郡，劉全白按漢時地名而言，故稱之為「廣漢人」。《碣記》中還說：「全白幼則以詩為君所知，及此投吊，荒墳將毀，追想音貌，悲不能止。」可見劉全白不僅見過李白，而且還有較深的交往，他說李白是廣漢人，應當是有根據的。

與李白交誼最深，當然是杜甫。從杜詩中可以看出杜甫認為西蜀乃李白誕生之地。《不見》中的「匡山讀書處，頭白好歸來」就有「葉落歸根」的意思。曾有人說匡山是指廬山，那是誤解，杜田的《杜詩補遺》早就糾正了這個錯誤：「白厥先，避仇客居蜀之彰明，太白生焉。彰明有大小匡山，白讀書於大匡山，非匡廬也。」杜甫寫此詩時正在四川，與李白已經分離了十多年，他急切地想再見到李白，所以希望李白回到四川故鄉來。如果匡山是指廬山，這詩句豈不是應改為「白頭好歸去」嗎？在江油青蓮鄉李白故鄉的對面確實有一座匡山，山中有大明寺，李白少年時就在此寺中讀書。匡山屬岷山的支脈，也就是李白「與東嚴子隱於岷山之陽」的所在。唐朝人鄭谷《蜀中》詩「雲藏李白讀書山」也是指大匡山。據縣誌「山石方隅，皆如匡形」，故名匡山。山中的廟宇早在貞觀年間就修建了。至今在匡山的《大明寺住持碑》上刻有：「……唐第七主玄宗朝翰林學士李白字太白，少為當縣小吏，後止此山，讀書於喬松滴翠之平有十載……有題是寺詩云：『曉峰如畫參差碧，藤影搖風拂檻垂。野徑來多將犬伴，人間歸晚帶樵隨。看雲客依啼猿樹，洗鉢僧臨失鶴池。莫怪無心戀清境，已將書劍許明時。』」這首李白的《別匡山》表達了對誕生養育自己的故鄉的熱愛和依戀的情感，可以和杜詩相印證。

與李白基本上是同時代的於邵，在李白死後八年，在李白故里為李白立碑，這塊碑雖已不存，但在宋代的一些史志著作中還有記載。北宋初太平興國年間（九七六至九八四）樂史編著的《太平寰宇記》

第一節　李白生於四川江油

卷八三載：綿州彰明縣「李白碑在寧梵寺門下，梓州刺史於邵文」。北宋神宗時期王存編著的《元豐九域志．新定九域志》卷七綿州條下載：「李太白碑，唐梓州刺史於邵文。」北宋末徽宗時期歐陽忞編著的《輿地廣記》卷二九載：「彰明縣……有唐李白碑，白之先世嘗流巂州，其後內移，白生於此縣。」明代曹學佺編著的《蜀中名勝記》卷九載：「彰明縣清廉鄉有李白讀書堂，後廢為隴西院，蓋以太白系出隴西雲，院後有太白像。李翰林墓碑云：白本宗室子，其先避地客蜀，居蜀郡之彰明，太白生焉。彰明邑有大小匡山，大匡山乃太白讀書處。《圖經》（宋代人編）：梓州刺史於邵作李白碑，在縣之寧梵寺三門下。志云：碑在縣南二十里即白故宅。」以上四種史料均載：在李白故里有唐李白碑，其中三種史料明確指出碑文作者是梓州刺史於邵；兩種史料涉及碑文內容，肯定李白生於蜀之彰明縣。怎樣看待這些史料？劉友竹先生和王輝斌先生持否定態度，他們引用《舊唐書．於邵傳》說於邵「超遷梓州，以疾不赴」，未去梓州上任，所以《太平寰宇記》、《圖經》、《蜀中名勝記》所載皆子虛烏有，好事者所為。對此必須一辯：於邵未去梓州上任與去綿州為李白樹碑是兩碼事，不能以前者否認後者。於邵未去梓州，但他卻去過綿州。《全唐文》卷四二九載於邵寫的《為劍南西川崔僕射再請入朝表》：「伏奉手詔，許臣入朝，臣自西川軍還，理裝撰吉，與監軍使孟遊仙等，以今月五日發成都，十二日至綿州羅江縣，中使馬承情至，又奉恩旨，令臣與遊仙等卻回，臣久辭闕庭，從事邊塞，思一朝覲。」此表大約寫於大曆五年（七七〇），時李抱玉兼山南西道節度使，因於邵守巴州有功，超遷於為梓州刺史，後因病未赴任，唐王朝要調於邵回朝做兵部侍郎，西川節度使崔寧請求留於邵做度支副使，因此於邵跟隨崔寧左右。在入朝途中，走到綿州羅江縣，為崔寧代寫這道表章。在綿州待命期間，於邵完全有可能遊李白故里，因綿州距彰明僅三十公里，此時於邵雖未去梓州上任，但梓州刺史頭銜尚在，出於對去世才八年的李白的仰慕，在其故里以梓州刺史名義為之立碑，這完全是情理中事。怎麼能輕率斷之為「子虛烏有」。

比於邵晚一點的范傳正，在李白墓前立碑。李白曾與其父有交往，范傳正與李白「有通家之舊」，記事應當可靠。范傳正的《唐左拾遺翰林學士李公新墓碑並序》：「公名白，字太白，其先隴西成紀人。絕嗣之家，難求譜牒。公之孫女搜於箱篋中，得公之亡子伯禽手疏十數行，紙壞字缺，不能詳備。約而計之，涼武昭王九代孫也，隋末多難，一房被竄於碎葉，流離散落，隱易姓名。故白國朝以來，漏於屬籍。神龍初，潛還廣漢，因僑為郡人。父客以逋其邑，遂以客為名。高臥雲林，不求祿仕。公之生也，先府君指天枝以復姓，先夫人夢長庚而告祥，名之與字，咸取所象。」郭沫若先生根據這段文字推論李白出生於碎葉。其實這段文字與「李序」的意思是一樣的。「神龍初，潛還廣漢……高臥雲林，不求祿仕」。這是說李父的事，接下來說李白：「公之生也，先府君指天枝以復姓，先夫人夢長庚而告祥，名之與字，咸取所象。」「范碑」很清楚地說李家在西域「隱易姓名」入蜀後生李白才復姓，若李白生在西域，他能復姓李嗎？能產生「李白」這個名字嗎？古人生下地就有姓名，不可能生下來無姓無名，等到五歲入蜀才取名李白。

松浦友久先生實事求是地肯定：「從李序到魏序、范碑等基本資料，都把蜀地作為李白的出生地。」肯定了「李序、范碑及《新唐書》等基本資料的來源是相當可靠的，訛誤的可能性極小」。「李序是出自李白臨終時托之『草稿萬卷』的族叔李陽冰之手；魏序是敬仰李白的魏顥在廣陵親承李白教誨時所得的內容的記述；而范碑是范傳正根據李白的孫子從『箱篋中』得到的亡父伯禽的『手疏十數行』整理的。這些直接或間接得來的資料彙集了李白自己的說法。從這一點看，至少可以說李白自己經常把出生地說成巴蜀。在他的詩文中把巴蜀作為故鄉的地方很多，可以證實這一點」。但是松浦先生又是主張李白生於西域的，他說「李序范碑在李白出生地這點上就做了非常模糊的（違背事實）記述」。既說李序范碑「相當可靠」、「訛誤的可能性極小」，又恰好在出生地這個重大問題上作了錯誤記述，這種自相矛盾的說法，令人難以信服。松浦先生認為李序范碑對李白出生於西域作了掩飾，他說：李白「是在西域出生的，大體上也可以斷定是異族出身的移居者。不用說，這樣的條件，作為名門之後參與政治和依靠權勢者的推薦而顯達是沒有希望的，甚至連透過科舉而參與政治也是不可能的。」也就是說，李白出於政治上的原因隱瞞了西域出生的事實。不過，「李序」是根據李白病危時的自述，「范碑」是根據伯禽手疏，臨終前的李白已經沒有任何參與政治的慾望了，他又何必對其叔、其子隱瞞出生地呢？再說，李唐王朝是在長時期民族大融合的基礎上建立的繁榮富強的具有開放精神的朝代，皇帝本身就有異族的血緣，唐朝的統治者採取了「華夷一體，一視同仁」的開放的民族政策，擢用了不少出生於邊陲的人才，讓他們參與政治，側身中樞。如張九齡出身於嶺南庶族，哥舒翰是出生於西域的突騎施人，李光弼是出生於遼寧的契丹人……這些與李白同時代的人，或為將，或為相，顯赫一時。可見當時出生邊陲異族並非恥辱，也不構成參與政治的障礙，李序、范碑大可不必為李白出生西域作掩飾，他們對李白出生地並沒有作違背事實的記述。

有關李白出生地的史料記載的確有相互矛盾的地方，這是無可諱言的。最先發現這個矛盾的是王琦，他在《李太白年譜》中說：「李華作太白墓誌曰年六十二，則應生於長安元年，以代宋中丞自薦表核之，表作於至德二載丁酉，時年五十有七合之，長安元年為是……又按李陽冰序云：神龍之始逃歸於蜀，復指李樹而生伯陽。范傳正墓碑云：神龍初潛還廣漢……神龍改元，太白已數歲，豈神龍之年號乃神功之訛，抑太白之生在未家廣漢之前歟！」在此年譜的後一部分，他又以肯定的口氣說：「太白生於蜀中，出蜀之後，不復旋返。」又說：「太白生於昌明之清廉鄉，讀書於大匡山……在唐人已傳說如此，而圖經地誌且引為故實，名公才士亦往往見於詩文。」可見王琦雖提出了「太白之生在未家廣漢之前」的疑問，但仍然認定「太白生於蜀中」，也就是說他承認「神龍之年號乃神功之訛」。拙文《李白出生於四川江油補正》提出：「從歷史文獻來看，也確有『神龍』與『神功』相混淆的先例。如《全唐文》所載蘇頲《唐璿碑》中有『神功初征拜輔國大將軍、同中書門下三品』。岑仲勉先生考證此處『神功』系『神龍』之訛。」李從軍、劉友竹先生對此提出詰難，他們認為神功訛為神龍則可，神龍訛為神功則不可。李先生說：「年號至少在兩年以上的才能曰『初』，而武則天神功年號卻是萬歲通天二年的改元，改元時間在九月，次年正月即是聖歷元年。這樣，神功年號總共只有四個月時間，又怎麼能稱『神功初』、『神功之始』呢？絕無可能。」劉先生也說：「神功這個年號總共才三個多月，它是無所謂『始』和『末』的，『神功之初』這個提法根本不通。」李、劉兩位先生把時間的長短與時間的階段性兩種概念混淆起來了。「初」、「始」、「中」、「末」是指時間的階段性，「長」與「短」是指某一段時間的全過程，它是相對的，四月較之一年為短，較之一月為長，較長的時間與較短的時間都可分為階段，都可以有「始」、「初」、「末」，一年有一年之初，一月有一月之初，哪怕是一分鐘也有一分鐘之初。哪能說時間長才能分階段，時間短就無所謂始末。「神功」這個年號是只有三個多月，能有「神功之初」的說法嗎？有。裴斐先生已舉出《新唐書．王傳》：「神功初，靖邊道大總管武攸宜破契丹還。」我們在《新唐書》、《舊唐書》中還可找出若干例子說明短在兩年之內的年號，以致幾個月的年號，也有「初」之稱：

《新唐書・韓琬傳》：「景雲初，以特進為朔方行軍大總管。」西元七一〇年七月改元景雲，西元七一一年正月改元太極，景雲年號僅用一年半。

《新唐書・王方翼傳》：「永淳初，十姓阿史那車薄啜叛，圍弓月城。」西元六八二年二月改元永淳，西元六八三年十二月再改元，永淳年號不足二年。

《新唐書・王孝傑傳》：「證聖初，復為朔方道總管，與吐蕃戰，不利，免。」《舊唐書・王孝傑傳》：「延載初，人為瀚海道行軍總管，餘如故。證聖初，又為朔方道總管，尋坐與吐蕃戰敗，免官。」西元六九四年五月改元延載，西元六九五年一月再改元證聖，當年九月又改元天冊萬歲，延載與證聖這兩個年號都只用了八個月。

像以上例子還可以舉許多，這說明一個年號儘管只有幾個月，其開始的時間，都可稱「初」，說年號短的不能稱「初」，不過是臆斷而已。

既然「神功之初」的說法能夠成立，那麼也就有「神龍初」為「神功初」之誤的可能性。這種訛誤的可能性，還可從以下幾方面分析：

❖ 一個字錯的可能性較之全文錯的可能性為大。如上所述，「李序」、「范碑」明白無誤地說李白是其家人蜀後才誕生，這樣明確的事實是不易出錯的，而「功」錯為「龍」的可能性是很大的。

❖ 唐代年號更改頻繁，武則天當政時，改元次數特別多。從高宗永徽元年至玄宗開元元年，六三年中改元四十一次。李白出生前後那二十年（中宗嗣聖元年至神龍元年）改了十九次年號，其中有十五個年號只用了幾個月。對這麼多年號要在事隔半世紀之後，記憶準確，難矣哉！但出生地只有一個，很難記錯。

❖范傳正「得公之亡子伯禽手疏十數行，紙缺字壞，不能詳備」，根據這雖珍貴但簡單的殘稿，不能寫出那麼詳的碑文，其中必有因循「李序」處，「神龍初，潛還廣漢」應當是因循之一。

❖從神龍元年碎葉鎮的形勢看，李白一家不可能在那時離開碎葉。七世紀末，西突厥十姓之一的突騎施部開始強大，西元七〇三年突騎施首領烏質勒起兵反對唐中央政府任命的蒙池都護西突厥可汗斛瑟羅，「突騎施酋長烏質勒與西突厥諸部相攻，安西道絕。」。西元七〇四年唐中央政權又任命阿史那懷道為西突厥可汗，但仍不能控制西突厥地區，混戰仍在進行。西元七〇六年安西大都護郭元振報告碎葉情況：「頃年忠節請斛瑟羅及懷道俱為可汗，亦不得招脅得十部，卻遣碎葉數年被圍。」郭元振作為唐中央政權的代表，協調西突厥諸部，去烏質勒軍帳前，與之談判，「烏質勒老不勝寒，會罷而卒，其子娑葛勒兵將攻元振，副使御史中丞解琬知之，勸元振夜逃去，元振曰：『吾以誠心待人，何所疑懼，且深在寇庭，逃將安適？』」由此可見，碎葉在西元七〇五年前後都是處於被包圍狀態，戰爭致使「安西道絕」，連統率有軍隊的郭元振都逃不出去，李白一家還能離開碎葉嗎？而「神功之初」（六九七）碎葉處於和平狀態，商旅暢通，李白一家才有可能離開碎葉，經長途跋涉，定居於西蜀後，於七〇一年生下李白。

李白本人認為巴蜀是自己的家鄉，雖未明確說自己生於蜀，但多次談到自己是蜀人，對於誕生養育自己的故鄉懷著深厚的眷戀之情，這種感情愈到晚年愈加強烈。

《題嵩山逸人元丹邱山居》：「家本紫雲山，道風未淪落。」「家本」的意思就是老家，是指誕生自己的家庭居住的地方。紫雲山就在今江油縣境內。《彰明縣誌》卷四記載：「紫雲山在綿州彰明縣西南四十里，峰巒環秀，古木樛翠，常有紫雲結其上故名。」現存的李白故居遺址就在紫雲山下。《上安

第一節　李白生於四川江油

州裴長史書》：「見鄉人相如大誇雲夢之事，雲楚有七澤，遂來觀焉。」司馬相如是西蜀人，李白認之為同鄉，當然他自己是蜀人。就在這封上書上還說他「少長江漢」，這個「江漢」不是現在說的湖北境內的江漢平原。古代漢水有東西漢水之分。《漢書．地理志》：「東漢水，受氐道水，一名沔，過江夏，謂之夏水，入江……西漢水所出，南入廣漢白水，東南至江州（今重慶）入江。」東漢水即今漢水，西漢水即今嘉陵江。唐代把岷江視為長江正源，因此岷江與嘉陵江這一帶的西蜀之地稱之為「江漢」，這在不少唐人的詩中可找出證據，如王勃《普安建陽題壁》：「江漢深無極，梁岷不可攀。」杜甫《送李卿曄》：「暮景巴蜀僻，春風江漢清。」盧藏用《陳伯玉文集序》云：「君諱子昂，字伯玉，蜀人也，崛起江漢，虎視函夏。」李白自稱「少長江漢」，當然是說他生長於西蜀。李白還有三十多首懷念家鄉西蜀的詩，如《淮南臥病寄蜀中趙徵君蕤》：「國門遙天外，鄉路遠山隔。朝憶相如台，夜夢子雲宅。」司馬相如台，揚子雲宅都在西蜀。《渡荊門送別》：「仍憐故鄉水，萬里送行舟。」他的思鄉之情愈老愈濃烈，晚年寫的《宣城見杜鵑花》：「蜀國曾聞子規鳥，宣城還見杜鵑花。一叫一迴腸一斷，三春三月憶三巴。」渴望葉落歸根的情感，何其強烈！

宋代的人一致認為李白生於蜀。北宋淳化五年（九九四），彰明縣令楊遂立的《唐李先生彰明縣舊宅碑》（以下簡稱「舊宅碑」）說：「僕嘗論蜀中自昔多出名人才士，其尤者，漢則司馬長卿、王子淵、楊子雲，唐則陳子昂暨先生耳……岷山之精，上為金星，母也夢協，先生以生。」很明確說李白生於蜀。北宋趙抃《成都古今記》云：「李白生於彰明之青蓮鄉。」曾鞏《李太白文集後序》也說：「白，蜀郡人。」北宋末年的《宣和書譜》說：「李白，字太白，生於巴西。」唐代綿州又稱巴西郡，生於巴西就是生於綿州。北宋歐陽忞《輿地廣記》彰明縣條目下說：「白之先世，嘗流巂州，其後內移，白生於此縣。」嶲州是今四川西昌，無論這種說法是否可靠，但說李白生於彰明是很明確的。此外，在北宋哲宗時期，在彰明當縣令的楊天惠所寫的《彰明逸事》也明確說：「唐李白本邑人。」不止是從民間所收集的「逸事」是這麼說，歐陽修、宋祁這兩位大史學家編撰的正史《新唐書·李白傳》，依據「李序」、「范碑」說：「李白……其先隋末以罪徙西域，神龍初遁還，客巴西。白之生，母夢長庚星，因以命之。」可以說，李白生於四川，在宋朝已成定論，明代的學者楊慎、王世貞、胡應麟等又重申李白祖籍隴西，誕生於西蜀，流寓於山東的觀點。

李白究竟誕生於何地？這在李白的故鄉是不成問題的事情，千百年來一直認為李白就誕生於本縣青蓮鄉。關於李白誕生的一些故事、軼聞世代相傳，李白故居遺址至今猶存。李白的家庭入蜀後定居的地點，即李白的出生地當時在綿州巴西郡昌隆縣青蓮壩，現屬江油市青蓮鎮，此地北距江油市城區（中壩）十三公里，東北距原彰明縣城（今彰明鎮）七公里，南距綿陽（古綿州）二十三公里，處於涪江與盤江匯合處，背靠天寶山、太華山；面對紫雲山、戴天山、大匡山，位於古陰平道（甘肅通往川西的古道）旁。

地方志明確記載李白出生於青蓮鄉。《四川總志》：「龍安府平武縣有蠻婆渡，在江油青蓮壩，相傳李白母浣紗於此，有魚躍入籃內，烹食之，竟有孕，是生白。」《江油縣誌》：「唐李白生於青蓮壩，舊隸江油治南七十里。」《彰明縣誌》：「青蓮鄉一名漫波渡（又名蠻婆渡），相傳李白母浣紗於此，有鯉魚躍入籃內，烹而食之，遂孕而生白。」縣誌中還記載了清代乾隆年間的著名學者李調元的《太白故里考》：「自唐李陽冰序其文，劉全白撰其碑碣，皆雲廣漢人，而論白者或曰隴西，或曰山東，不知白實生於蜀之巴西也。唐范傳正志其墓曰：『涼武昭王九世孫，昭王隴西人。隋末以罪徙西域，神龍時白父客自西域逃之綿之巴西而生白焉。』即今彰明之青蓮也，一作清廉，在漫波渡。離城十五里，右為匡山，所謂『匡山讀書處』也。」

在《彰明縣誌》中還記載，每年冬月十五日，李白的誕生之日，縣令要率紳民到太白祠中舉行典禮，敬奉豬、羊等犧牲行二拜六叩禮，表達故鄉人民對李白的敬慕之情。李白出生的具體地點現在還能找得出來，青蓮鄉的李白故居在北宋時被稱為「隴西院」。《彰明逸事》：「青蓮鄉故居遺址尚在，廢為寺，名隴西院。」因李白自稱「隴西布衣」，其祖籍在隴西，故居又在通往隴西的陰平道旁，後人為紀念詩人誕生於此，故名隴西院。明末曾毀於兵燹，現存的建築是乾隆五十三年（一七八八）重建的。門口有「隴西院」三字，兩邊有對聯：「弟妹墓猶存，莫謂詩人空浪跡；藝文志可考，由來此地是故居。」離隴西院不遠有李白胞妹李月圓居住過的「粉竹樓」以及李月圓墳、李太白衣冠墓。此外還有太白讀書台、洗墨池、太白渡、磨針溪、太白洞等二十多處遺蹟以及許多動人的傳說。對於這些陳跡恐不能一概貶之為「好事者」的虛構，而應當作為李白出生於江油青蓮鄉的旁證。

綜上所述，根據李白的自敘和親授，根據與李白同時代人的記述以及千百年來在李白故鄉刻之於碣石，傳之於口碑，記之於方志上的材料，應該可以證明李白是出生於四川江油青蓮鎮了。

第二節　李白「出生碎葉」說質疑

郭沫若先生在《李白與杜甫》一書中確定：「唐代詩人李白，以武則天長安元年（七〇一），出生於中央亞細亞的碎葉城。」他提出了三條材料：（一）范傳正《唐左拾遺翰林學士李公新墓碑》（以下簡稱「范碑」）敘述李白的先世「隋末多難，一房被竄於碎葉」。（二）李陽冰《草堂集序》（以下簡稱「李序」）敘述李白的先世「中葉非罪，謫居條支」。（三）李白《上安州裴長史書》：「白本家金陵，世為右姓，遭沮渠蒙遜難，奔流咸秦，因官寓家。」這三條材料說了三個地方：碎葉、條支、咸秦。但郭沫若先生卻把這三者巧妙地糅合起來了，他說：「條支是一個區域更廣的大專名，碎葉是一個城鎮的小專名，碎葉是屬於條支的。」唐代「條支都督府所轄地即今蘇聯境內的吉爾吉斯和哈薩克一帶，是毫無疑問的。」「條支……自當包含碎葉」，他還說李白在《上安州裴長史書》中說的「咸秦地望，注家不詳所在……『咸秦』必係訛字，蓋因原字蠹蝕破壞而後人以意補成之。餘意『咸秦』當即『碎葉』之訛。」經過這一番論證後就得出結論：「根據李白的自敘和口授，他確是出生在中央亞細亞伊塞克湖西北的碎葉城。」

郭沫若先生曲解了「范碑」、「李序」的原意。在這兩條史料中本來對李白出生地點是說得很清楚的，試看原文：

范碑：

公名白，字太白，其先隴西成紀人，絕嗣之家，難求譜牒，公之孫女搜於箱篋中，得公之亡子伯禽手疏十數行，紙壞字缺，不能詳備。約而計之，涼武昭王九代孫也。隋末多難，一房被竄於碎葉，流離散落，隱易姓名，故自國朝以來漏於屬籍。神龍初，潛還廣漢，因僑為郡人。父客以逋其邑，遂以客為名。高臥雲林，不求祿仕。公之生也，先府君指天枝以復姓，先夫人夢長庚而告詳，名之與字，咸所取象。

李序：

> 李白，字太白，隴西成紀人，涼武昭王暠九世孫，蟬聯珪組，世為顯著，中葉非罪，謫居條支，易姓與名。然自窮蟬至舜，五世為庶，累世不大曜，亦可嘆焉。神龍之始，逃歸於蜀，復指李樹而生伯陽。驚姜之夕，長庚入夢，故生而名白，以太白字之。

以上這兩段文字不僅從敘述順序來看是入蜀在先，誕生在後，而且李白這個名字的得來也只有生在西蜀才有可能。他家在西域是「隱易姓名」，並不姓李，入蜀後才姓李。如果李白是出生於西域，生下後就不會取李白這個名字。

郭沫若先生說碎葉鎮是屬條支都督府所轄的一個小專名。這與史籍記載是不相符合的。碎葉鎮是著名的安西四鎮之一，在碎葉河邊，今吉爾吉斯境內。條支都督府並不如郭沫若先生所斷在「今蘇聯境內的吉爾吉斯和哈薩克一帶」。《舊唐書．地理志》載：「條支都督府於訶達羅支國所治伏寶瑟顛城置。」《新唐書．謝傳》載：「謝，居吐火羅西南，本曰漕矩吒，或曰漕矩，顯慶時謂訶達羅支，武后改今號。東距罽賓（即今喀什米爾），東北帆延（今阿富汗首都喀布爾西北之巴米安），皆四百里。南婆羅門（今巴基斯坦），西波斯（今伊朗），北護時健（今阿富汗北部）。其王居鶴悉那城（今阿富汗之加茲尼）。」條支都督府地望十分明確，就在今阿富汗境內，據玄奘的《大唐西域記》載明的里程，從碎葉城到漕矩，要走五千餘里，中間還要經過七八個國家（唐龍朔元年，以其王都為都督府）。怎麼能說條支都督府管轄碎葉鎮呢？

李白在《上安州裴長史書》說他的先代「遭沮渠蒙遜難，奔流咸秦」與「范碑」上說的「隋末多難，一房被竄於碎葉」完全是兩碼事，前者在西元四二一年，後者在七世紀初，時間相隔近兩百年。再查史籍：李暠的後代「遭沮渠蒙遜難」後，並無一人「奔流碎葉」。李暠的兒子「士業立年而宋受禪（四二〇）……率步騎三萬東伐……敗於蓼泉，為蒙遜所害。士業諸弟酒泉太守翻，新城太守預，領羽林右監密，左將軍姚，右將軍亮等西奔敦煌，蒙遜遂入於酒泉……翻及弟敦煌太守恂與諸子等棄敦煌，奔於北山（今甘肅境內）……士業子重耳脫身奔於江左，仕於宋。後歸魏為恆農太守。蒙遜徙翻子寶等於姑臧，歲餘，北奔伊吾（今新疆哈密），後歸於魏」。逃往西北方向最遠的李寶跑到伊吾，距碎葉還有數千里，而且後來又回來了。逃往東南方向的李重耳，倒是必經咸秦（長安一帶），與李白所述大體符合。把「奔流咸秦」說成是「奔流碎葉」，確實是穿鑿附會。郭沫若先生把李白家世中的時間、地點各不相同的三件事硬拉在一起，對於魏顥說李白「身既生蜀」這一重要史料避而不談，武斷地作出了李白出生於碎葉的結論，實在不能令人信服。

一九九九年三月三十日，《中國文化報》刊《考古研究確認碎葉城位置》云：「一塊在吉爾吉斯斯坦出土的漢文碑銘，最近經日本學者釋讀考證，證實今吉爾吉斯斯坦境內的阿克別希姆遺址就是唐代的碎葉城，亦即《大唐西域記》中玄奘所記素葉水城。」又說：「碎代城是唐代著名詩人李白的出生地，它與龜茲、疏勒、于闐並稱為唐代『安西四鎮』。」這段報導轉載，造成了一種錯覺，似乎從考古上找到了李白生於碎葉的證據。其實中國學者張廣達在《北京大學學報》一九七九年五期上發表的《碎葉城今地考》，已經以豐富的出土文物為依據，詳細論證了碎葉城即托克瑪克附近的阿克別希姆城。日本學者考證的漢文碑銘，只不過為確證阿克別希姆城即碎葉城增加了一個證據罷了，絲毫也證明不了李白出生於碎葉城，迄今還沒有一件出土文物能否定李白生於蜀中。

第三節　李白「出生條支」說質疑

劉友竹先生提出李白生於唐代的條支都督府，地望「在今阿富汗中都一帶，其治所就是昔之鶴悉那，今之加茲尼」。其根據有三：（一）「李序」載：李白的先輩「中葉非罪，謫居條支」，因而李白也生在條支。（二）李白的《江西送友人之羅浮》、《贈崔諮議》、《千里思》、《贈崔郎中宗之》等詩中看出李白在懷念自己的出生之地——條支。（三）「條支與唐朝中央政府關係甚為密切，與內地的交通頗為順暢，李白一家從條支返回內地的可能性甚大」。

「李序」的原意是說李白的先輩曾謫居條支，入蜀後才生李白。不能以其先輩「謫居條支」證明李白生於條支，而且「李序」中所說的條支不可能是指唐代的條支都督府。據《新唐書．地理志》載：「西域府十六，州七十二。龍朔元年（六六一），以隴州南由令王名遠為吐火羅道置州縣使，自于闐以西，波斯以東，凡十六國，以其王都為都督府，以其部屬為州縣。」其中有「條支都督府，以訶達羅支國伏寶瑟顛城置」。《舊唐書．地理志》也有類似記載：「龍朔元年（六六一）西域諸國遣使來內屬，乃分置十六都督府……條支都督府於訶達羅支國所治伏寶瑟顛城置……西域諸國自天寶十四載（七五五）已前朝貢不絕。」西元七五五年安史之亂發生後，吐蕃乘機奪取隴右河西與安西四鎮，中亞各國被大食征服，不再與唐朝發生朝貢關係，條支都督府也就不存在了。唐代的條支都督府從西元六六一年設置至西元七五五年安史之亂發生，實際存在不到一百年。李白的先世被流放時，西域還沒有成立條支都督府，而李白病危向李陽冰口述家世是西元七六二年冬，條支都督府早已不存在。因此「李序」中說的「條支」不可能是實指條支都督府，而是「借言作西方極遠之地說耳」。

李白是否把西域作為他的出生之地在詩歌中表現懷戀之情呢？筆者認為是沒有的。

劉友竹先生舉出《江西送友人之羅浮》中的「鄉關渺安西，流浪將何之」的句子論證李白出生於安西都護府管轄的條支。這是誤解了詩的原意。現將全詩引證如下：「桂水分五嶺，衡山朝九疑。鄉關渺安西，流浪將何之？素色愁明湖，秋渚晦寒姿。疇昔紫芳意，已過黃髮期。君王縱疏散，雲壑借巢夷。爾去之羅浮，我還憩峨眉。中闊道萬里，霞月遙相思。如尋楚狂子，瓊樹有芳枝。」仔細玩味詩意，可以看出這個「安西」是指李白所送友人的原籍。前四句都是為友人說的，羅浮在嶺南，故云「桂水分五嶺，衡山朝九疑」。桂水、五嶺、衡山、九疑山等地都是將要去羅浮的友人要經過的地方，而友人的原籍又在安西，去羅浮愈近則距原籍安西愈遠，不能不勾起思鄉之情。故云：「鄉關渺安西，流浪將何之？」又由友人的思鄉之情引起自己的思鄉之情，希望結束自己的流浪生涯，在晚年「葉落歸根」回到自己的家鄉去，故云：「爾去之羅浮，我還憩峨眉。」從這首詩中只能看出李白在晚年強烈地思念自己生長的家鄉——西蜀。如果硬說他思念的故鄉是安西，為什麼後面又來一句「我還憩峨眉」呢？這豈不是前後矛盾了嗎？不顧詩的上下文含義，硬從中抽出一句作為李白生於安西的證據，怎麼令人信服呢？

劉友竹先生還在《贈崔郎中宗之》一詩中抽出「登高望浮雲，彷彿如舊丘。日從海旁沒，水向天邊流」幾句詩，硬說李白的「舊丘」就在條支都督府，因為只有在那裡才能看到「日從海旁沒，水向天邊流」的景色。其實李白的這首詩的主要思想並非懷念「舊丘」西域，而是抒發在政治上不得意的憂憤之情，想與崔宗之一起退隱山林。「日從海旁沒，水向天邊流」的景色也並非是只有在條支才能看到的奇特景色。就按劉友竹先生的解釋，「海」就是指「湖」，那麼李白遊過的洞庭湖、鄱陽湖、太湖……在

第三節　李白「出生條支」說質疑

日落時站在它們的東岸面對西方，不就看到了「日從海旁沒，水向天邊流」的景色了嗎？恰巧在劉友竹先生說的條支都督府就看不到這種景色。《大唐西域記》載：漕矩吒國都城（即後來的條支都督府治所在地）「城周三十餘里，並堅峻險固也，山川隱嶙，疇壟爽塏……城中湧泉流派，國人利之以溉田也」。看來此地在萬山叢中，地勢高而乾燥，並無大江大湖。至於劉友竹先生文中提到的達什特納瓦爾湖不過是條支都督府正西面約百里的一塊沼澤地，而阿布依斯塔達湖離條支都督府直線距離還有一百多公里。即使李白生於條支，他也不會在五歲以前跑那麼遠去觀賞「日從海旁沒」的景色。

李白詩喜用比興手法，有的以天馬自況（如《天馬歌》、《贈崔諮議》），有時以胡鷹自比（如《贈崔郎中宗之》），這不過是寄託其精神而已，不能以此推論李白就是出生在「天馬」、「胡鷹」的故鄉。杜甫不是也有以天馬自況的詩嗎？（如《房兵曹胡馬》）難道我們能以此推論杜甫出生於西域？其實李白思念故鄉的詩很多，離別故鄉時寫的《別匡山》表達了他對生育自己的故鄉的強烈的愛戀之情，離蜀之後又寫了三十多首思蜀、頌蜀、詠蜀的詩，可以看出他對故鄉是朝思暮想，經常是夢魂縈繞巴蜀，這種思鄉之情到晚年愈益強烈。在研究李白出生地時，我們不應當把李白大量的強烈的思念故鄉巴蜀的詩拋開不管，而從他的詩中勉強地「發掘」出思念故鄉西域的意思。

劉友竹先生說：「條支與唐朝中央政府關係甚為密切，與內地的交通頗順暢，李白一家由條支返回內地的可能性甚大。」據《舊唐書．地理志》載：「西域諸國分置羈縻州軍府，皆屬安西都護統攝，自天寶十四載已前朝貢不絕。」從這裡也可以說「條支與唐朝中央政府關係甚為密切」，但要說「與內地的交通頗為順暢」卻未見得。據《舊唐書．地理志》載，從長安到高昌五千五百一十六里。據《大唐西域記》載，從高昌到漕矩吒（條支）約八千餘里，這一萬多里的行程中要爬過萬千重高山峻嶺，穿過許多浩瀚的沙漠。玄奘從長安到北天竺用了四年多時間。漕矩吒與北天竺相鄰，假若李白的父親真的是從條支都督府出發，在西元七〇五年入蜀，那麼李白生下不久就被帶上了艱險漫長的途程，並且剛好這幾年又碰上了「安西路絕」的情況。據《舊唐書》載，神龍二年（七〇六）唐安西大都護郭元振上疏：「頃年忠節（阿史那忠節）請斛瑟羅及懷道俱為可汗，亦不得招脅得十姓，卻遣碎葉數年被圍。」《資治通鑑．唐紀》載：「長安三年（七〇三）……突騎施酋長烏質勒與西突厥諸部相攻，安西道絕。」這場混戰從七〇三年延續到七〇六年。在「安西路絕」的情況下，李白一家要從條支返回內地不是什麼「可能性甚大」，而是根本不可能。總之，李白生於條支五歲入蜀的說法是不能成立的。

第四節　李白「出生焉耆」說質疑

在紀念李白逝世一千兩百二十年暨江油李白紀念館開館大會上，李從軍先生提出了一個嶄新的論點：「李白出生於焉耆碎葉，即今新疆境內博斯騰湖畔的庫爾勒焉耆回族自治縣一帶。」他說，遠在調露元年（六七九），王方翼築碎葉城之前，在焉耆一帶就有一個碎葉國，還認為條支的地望當包括焉耆。因此李白的先世「一房被竄於碎葉」，「謫居條支」都是指的流放於焉耆，李白也就出生在焉耆。

在唐以前焉耆一帶是否有個碎葉國呢？是否焉耆城又叫碎葉城？細查史料找不出這種說法的依據。《漢書．西域傳》、《後漢書．西域傳》、《晉書．西戎傳》、《魏書．西域傳》、《周書．異域傳》、《北史．西域傳》、《隋書．西域傳》、《舊唐書．西戎傳》等均作焉耆，沒有說這一帶存在一個碎葉國。《大唐西域記》稱之為阿耆尼國，註明「舊日焉耆」。阿耆尼是焉耆的梵化名稱。釋藏僧徒傳記和行紀如《法顯傳》、《釋氏西域記》、《高僧傳》、《續高僧傳》、《悟空行紀》等則作烏夷、夷，或作烏耆、與耆、烏纏。這都與焉耆音相近，在古音中「烏」、「焉」可以相通用。而「碎葉」同「焉耆」無論音與形都相差甚遠，不可能焉耆又叫碎葉。又據《漢書．西域傳》載：焉耆國王治員渠城，並不叫碎葉城。中亞碎葉城之得名，完全是因為它在碎葉水畔，因水而取城名。焉耆距碎葉水一千多里，怎麼可能取一個同碎葉城一樣的名字呢？李從軍先生根據《新唐書．地理志》載：「東米國在安國西北二千里，東至碎葉國五千里，西南至石國千五百里，南至拔汗那國千五百里。」又據《新唐書．西域傳》載：「石國……西南五百里康也，圓千里，右涯素葉河。」推論此碎葉國地望在焉耆。《新唐書．地理志》關於東米國的這段史料是不足為據的。就在這一段史料之前說：「石國東至拔汗那國百里，西南至東米國五百里。」這個東米國究竟在石國東北千五百里還是在石國西南五百里呢？記載前後矛盾，肯定有錯誤。據《舊唐書》、《大唐西域記》等史籍記載，隋唐時期中亞的「昭武九姓」中只有一個米國，在康國之南百里。而無東米國的記載。怎麼能根據一個錯誤的孤證來推論焉耆一帶存在一個碎葉國呢？即使承認東米國之東五千里有個碎葉國，其地望也不在焉耆。據《新唐書．西域傳》載的里程，從焉耆向西、再向西南到石國總共三搶兩百五十里，而石國還在東米國西南一千五百里，那麼東米國之東的五千里早已超過於焉耆，進入了河西走廊，我們能以此推論河西走廊古代有個碎葉國嗎？

王方翼在唐高宗調露元年築的碎葉城是否在焉耆呢？對這個問題歷來都有爭論。殷孟倫先生對此作了詳實的考證，其結論是碎葉在中亞，焉耆無碎葉。說焉耆有碎葉城是對《新唐書．地理志》把王方翼築碎葉城之事附記於「焉耆都督府」之下產生的誤解。李從軍先生不同意這個結論，他認為調露元年裴行儉平定阿史那都支叛亂和王方翼築城都是在焉耆，「不可能是遠在距西州二千里的中亞碎葉城」。

筆者認為這個看法是缺乏根據的。中亞碎葉的地理位置在西域十分重要，既是軍事要地，又是重要國際市場，自西突厥稱霸西域以來一直以此地作為建牙之所，唐中央政權征服西突厥之後即在碎葉建鎮，後來西突厥十姓可汗幾次叛亂都是與唐爭奪碎葉，唐王朝據有碎葉即可屏障安西以控制西域。反之，西突厥據有碎葉即可以威脅北庭和安西。吐蕃與唐爭奪西域也在窺視碎葉，吐蕃幾次攻打小勃律（今喀什米爾境內）。就是為了「假道攻四鎮」，西元六七七年「阿史那匐延都支及李遮匐煽動蕃落，侵逼安西，連和吐蕃」。其叛亂中心應當是中亞碎葉一帶。據新、舊唐書與張說的《贈太尉裴公神道碑》載，裴行儉平叛是借打獵為名的「萬騎雲集」，「裹糧十日」，「倍道而進」，以迅雷不及掩耳之勢擒了都支，執送碎葉城。迅疾的騎兵奔馳十日，完全可以達到距西州兩千里的中亞碎葉，絕不止到達距西州數百里的焉耆。既然在中亞碎葉一帶平了叛，留下王方翼築城，當然是築中亞碎葉城，這裡是控制西域的軍事要地，不會退回一千多里在焉耆築碎葉城。《舊唐書．王方翼傳》載：「築碎葉城，立四面十二門，皆屈曲伏隱出沒之狀。」可見此城規模比較宏大，結構複雜，而唐代的焉耆城卻不是這樣。據一九二八年黃文弼先生在焉耆實地考察，發現海都河南四十里的博格達沁有舊城一座，發掘有唐開元錢，證明此城為唐代遺址，城周僅六里，並非「四面十二門，皆屈曲伏隱出沒之狀」。可見這裡並非王方翼築的碎葉城。

既然焉耆無碎葉，「李白出生於焉耆說」就失去了它的根據。

李從軍先生說條支的地望在焉耆，李白的《戰城南》中的「條支海」就是指焉耆附近的博斯騰湖或羅布泊。這種說法也是缺乏根據的。「去年戰桑乾源，今年戰蔥河道，洗兵條支海上波，放馬天山雪中草」，這幾句詩雖有一定史實作根據，但不免有誇張成分，極言戰爭之頻繁，範圍之廣大，不斷地在北方和西方各少數民族居住的曠漠的地區進行不義戰爭。「條支海」不過泛指西部戰場上的各湖泊，並非確指某一個湖，文學語言與歷史記載必定是有區別的。要說《戰城南》有其歷史根據的話，那就是指「天寶元年……北伐，與奚怒皆戰於桑乾河」。「天寶六載詔仙芝以步騎一萬出討（吐蕃）……乃自安西撥換城，入握瑟德，經疏勒，登蔥嶺，涉播密川，遂頓特勒滿川，行凡百日」。高仙芝與吐蕃作戰在蔥嶺以西，與博斯騰湖相去數千里不能把條支海與焉耆硬拉在一起。

李從軍先生據《史記・大宛列傳》：「安息長老傳聞條支有弱水，西王母，而未常見。」說此條支指焉耆。這個說法恰好違背了《史記》傳文的本意。焉耆在安息之東萬里，而《史記・大宛列傳》明明說：「條支在安息西數千里，臨西海。暑濕。耕田，田稻。」這個條支是指西臨地中海的塞琉古王國。古代中國人相信極東有扶桑國，極西有西王母，均神仙所居，把西王母安置在條支，就是當時人心目中極西之地，《後漢書・西域記》也說條支「近西王母所居處，幾於日所入也。」這樣極西之地，絕非指焉耆。其他史籍也查不出條支地望在焉耆的說法。總之，「李白出生焉耆說」是缺乏根據的。

第五節　李白「出生哈密」說質疑

《新疆大學學報》一九八六年第三期載鐘興麟先生《唐代安西四鎮之一的碎葉位置新探——新談詩人李白的出生地》一文（以下簡稱《新探》）提出「唐代安西四鎮之一的碎葉……不是巴湖碎葉……而在今新疆哈密市附近」。因此「李白的出生地應該是哈密碎葉」。其理由主要是：（一）清朝道光年間姚玉春《詠合羅川》詩的註解說：「哈密有碎葉城，即古西突厥地。」（二）《新唐書・地理志》：「東米國……東至碎葉國五千里。」這個碎葉國就是指哈密碎葉。(三)「在碎葉充當四鎮之一的歷史時期內，巴湖碎葉是突騎施的牙帳所在地」，「肯定不屬於嶺南的安西都護府管理」，「沒有史料證明它（巴湖碎葉）是四鎮之一」。究竟安西四鎮之一的碎葉是設在巴爾喀什湖附近，碎葉水南岸，或是設在哈密，這關係到中國古代歷史疆域的問題，必須弄清楚。

唐代在哈密（伊吾）是否有個碎葉城呢？查遍唐及其以前的史籍都沒有這樣的記載。《舊唐書．地理志》將伊吾的沿革說得很清楚：「伊吾，在燉煌之北，大磧之外，秦漢之際，戎居之。南去玉門關八百里，東去陽關二千七百三十里，漢宣帝時，以鄭吉為都護，在玉門關。元帝時，置戊己校尉，皆治車師。後漢明帝時，取伊吾盧地，置宜禾都尉以屯田。竇憲、班超大破西域，始於此築城。班勇為西域長史，居此地也。後魏、後周，鄯善戎居之。隋始於漢伊吾屯城之東築城，為伊吾郡。隋末為戎所據。貞觀四年，款附，置西伊州始於此。」自漢至唐伊吾都沒有碎葉之稱，光憑清道光年間一首小詩的注來證明哈密就是唐安西四鎮之一的碎葉，是無法令人信服的。

能否根據《新唐書．地理志》「東米國……東至碎葉國五千里」來確定哈密有個碎葉呢？不能。因為這段史料本身前後矛盾，肯定有誤。原文是：「石國東至撥汗那國百里，西南至東米國五百里……東米國在安國西北二千里，東至碎葉國五千里，西南至石國千五百里，南至撥汗那國千五百里。」前面說東米國在石國西南五百里，後面又說東米國在石國東北千五百里，位置恰好相反，誤差兩千里之多。此段史料又說：「東米國在安國西北二千里。」《新探》將此句改為「東米國西北去安國二千里」不知據何版本。據《新唐書．西域傳》：「安者……西瀕烏滸河（阿姆河），治阿濫謐城。」《隋書．西域傳》：「安國，漢時安息國也……都在那密水南。」安國在康國之西，阿姆河中遊，若說東米國在安國西北兩千里，那麼這個東米國就在鹹海以西去了，又說「東米國西南至石國千五百里」，這又把石國搬到波斯去了。被稱為「昭武九姓」的康、安、曹、石、米、何、火尋、戊地、史等九國，位置都在藥殺水（錫爾河）烏滸河流域。玄奘根據親身經歷寫的《大唐西域記》說石國（即赭時國）在碎葉城西南約一千里處，居於藥殺水中遊，絕不在鹹海西南千多里。總之，《新唐書．地理志》關於東米國的記載很不可靠，連東米國本身的位置就不能確定，要想在東米國之東五千里去找一個碎葉國就更不可能。《新探》說：「東米國應是賈耽《四夷路程》中所言『自碎葉西四十里至米國城』的米國，它在巴湖碎葉附近。」接著又引用《隋書》：「米國……東去瓜州六千四百里。」於是推算出東米國之東五千里的碎葉國就在哈密。《新探》說東米國與米國，二者不可混誤，自己恰好將二者混誤了。《隋書．西域傳》載：「米國，都那密水西，舊康居之地也，無王，其城主姓昭武，康國王之支庶……西北去康國百里，東去蘇對沙那國五百里，西南去史國二百里，東去瓜州六千四百里。」這個米國即玄奘《大唐西域記》中的弭秣賀國，距碎葉城西的米國城還有兩千多里。若按《新探》的說法，東米國就是巴湖碎葉附近的米國城，那麼這個東米國之東五千里的碎葉國就不在哈密，《新唐書．地理志》對於西域的里程記得很清楚：從巴湖碎葉至龜茲一千一百八十里，龜茲至焉耆六百二十里，焉耆距伊吾約一千兩百里，總共三千〇一十里，再加碎葉城西至米國城四十里，為三千〇五十里，按此推算，東米國之東五千里，在哈密伊吾之東兩千里，已經進入河西走廊了，是不是我們還要在河西走廊找個碎葉國呢？我看不必了。竊以為「東米國……東至碎葉國五千里」應是「五十里」之誤。據賈耽《四夷路程》記往西突厥之道路：「自碎葉西四十里至米國城。」張星烺在《中西交通史料彙編》第四冊對這句話加註：「碎葉城即玄奘之素葉水城，唐初為四鎮之一，米國城非即玄奘之弭秣賀國，不可混誤。」《新唐書．地理志》載：「自碎葉西四十里至米國城，又三十里至新城。」可見巴湖碎葉之西不遠是有一個不同於米國的米國城，其位置在米國之東北，也可能就是東米國，「東米國……東至碎葉國五十里（《新唐書》誤為千里）」就是指巴湖碎葉，與賈耽記載大體符合，我們就不必徒勞地在東米國之東五千里硬去找個哈密碎葉。

《新探》說安西四鎮之一的碎葉鎮不是設在巴湖碎葉，而是設在哈密，這是不符合歷史事實的。西元六四〇年（貞觀十四年）滅高昌，設安西都護府，西元六四八年（貞觀二十二年）唐滅龜茲，控制了天山以南地區和天山北麓，始設四鎮，《舊唐書．地理志》：「安西都護所統四鎮：龜茲都督府，本龜茲國……毗沙都督府，本于闐國……疏勒都督府……本疏勒國……焉耆都督府，本焉耆國。」《新唐書．地理志》、《唐會要》所載安西四鎮也與上同，均有焉耆而無碎葉。這是因為當時巴湖碎葉還在西突厥控制之下，唐政權勢力還未能控制。而伊吾（哈密）是唐王朝在西元六三〇年（貞觀四年）就控制了的地方，隨即設西伊州，貞觀六年又把西伊吾更名為伊州伊吾郡，若要在此地設鎮，當然會稱之為伊吾鎮，可是在四鎮中並沒有一個伊吾鎮。

西突厥的勢力範圍西面達到鹹海，東達阿爾泰山，本身又分為十部，五部分布於碎葉河以東，稱為咄陸，五部分布於碎葉河以西，稱為弩失畢，每部有一首領，由汗授箭，故稱十箭或十姓部落。唐太宗在世時西突厥向唐朝進貢，承認唐朝的宗主地位，西突厥處於半獨立狀態。唐太宗逝世後，曾被唐封為瑤池都督的西突厥部落首領阿史那賀魯進行叛亂進攻庭州，威脅到唐朝當時在西域統治的重鎮西州高昌以及東西商路的安全。西元六五三年西突厥乙毗咄陸可汗死，其子頡苾達度設（真珠葉護）與賀魯發生內訌。頡苾達度設帶領葉突水之西的弩失畢五部之眾進攻賀魯，使賀魯後方動搖，同時又幾次派使臣請唐發兵攻賀魯。據《資治通鑑》載：「永徽六年（六五五），遣豐州都督元禮臣冊拜頡苾達度設為可汗，禮臣至碎葉城。沙鉢羅（賀魯）發兵拒之，不得前。」這個碎葉當然是巴湖碎葉，因為當時頡芯達度設的勢力在碎葉水以西，絕不會是西州以東六百里的所謂「哈密碎葉」。

由於當時賀魯叛亂還未平息，所以元禮臣未曾到達目的地。到西元六五七年唐王朝平定賀魯叛亂，直接統治了西突厥在中亞的勢力範圍。據《新唐書．地理志》：「顯慶二年（六五七）平賀魯析其地置蒙池、昆陵二都護府，分種落列置州縣，西盡波斯國，皆隸安西。」蒙池都護府居碎葉水以西，即相當於西突厥弩失畢王部之地，昆陵都護府居碎葉水以東，即西突厥咄陸五部之地，西突厥部落首領成為唐王朝的大小官員，西突厥控制的中亞地區開始成為大唐版圖。至「龍朔元年（六六一）西域諸國，遣使來內屬，乃分置十六都督府，州八十，縣一百一十，軍府一百二十六，皆隸安西都護府」。（《舊唐書．地理志》）這時唐王朝在中亞的疆域西至鹹海，南至今阿富汗南部（當時為條支都督府），西南至伊朗東北（當時為波斯都督府），東南近印度河。巴湖碎葉毫無疑問是在唐王朝直接統轄之下。不過這時還沒有在碎葉設鎮以代焉耆。

在咸亨元年（六七〇）「夏四月，吐蕃陷西域十八州，又與于闐襲龜茲拔換城，陷之。罷龜茲，于闐、焉耆、疏勒四鎮」。（《資治通鑑》卷二〇二）這四鎮中有焉耆無碎葉。在巴湖碎葉設鎮以代焉耆是在調露元年（六七九），裴行儉平定了阿史那都支和李遮匐叛亂，王方翼築碎葉城之後。《新探》認為這次平叛地點在匐延都督府（塔爾巴哈台一帶），而築城肯定不是巴湖碎葉，而是在哈密碎葉。這就在史實上引起了一系列不可思議的混亂。裴行儉平叛是從西州召集人馬的。塔爾巴哈台在西州西北千餘里，哈密在西州以東約六百里，怎麼可能在西北平了叛又退向東邊千里之外築城呢？事實上裴行儉平叛就在碎葉水流域，王方翼就是築的巴湖碎葉城。據《資治通鑑》：「龍朔二年……繼往絕（即蒙池都護府阿史那步真）尋卒，十姓無主，有阿史那都支及李遮匐收其餘眾，附於吐蕃。咸亨二年夏四月甲申，以西突厥阿史那都支為左驍衛大將軍兼匐延都督，以安集五咄陸之眾。」唐朝雖讓都支兼了一個匐延都督的職務，但並非只控制匐延一小塊邊遠的地方，他們已控制十姓部落，都支「自號十姓可汗，與吐蕃連和，寇安西」。叛亂的中心當然在西州以西，西突厥的腹心地帶——碎葉水流域。裴行儉平叛的路線也是從西州向西，而不是向西北方向的匐延都督府。據《舊唐書．裴行儉傳》：裴行儉以冊送波斯王子泥涅師回國為名，「至西州，人吏郊迎，行儉召其豪傑子弟千餘人，隨己而西，乃揚言給其下曰：『今正炎蒸，熱坂難冒，秋涼之後，方漸可行。』都支覘知之，遂不設備。行儉乃召四鎮諸蕃酋長豪傑，謂曰：『憶昔此遊，未嘗厭倦，雖還京輦，無時暫亡。今因是行，欲尋舊賞，誰能從吾獵也。』是時，蕃酋子弟投募者僅萬人，行儉假為畋遊，教試部伍。數日遂倍道而進，去都支部落十餘里……都支先與遮匐通謀，秋中擬拒漢使。卒聞兵到，計無所出，自率兒侄、首領等五百餘騎就營來謁，遂擒之。是日，傳其箭契，諸部酋長，悉來請命，並執送碎葉城……遮匐尋復來降。於是，將吏以下，立碑於碎葉城以紀其功」。據當時的人張說所寫的《太尉裴公神道碑》云：「是行也，百城故老，望塵而雅拜，四鎮酋渠，連營而谘酒，一言召募，萬騎雲集……裹糧十日，執都支於帳前，破竹一呼，鉗遮匐於麾下，葉戍相慶，立碑碎葉。」從這些史料可以清楚地看出裴行儉平叛是在西州召集人馬，向西行軍。「萬騎雲集」，「裹糧十日」，「倍道而進」，以迅雷不及掩耳之勢，擒了都支，迅疾的騎兵在十天之內當然可以到達西州以西兩千里的碎葉水地區，在那裡平了叛，就近將都支押送巴湖碎葉，並在碎葉立碑紀功。《新唐書．西域傳》：「調露元年，詔裴行儉將兵護還（波斯王子泥涅師），將復王其國，以道遠，至安西碎葉，行儉還，泥涅師因客吐火羅二十年。」這也證明裴行儉在平叛後確實將波斯王子送到了巴湖碎葉。若果把這個碎葉搬到東邊三千里的哈密，那才令人不可思議。他怎麼可能在西州以西平了叛，又把波斯王子往東送到哈密，這豈不是背道而馳嗎？

平息了阿史那都支和李遮匐叛亂之後，唐王朝必然要進一步加強對西突厥的控制，因而有王方翼築碎葉城和在碎葉設鎮以代焉耆之舉。據張說《王公（方翼）神道碑》載：「裴吏部名立波斯，實取遮匐，偉公威厲，飛書薦請，詔公為波斯軍副使，兼安西都護……公城碎葉，街郭回互，夷夏縱觀，莫究端倪。」《舊唐書．王方翼傳》：「又築碎葉城，立四面十二門，皆屈曲伏隱出沒之狀，五旬而畢，西域諸胡，竟來觀之。」王方翼作為裴行儉的副手，在他們平定了碎葉水流域發生的叛亂後，當然是在碎葉水南岸修築碎葉城。若是退到三千里以東的哈密築什麼「碎葉城」，豈非咄咄怪事。從考古資料證明，碎葉水南，今之吉爾吉斯托克瑪克附近之阿克．貝希姆廢城，其城垣形制完全符合王方翼築城的「街郭回互」，「屈曲隱伏出沒之狀」，而且還發掘了武則天時期敕修的供奉彌勒佛的大雲寺。

王方翼築碎葉城後，即在碎葉設鎮以代焉耆，據《冊府元龜》卷九六七《外臣．繼襲》載：「調露元年（六七九）以碎葉、龜茲、于闐、疏勒為四鎮。」這裡將碎葉列為四鎮之首，並置保大軍，這之後安西都護也駐節於碎葉。唐王朝為什麼對碎葉如此重視呢？因為碎葉的地理位置十分重要，地當中西往來的孔道，無論從天山北路或是天山南路去中亞各國都得經過碎葉，這裡既是重要的國際市場，又是西突厥的政治中心，常為西突厥建牙之所，據《新唐書．地理志》：「碎葉城，城北有碎葉水，水北四十里有羯丹山，十姓可汗每立君長於此。」據《大唐西域記》載，玄奘就是在碎葉城見到當時西突厥的最高首領統葉護可汗的。碎葉城又處於西突厥東西五部的交界處，五咄陸在碎葉之東，五弩失畢在碎葉之西，唐王朝在碎葉設鎮就可鎮撫西突厥十姓部落，屏障安西，以控西域。巴湖碎葉的這種重要的策略地位是哈密所不能代替的，若在哈密設碎葉鎮，怎能控制廣大的中亞地區？怎能鎮撫散布在碎葉水東西的十姓部落？

在碎葉建鎮的第二年，即永隆元年（六八〇）發生了車簿反叛。據《新唐書．高宗紀》載：永淳元年（六八二）四月安西副都護（《唐會要》作安西都護）王方翼平車簿、咽面。《王公神道碑》詳細地敘述了這次戰鬥情況，「公在磧西獻捷無虛歲，蹙車簿於弓月，陷咽面於熱海，勒叛徒三千於麾下，走烏鶻十萬於城外，皆以少復眾，以誠動天。葛水暴漲，祭撤而三軍涉渡，葉河無舟，兵扣而七月冰合，由是士卒益勇而戎狄益懼」。這次軍事行動的地點都在巴湖碎葉之周圍：弓月城在今伊寧市東北，中吉邊境處；熱海即碎葉東數百里之伊塞克湖；咽面在巴爾喀什湖之東；葉水亦稱藥殺水（錫爾河）在巴湖碎葉之西。而哈密距上述地點有數千里之遙，顯然不會在這裡設鎮。

由於吐蕃的侵擾，武后垂拱年間，曾一度放棄安西四鎮，據《汜德達告身文書》：「準垂拱二年（六八六）十一月三日敕，金牙軍拔于闐、安（西）、（疏）勒、碎葉四鎮。」至長壽元年（六九二）「武威軍總管王孝傑大破吐蕃之眾，克服龜茲、于闐、疏勒、碎葉四鎮，乃於龜茲置安西都護府，發兵以鎮守之」（《舊唐書．吐蕃傳上》）。以上所指碎葉當然是巴湖碎葉。突騎施部強大起來後，巴湖碎葉成為其建牙之地，但仍然是屬安西四鎮之一，而且安西都護仍駐節於此。據《資治通鑑》：「久視元年（七〇〇）以西突厥竭忠事主可汗斛瑟羅為平西軍大總管，鎮碎葉……長安三年（七〇三）烏質勒置都督二十員，各將軍七千人，屯碎葉西北。後攻陷碎葉，徙牙帳居之……中宗神龍二年（七〇六）閏正月甲戌，以突騎施酋長烏質勒為懷德郡王。冬十二月，安西大都護郭元振詣突騎施烏質勒牙帳議軍事，天大風雪，元振立於帳前與烏質勒語，久之，雪深，元振不移足，烏質勒老，不勝寒，會罷而卒。其子娑葛勒兵將攻元振，副使御史中丞解琬知之，勸元振夜遁去。元振曰：『吾以誠待人，何所疑懼？且深在寇庭，逃將安適？』明旦，入哭，甚哀，娑葛感其義，待元振如初。戊戌，以娑葛襲嗢鹿州都督懷德王。」從這段史料可以看出，斛瑟羅與烏質勒相攻不過是西突厥內部矛盾，烏質勒占領了碎葉，並徙牙帳於此，並未脫離對唐王朝的臣屬關係，碎葉鎮並未廢除，作為安西都護的郭元振及副使解琬都還駐節碎葉，與突騎施酋長關係還很密切，即使在烏質勒與郭元振議軍事而被凍死的情況下，雙方關係還沒有破裂，這並不像《新探》推測的：突騎施的牙帳設在巴湖碎葉，碎葉鎮就只能設在哈密。若真是如此，郭元振就要跑三千里與烏質勒「議軍事」，這當然是不可能的。《唐會要》載：「長安三年（七〇二）郭元振奏置瀚海軍、天山軍並在碎葉城。」這當然是指巴湖碎葉，因為這一年烏質勒與斛瑟羅在碎葉打得正激烈，郭元振當然要求加強他的駐節之地的軍事力量。

開元初，娑葛死後，其部將蘇祿勢力強大，「十姓部落稍稍歸之」，唐王朝承認既成事實封蘇祿為忠順可汗。開元七年（七一九）「安西節度使表以焉耆備四鎮」，碎葉鎮被焉耆取代。

從調露元年（六七九）在碎葉設鎮至開元七年（七一九）撤銷，前後共四十年，唐代在此置重兵把守，保護絲綢之路的暢通，保障西域的統一和安全，並使唐王朝的政令能順利推行到中亞地區。安西四鎮之一曾設於巴湖碎葉的事實，無可辯駁地證明，中亞曾屬於中國的版圖。

前面論證了唐朝安西四鎮之一的碎葉鎮確實在巴湖碎葉，並未設在哈密。「李白出生於哈密」說自然也就失去了它的依據。

此外，還有李白「出生長安」說，那就更缺乏依據。李白自述，其祖先曾「奔流咸秦，因官寓家」。這是西元四二一年遭沮渠蒙遜難後的事情，距李白出生已近三百年，幾代人的滄桑變化，不能說

第一章　李白出生於蜀

李白的家還在長安，從李白的詩文及同時代人的著述中找不出一點生於長安的證據。

「李白出生在洛陽」之說出現較晚。這個觀點的發明者洛陽的王先生，依據的是李白的詩《敘舊贈江陽宰陸調》：「我昔鬥雞徒，連延五陵豪。邀遮相組織，呵嚇來煎熬。君開萬人叢，鞍馬皆辟易。告急清憲台，脫餘北門厄。」他把詩中敘述的事件發生的地點定在洛陽北門，時間定在李白十五歲時（西元七〇一年）。這本來是一件普通的已經解決了的鬥毆，而王先生卻推斷：李白遭遇「北門厄事件」後，其父母和家人均被仇家所害，甚至連他的家族都受到連累。在殘酷的現實面前，他不得不隱名埋姓，隻身逃到四川峨眉山一帶避難。直到西元七二五年李白二十五歲時，他才離開峨眉山。王先生又推斷：既然「北門厄事件」時李白只有十五歲，當時他就生活在洛陽。一般來說，在古代嚴格的戶籍制度下，如果不遇戰爭或特殊天災人禍，年齡在十四五歲的男孩大都在自己的家裡生活，所以他的誕生地和故鄉，應該也在洛陽。他還確定李白故居在洛陽爽明街一帶，原本姓賈。「李白，字太白」的姓名及字，都是李白在洛陽遭遇「北門厄事件」後所改的。許多學者已論證《敘舊贈江陽宰陸調》詩中敘述的「北門厄事件」發生在李白三十歲左右，一入長安之時。論據充足，在此無需贅言。王先生之說是主觀臆斷，沒有史料依據，說不上是學術觀點，只不過在編造一個虛構的傳奇故事，不值一駁。

比較李白出生的各種說法，還是「出生蜀中」說證據最為充足。

第二章　李白家世及其所受教育

弄清李白家世對於研究李白的思想及其詩歌的藝術風格是有重大意義的。但有關李白家世的史料卻嚴重不足，而且這些史料又相互矛盾，給後人的研究造成了困難，引起了學術界熱烈的爭議。目前對李白家世的說法主要有以下幾種：（一）富商說；（二）李唐宗室說，即李暠之後說，在這一說法中又有李建成之後，李煒之後，達摩之後，李軌之後；（三）李陵之後說；（四）西域胡人說，甚至乾脆說李白是外國人。筆者以為上述說法都有不妥之處，把問題愈說愈複雜，其實李白既非帝王將相後裔，也非富商之子，而是出身於普通百姓之家，父親是陶淵明式的隱士。

第一節　李白的家庭不是富商

李白出身於富商之家，這是一種最流行的說法，一九三〇年代陳寅恪先生在《李太白氏族之疑問》一文中就提出李白之父名客，即「客商」的意思。四〇年代初詹瑛先生以不太肯定的語氣說：「意者白之家世或本胡商，入蜀之後，以多貲漸成豪族。」六〇年代初麥朝樞先生具體地闡述了李白的父親是走私商人，其根據是綿州產金、鐵，而金、鐵又是對外貿易違禁品，因而李白之父在走私金、鐵中成了富商。七〇年代初郭沫若先生更以肯定的口氣說：「李客必然是一位富商……他家的商業範圍是相當寬廣的，不僅超出了綿州，而且超出了四川，在長江上遊和中遊分設了兩個莊口。」韓維祿先生的《也談李白的經濟來源》肯定李白之父是富商。李家烈先生的《李白經濟來源考辨》不僅說李白之父是販賣絲綢的商人，還說李白在流放夜郎之前都一直在經商。許多教科書、通俗讀物也採用了「富商說」。「富商說」的依據，概括起來有以下幾點：

第一節　李白的家庭不是富商

❖ 李父是從西域遷來的，西域多商人，因而李父也是商人。

❖ 李白的排行叫「李十二」，足見他的兄弟輩很多，「李客由中亞碎葉遷徙入蜀，是拖著一大家子人的，李客必然是一位富商，不然他不能夠攜帶著那麼多的人作長途羈旅」。

❖ 李白自述在隱居岷山時就「養奇禽千計」，沒有富商的家庭條件是不可能的。

❖ 李白出蜀後揮金如土，「東遊維揚，不逾一年，散金三十萬，有落魄公子悉皆濟之」。李白一生「漫遊成癖，揮霍任性，遊手好閒，重義好施……也足以證明他是一個商人地主」。李父既然未做官，必定是經營特大商業的豪商，這樣「對於李白的生活費用的來源才可以得到妥當的說明」。

竊以為上述理由都站不住腳。從西域多商人這個前提判斷李白之父是富商，從綿州產金、鐵判斷出李父走私金、鐵而致富，從巴蜀產絲綢判斷李父做絲綢生意，這在邏輯上都是犯了「以偏概全」的錯誤，雖然西域多商人，但並非每一個去過西域的人都是商人；綿州產金、鐵，並非住在綿州的人都在經營金、鐵生意；巴蜀產絲綢，並非住巴蜀的人都在做絲綢生意。在西域商人、綿州物產、巴蜀絲綢、李白之父這幾個概念之間，產生主觀的隨意聯想，得出李父是富商的結論，實在很難令人信服。

從李白叫「李十二」來證明李父帶了一大家人遷回四川，從而又證明李白必然是一位富商，這也是主觀臆測。李白叫「李十二」，並不能證明李父帶了一大家人回川。攀宗親，認豪門是唐代的風俗，只要同姓同宗就可以認為兄弟。按年齡排行，在李白的詩中就有「張十四」、「劉十六」、「裴十八」、「蕭二十一」等名字，這當然不會是一個家庭中有那麼多親兄弟。又如白居易叫「白二十二」，其實他的親兄弟只有幼文、行簡、幼美，他排行第二，其他十幾個弟兄都不是他一個家庭的。白居易詩《自河南經亂，關內阻饑，兄弟離散，各在一處，因望月有感，聊書所懷，寄上浮梁大兄，於潛七兄，烏江十五兄；兼示符離下邽諸弟妹》，其中只有大兄幼文是親兄長，其他皆為從兄弟。同樣，在李白詩中提到的李凝、沈、皓、令問……皆為從兄弟，是他出蜀後才認識的，並非他父親從西域帶回的一大家人。據北宋楊天惠的《彰明逸事》載，李白「清廉鄉故居遺址尚在，廢為寺，名隴西院……有妹月圓，前嫁邑子，留不去，以故葬邑下，墓今在隴西院旁百步外。」隴西院、李月圓墓及其故居粉竹樓遺址至今還在，這說明李白只有親兄妹二人。李白故居隴西院在北宋初「已為浮屠者居之」。而唐末至宋初，彰明一帶並未發生過大的戰亂，若李姓是大家豪族，絕不可能後繼無人，以致經二三百年故居就變成了廟宇。由此可見，李白之父並沒有遷了一大家人來青蓮鄉定居。

郭沫若先生說李白之父是富商，帶了一大家人在神龍之初從碎葉而來，這本身就是一件不可能的事。據史籍記載：「長安三年（七〇三）……突騎施酋長烏質勒與西突厥諸部相攻，安西道絕。」《舊唐書》載：神龍二年（七〇六）唐安西大都護郭元振上疏：「頃年忠節請斛瑟羅及懷道俱為可汗，亦不得招脅得十姓，卻遣碎葉數年被圍。」這場混戰從西元七〇三年延續到西元七〇六年。在「安西道絕」的情況下，李白之父怎麼可能身懷萬貫家財，帶著一大家人去走「絕道」？總之，從「李十二」推想李父是大富商是站不住腳的。

郭沫若說：「李家商業的規模相當大，它在長江上遊和中遊分設了兩個莊口，一方面把巴蜀的產物運銷吳楚，另一方面又把吳楚的產物運銷巴蜀。」這種說法是不符合歷史實際的，唐代的商業雖然比前代發達，但自給自足的自然經濟仍占絕對的支配地位，在唐代的歷史資料中尚未發現在巴蜀設莊口（相當於總公司），又在長江沿岸分設莊口（分公司）的大商人，不能把封建社會後期才可能出現的事推測在李白之父身上。即使如郭老所述的李白之父經營了那麼大的商業，其家庭必然住於通都大邑，才便於運銷商品和獲得訊息。可是綿州昌明縣青蓮鄉既非通都大邑，又非交通要衝，而是一個偏遠的小鄉。據引《舊唐書．地理志》載：「綿州，上，舊領縣九，戶四萬三千九百四，口十九萬五千五百六十三。」這九縣之一的昌明縣屬於「緊」縣。唐代按「戶口多少，資地美惡」，將州分輔、雄、望、緊、上、中、下七等。「縣有赤、畿、望、緊、上、中、下七等之差」（《通典．職官》）。綿州昌明縣屬於第五等州的第四等縣，不過幾千戶、萬多人口的小縣，青蓮又是這樣一個小縣的鄉，距昌明縣城七公里。當時巴蜀與中原的交通要道是金牛道，青蓮鄉距金牛道上的綿州還有三十公里。通往中原的另一條道路——陰平道雖然要經過青蓮鄉，但這條道路在當時並非商業繁榮的交通要道。從青蓮鄉沿陰平道向北九十公里就是人煙稀少的龍州江油郡，據《新唐書．地理志》載：天寶時全郡才四千多人，「秦漢曹魏為無人之境，鄧艾伐蜀，由陰平景谷，行無人之地七百里，鑿山通道，攀木緣崖，魚貫而進，以至江油」。李白《題江油尉廳》說這裡是「野燕巢官舍，溪雲入古廳」。這樣冷寂的地方絕不是經營大商業的人感興趣的。根據唐代法令：「諸非州縣治所，不得置市。」在鄉場上唐代曾出現過「草市」，即隔日或隔數日進行集市貿易，在集市上主要是農民之間相互進行交易，調節餘缺，與外界商業連繫非常稀少，不可能存在資金雄厚的大豪商。在鄉場上也有一些本小利微的開舖店的商人，可是李白的故居並不在青蓮場上，而是在離開場鎮一公里的天寶山上，這裡絕非昔日的市集所在地。很難設想一個「爭利於市」的大商人會住在與市集不挨邊，距繁華的交通要道很遠的偏僻之處，從李白故居的所在地就足以推翻「富商說」。

持李白之家為「富商」說者，認為李白青少年時代就過著富裕豪華的生活，其根據是李白《留別廣陵諸公》：「憶昔作少年，結交趙與燕。金羈絡駿馬，錦帶橫龍泉。」其實用金、銀、玉等形容用具在古詩中很常見，這不過是比喻和誇張的修辭手法，「銅羈」也可以說成「金羈」，普通的劍也可以說成「龍泉」，不能據此作出李白家庭很富有的結論。從現有史料來看，李白青少年生活並不很富裕。在李白隱居處大匡山有一塊北宋熙寧戊申（一〇六八）立的《中和大明寺住持記》碑，內述：「翰林學士李白字太白，少為當縣小吏，後止此山，讀書於喬松滴翠之平，有十載。」又北宋元符二年（一〇九九）在彰明做縣令的楊天惠的《彰明逸事》云：「聞唐李白本邑人，微時募縣小吏。」小吏的政治地位是很低的，收入也很微薄，而李白是少年時（大約十五歲）就去做小吏，正是因為生活所迫。哪有過著揮金如土的富商的兒子去做小吏的。有人從假設的「富商」去否定有史料依據的「小吏」，倒是應當以有史料依據的「小吏」去否定假設的「富商」。

李白隱居在匡山的生活是否很富裕呢？他寫過一首《冬日歸舊山》：「未洗染塵纓，歸來芳草平。一條藤經綠，萬點雪峰晴。地冷葉先盡，谷寒雲不行。嫩篁侵舍密，古樹倒江橫。白犬離村吠，蒼苔上壁生。穿廚孤雉過，臨屋舊猿鳴。木落禽巢在，籬疏獸路成。拂床蒼鼠走，倒篋素魚驚……」「舊山」即匡山，這在宋碑《勑賜中和大明寺住持記》中說得很明白：「太白舊山大明古寺，靠戴天之山。」《江油縣誌》、《彰明縣誌》也都認定此詩為李白少年時所作，詩中寫的景色也與匡山相合，從這首詩中可以看出李白隱居匡山時生活是很艱苦的，住地十分簡陋，野雞可以飛進廚房，野獸可以穿過疏籬，牆壁生青苔，老鼠滿屋竄，哪有一點富家豪華的跡象，或者說李白「隱於岷山之陽（即匡山）……養奇禽千計」，不是要用很多錢嗎？筆者認為不能理解為李白花了大量金錢去餵養他們。匡山一帶原本是「樹深時見鹿」人煙稀少的地方，鳥獸甚多。匡山至今還有飼鶴池、白鶴洞等遺蹟。筆者少年居於此山之麓，當時森林未被破壞，親眼看見山中有大批白鷺和黃麂棲息，見人不驚。李白酷愛大自然，採集野生飼料，以備鳥獸食用，與鳥獸和睦相處，這並不奇怪。與大匡山遙遙相對的竇圌山上，唐代也有一位隱者與李白的情況相似。據杜光庭《竇圌山記》：唐咸通壬辰（八七二年）「有毛意歡者……隱在穴中……山多毒蛇猛虎，人莫敢獨往，意歡雖夜歸，亦無所畏，常有二鴉棲岩下，客將至，鴉必飛鳴，意歡乃整飭賓榻，未幾客果至矣」。毛意歡與李白都是道教的信徒，他們把自己融合於大自然中，與鳥獸和諧相處，絕不需耗費大量金錢來搞人工飼養，更不能以此證明李父是富商。

從李白出蜀後的經濟來源也看不出李白的家庭是富商。前面談到李白之家並非富商，在李白出蜀後也看不出與家鄉父母有什麼連繫。王琦說：「太白詩中絕無思親之句，疑其遷化久矣。」這種懷疑很有道理。在李白故里僅有其妹月圓的墓而無李白父母的墓，這說明李白的父母至遲在李白出名之前已經去世，青蓮民間傳說，在李白十多歲時父母先後去世，因此李白出蜀後再沒有得到蜀中老家經濟上的接濟。那麼他長期漫遊，有時還顯得很富有，其經濟來源又是怎樣的呢？這裡分幾個時期來研究：

一、剛出蜀時主要靠朋友的贈與

認為李白家為富商的重要依據是《上安州裴長史書》自敘出蜀後「東遊維揚，不逾一年，散金三十餘萬」。這是誇大之詞，他肯定不可能帶這麼多錢出蜀。當時流行的貨幣是武德年間鑄的「開元通寶」銅幣，還雜用布帛。開元通寶一千錢重六斤四兩（四二二九克），三十餘萬錢應有一千二百多公斤重，怎麼能帶這麼多。唐代雖有類似匯票的飛錢便於長途攜帶，但它最早出現於李白死後幾十年的唐憲宗時期。固然，李白出蜀是籌集了一筆路費，但不一定全是從家中拿出來的。這只要與他青年時代的任俠生活連繫起來，就不難看出這筆錢的來源。李白詩云：「憶昔少年時，結交趙與燕。」（《留別廣陵諸公》）「結髮未識事，所交盡豪雄」（《贈從兄襄陽少府皓》）。魏顥《李翰林集序》說李白「少任俠，手刃數人」。劉全白《唐故翰林學士李君碣記》：「少任俠，不事產業。」范傳正《李公新墓碑》：「少以俠自任，而門多長者車。」這都說明李白在蜀中任俠仗義，結交甚廣。遊俠以扶危濟困為宗旨，存交重義，輕財好施，他們自己不治產業，不重財富，為人排憂解難，對朋友往往解囊相助，而自己的用費也來自朋友贈與。李白在「仗劍去國，辭親遠遊」時，他結交的遊俠朋友必然贈與他不少路費。這些錢來得容易，去得也容易，當他遇到「落魄公子，悉皆濟之」，因此他很快又窮困了，出蜀後約兩年在江夏營葬好友吳指南時又不得不「丐貸」。從李白《上安州裴長史書》的這段敘述看出他的確是「黃金逐手快意盡，昨日破產今朝貧」。並無一個富商之家作為漫遊的「富厚的後台」。李家烈先生說：李白出蜀是與吳指南結成「商幫」，到長江中下遊做生意，吳指南死後，草草掩埋，便行色匆匆地到金陵去處理商務上的事。這種臆測是不能自圓其說的，既是「商幫」，怎麼只有李白一人背著吳指南的遺骨去安葬？既是「商幫」，幾個安埋費總是有的吧！何至於去「丐貸」？

二、「酒隱安陸，蹉跎十年」

期間的經濟來源主要靠許相公家，有時也主動向人乞求賙濟。李白二十七歲時以其超人的才華被宰相門第的許家看中，招贅為婿。許家是世代為官的大官僚地主，許圉師的祖父在隋末就是夷陵的地方官。父許紹在建立唐朝時立過功，封為安陸郡公，後升譙國公，做過峽州刺史。許圉師在高宗初年做過左相，後貶為虔州刺史，至上元中再遷為戶部尚書，他的一個兒子當過澤州刺史。當時江淮有個說法：「貴如郝、許，富如田、彭」，可見許家是相當有名的大官僚地主。李白既招贅為婿，必然得到一份可觀的家產。他說：「歸來桃花岩，得憩雲窗眠……入遠構石室，選幽開山田。」（《安陸白兆山桃花岩寄劉侍御綰》）又說：「小節豈足言，退耕春陵東。」（《贈從兄襄陽少府皓》）可見許相公家是給了李白夫妻田莊別墅的。這筆家產支撐他以安陸為中心的漫遊，有時也顯得很闊綽，如遊襄陽時「千金駿馬換小妾，笑坐雕鞍歌落梅。車旁側掛一壺酒，鳳笙龍管行相催」（《襄陽歌》）。不過在漫遊中的浩大開支也並非全部從安陸家中拿出去的，有些顯然是朋友的款待與饋贈，如到并州就是元參軍的邀請和熱情接待，「行來北京（指太原）歲月深，感君貴義輕黃金。瓊杯綺食青玉案，使我醉飽無歸心」（《憶舊遊寄譙郡元參軍》）。李白三十歲左右一入長安，自然是從安陸家中帶去了一筆旅費，不過並不很豐厚，干謁也未成功，生活陷入困境，不得不主動求助於人。《玉真公主別館苦雨贈衛尉張卿》云：「饑從漂母食，閒綴羽陵簡。園家逢秋蔬，藜藿不滿眼。蠨蛸結思幽，蟋蟀傷褊淺。廚灶無青煙，刀機生綠蘚。投箸解鷫鸘，換酒醉北堂。丹徒布衣者，慷慨未可量。何時黃金盤，一斛薦檳榔？」可見其生活很困苦，已弄到斷炊絕糧，寄食田家吃野菜度日的地步，不得不求援於張垍。這次在長安住不下去，又曾去過邠州、坊州。其境況也是很困難的。「長風入短袂，內手如懷冰。故友不相恤，新交寧見矜？」（《贈新平少年》）「前榮後枯相翻覆，何惜餘光及棣華」（《邠歌行上新平長史兄粲》）。這些詩是很明顯的請求對方的援助。

離開長安後返回安陸，其景況也不好，《贈從兄襄陽少府皓》：「歸來無產業，生事如轉蓬。一朝烏裘敝，百鎰黃金空。彈劍徒激昂，出門悲路窮。吾兄青雲士，然諾聞諸公。所以陳片言，片言貴情通。棣華倘不接，甘與秋草同。」這是向一位縣尉請求接濟，可能這時許氏夫人已經去世，安陸也沒有多少家產，無法繼續住下去，不得不移居東魯。

剛到東魯時，生活也還是困難的，見《送魯郡劉長史遷弘農長史》：「魯國一杯水，難容橫海鱗。仲尼且不敬，況乃尋常人……魯縞如白煙，五縑不成束。臨行贈貧交，一尺重山岳……他日見張祿，綈袍懷舊恩。」劉長史給他送了五匹縑就如此感激，而且以窮愁潦倒時的范雎（張祿）自比，可見處境的困難。從這首詩也足以推翻李白到山東是做魯縞生意的觀點，一個手中經營成千上萬匹魯縞的人竟然那麼感激劉長史送的五匹縞，說得通嗎？劉長史會給做魯縞生產的送縞嗎？在《贈從弟冽》中云：「顧余乏尺土，東作誰相攜。」可見在寓居山東的前期是無田產的。有人認為李白到山東是為了經商，在任城建立了一個商業點，這僅僅從任城商業比較繁榮推測出來的。事實上李白把家和孩子安置在任城而他本人並未長住任城，更多的時間是與「竹溪六逸」隱居於徂徠山，或遊泰山、魯郡等地，從這段時期的詩歌中絲毫看不出有任何商業活動。

三、李白詩名大振以後，其經濟來源主要是靠詩名謀取饋贈

唐代是詩歌繁榮的時代，詩人們憑藉他們的詩歌得到社會的尊敬與榮譽。李白在詩名大振以後更是受到上至帝王下至普通百姓的傾慕，他的經濟來源當然是不成問題的。

天寶元年唐玄宗召見李白時說：「卿是布衣，名為朕知，非素蓄道義，何以得此。」可見在玄宗召見之前李白已成名揚天下的詩人了。玄宗需要這樣的詩人為他歌功頌德，粉飾太平，因而初見之時十分寵幸，讓他做翰林供奉，「常出入宮中，恩禮殊厚」。皇帝對他各種臨時性的賞賜當然是非常豐富的。但並未給他品官的俸祿，也沒有按均田制規定給品官應有的永業田，因為翰林供奉並非正式的官員。《文獻通考》說李白入翰林是「但假其名，而無所職」，宋程大昌《雍錄》說：「如李白輩供奉翰林，

乃以其能文，特許入翰林，不日以某官供奉也，俗傳白衣入翰林者此也。又曰：上數欲命白以官，為宮中所捍而止。是白在天寶竟無官也。」魏萬也說李白「年五十尚無祿位」。李白這個翰林供奉不過是行政系統以外的皇帝的文學侍從，並未列入朝廷的品官編制，當然無固定的俸祿收入。由於李白不甘心做御用文人，終於被玄宗很體面地打發出京，即所謂「賜金歸之」，這筆錢的數目當然是不少的。李白離京時送行場面很盛大，「開筵引祖帳，慰此遠徂征。鞍馬若浮雲，送余驃騎亭。歌鍾不盡意，白日落昆明」（《經亂離後天恩流夜郎憶舊遊書懷贈江夏韋太守良宰》）。這些送行的朋友當然也有所饋贈。此次李白出京與上次大不相同，他已經是受過皇帝寵信的著名詩人了，所到之處「王公趨風，列岳結軌，群賢翕習，如鳥歸鳳」。「駿馬美妾，所適二千石郊迎」，「諸侯交迓馳朱輪，白璧一雙買交者，黃金百鎰相知人」。官僚貴族們對李白接待唯恐不周，饋贈唯恐菲薄。他們之中有仰慕李白詩名的，有敬重李白為人的，也有附庸風雅的，他們需要李白為之增飾光彩。此時的李白絕不會為漫遊中的巨大開支而發愁，他不消開口，自然有人為他解決。

李白也用皇帝的賜金和朋友們的饋贈在東魯購置了一些田產和樓房。《寄東魯二稚子》云：「我家寄東魯，誰種龜陰田？春事已不及，江行復茫然。南風吹歸心，飛墮酒樓前。」《太平廣記》記載，李白「於任城構酒樓，日與同志荒宴其上」。《書情贈蔡舍人雄》云：「閒時田畝中，搔背牧雞鵝。」《秋夜獨坐懷故山》云：「拙薄遂疏絕，歸閒事耦耕。」這些都說明李白在山東是有田產房屋的，主要是作為他兒女的生活之用，可以解除他漫遊的後顧之憂。

李白在五十歲時，在梁園娶前宰相宗楚客之孫女為妻，宗家雖早已失勢，但家產並未抄沒，宗氏的弟弟宗璟和李白感情又很好，對李白會有所資助，也可能給了一定的田產。不過李白自來是不愛治產業的，他的任俠作風使他輕財重義，不去孜孜追求財富的積聚。《送王屋山人魏萬還王屋》云：「徒於五諸侯，不致百金產。」《贈宣城宇文太守兼呈崔侍御》云：「顏公二十萬，盡付酒家錢。興發每取之，聊向醉中仙。」詩中用顏延之送陶潛酒錢的典故，說明他接受別人饋贈後還是大手大腳地花錢，所以「黃金逐手快意盡，昨日破產今朝貧」。他的經濟生活極不穩定。在他五十歲左右寫的《秋日煉藥院鑷白髮贈元六兄宗林》說：「窮與鮑生賈，飢從漂母餐。」這說明為了生計也與人搭夥做過生意，但這絕不能證明他是富商。若是富商怎麼會「窮」和「飢」呢？

四、李白晚年窮愁潦倒，常主動向人乞求賙濟

西元七五五年「安史之亂」發生，人民被拖入災難的深淵，社會經濟遭到極大的破壞，在戰爭最激烈的河南一帶「人煙斷絕，千里蕭條」。李白在魯中的家產和宗氏家所在的梁園一帶都陷於叛軍，斷絕了較穩定的經濟來源。西元七五七年李白參加永王璘幕府，捲入皇室內部的爭鬥，陷入冤獄，後來又被長流夜郎，這一系列的變故不能不使李白的生活陷於困境。儘管他的詩名很大，也確實有一些忠實的能共患難的朋友在困難中幫助他，流放途中也有一些地方官熱情接待他，但畢竟有不少勢利者對他冷漠或敵視，甚至弄到了「世人皆欲殺」的地步。李白也哀嘆「世途多翻覆，交道方嶮巇」（《古風五十九首》），「前門長揖後門關，今日結交明日改」（《贈從弟南平太守之遙》）。再不像前段時期那樣處處有人給他主動饋贈，他不得不低三下四向別人求援。如《贈劉都使》：「而我謝明主，銜哀投夜郎。回家酒債多，門客粲成行……所求竟無緒，裘馬欲催藏。主人若不顧，明發釣滄浪。」又如《贈友人》其三：「虎伏避胡塵，漁歌遊海濱。弊裘恥妻嫂，長劍託交親。莫持西江水，空許東溟臣。他日青雲

第一節　李白的家庭不是富商

去，黃金報主人。」在他的一些詩中可以看出有時把自己比為涸轍之鮒（見《江夏贈史郎中》），有時把自己比為連蠟燭也照不起的貧人（見《陳情贈友人》），有時把寶劍當來付酒錢（見《醉後贈從甥高鎮》）或「解我紫綺裘，且換金陵酒」（《金陵江上遇蓬池隱者》）。在五松山一戶農家吃到一餐雕胡飯時，竟至「三謝不能餐」（《宿五松山下荀媼家》）。這些都可以看出他生活的窘迫。雖有朋友們的賙濟也解絕不了生活的困難，「群鳳憐客鳥，差池相哀鳴。各拔五色毛，意重泰山輕。贈微所費廣，鬥水澆長鯨」（《獻從叔當塗宰陽冰》）。最後客居在李陽冰處貧病而死。

李白逝世後並沒有給子女留下遺產。范傳正《李公新墓碑序》云：「訪公之子孫……皆編戶甿也……衣服村落，形容樸野……問其所以，則曰：父伯禽以貞元八年不祿而卒，有兄一人，出遊一十二年，不知所在。父存無官，父歿為民，有兄不相保，為天下之窮人。無桑以自蠶，非不知機杼；無田以自力，非不知稼穡。況婦人不任，布裙糲食，何所仰給？儷於農夫，救死而已。」李白為中華民族留下了豐厚的精神財富，卻並未給自己兒孫留下物質財富。

李家烈先生為了論證李白家是商人，就把李白到過的一些商業繁榮的城市，如揚州、金陵、杭州……說成是李白去從事商務活動，若照此推理方法，我們可以把任何一個到過商業繁榮的城市的人定為商人。這是在邏輯推理方法上犯了一個常識性錯誤。李白「一生好入名山遊」，漫遊名山大川的時間比住商業都市的時間長得多，這又作何解釋呢？難道李白跑到山上去做生意嗎？李白因從璘而下獄，宋若思、崔渙、張鎬等積極營救，這是崇高友情的表現，李家烈先生硬說這是一種官商勾結，宋若思們不僅受了李白的賄，還參與了李白的商業活動，不救李白就會損害他們的經濟利益，否則他們不會冒那麼大的風險去救一個犯殺頭罪的人，而高適雖是李白好友，但他未參加李白的商務活動，所以雖可以救而不去救。這是一種大膽的無中生有的想像，是以現代人「有錢可使鬼推磨」的心理去揣摩李白與宋若思等人的關係，實在把李白、宋若思、高適等人的品德貶得太低了。唐代有貪官，也有官員與商人勾結，還有「官倒」，但找不出救援李白的幾位官員是貪官、官商的史料依據。從李白送給崔渙、宋若思、張鎬等人的詩中，絲毫找不出庸俗的骯髒的金錢交易關係，只看到可貴的友情，李白不僅未向他們行賄，張鎬反而向危難中的李白贈送衣物。李白詩《張相公出鎮荊州尋除太子詹事余時流夜郎行至江夏與張公相去千里公因太府丞王昔使車寄羅衣二事及五月五日贈余詩餘答以此詩》，其中有「慚君錦繡段，贈我慰相思」。這就有力地否定了李白行賄說。總之，說李白是富商沒有任何根據。

第二節　李白不是西域胡人，更非外國人

李白是中國的偉大詩人，是中華文化的傑出代表，他當然是中國人，是漢族人，這本來是不成問題的，但近幾十年卻出現了異議。在一九三〇年就有人說李白是生在大食國的外國人，陳寅恪先生則說李白「本為西域胡人」。後來又有人說李白是突厥化的中國人或中國化的突厥人。詹鍈先生同意陳寅恪的觀點，加以論證，郭沫若先生在《李白與杜甫》一書中批駁了李白是西域胡人的觀點，說「李白肯定是漢人」。日本松浦友久先生又反駁郭沫若的觀點，認為「李白的家世本來是西域異族」，筆者曾對松浦先生的觀點質疑過，後來李家烈先生又重申松浦先生的觀點，而且走得更遠，認為「李白不是漢人，亦非邊疆民族」，也就是說李白是地道地道的「老外」，徐文海、李曉峰先生的《李白詩酒人生》一書中，竟赫然出現一個小標題：「李白是外國人。」對此不能不一辯。

第二節　李白不是西域胡人，更非外國人

說李白不是漢人，甚至說是外國人，其論據歸納起來有以下幾點：（一）中亞碎葉是唐代才納入中央政權管轄範圍，因此李白先世不可能是隋末貶謫到中亞的，他們原本就是住在西域的胡人。（二）李白及其親友故意隱瞞異族家世，以免政治上受歧視。（三）李白之父無真實名字。（四）李白懂外語。（五）李白的生活習性不像漢人。（六）李白與漢族儒家文化相去甚遠。（七）李白的外貌不像漢人。現就以上幾點，提出筆者的不同看法。

一、隋末唐初大量中原人遷入西域，李白先人就是這些遷徙者之一

持李白異族說者，只看到了中亞納入唐代版圖的時間，而忽視了在這之前中原漢人已與中亞有密切交往。早在西漢時期，巴爾喀什湖以東以南，包括碎葉地區就屬漢朝西域都護管轄。魏晉以後這一地區仍然與中原保持著政治和經濟上的某種連繫。六世紀中葉，突厥強盛，控制了東到遼河，西至裡海的廣大地區。隋初，突厥分為東西兩部，碎葉成為西突厥統治的心腹地帶，隋朝西部的版圖達且末、鄯善、伊吾（都在今新疆境內）。隋朝與突厥時戰時和，交往非常密切，隋朝為加強西部邊防，在且末以東「置郡縣鎮戍，發天下輕罪徙居之」，如薛道衡被縊殺後，「妻子徙且末」。隋末天下大亂，大量中原漢人遷往突厥控制的地區，這方面的記載很多，如《北史．突厥傳》：「隋末離亂，中國人歸之（突厥）者無數。」《新唐書．高昌傳》：「大業末，華民多奔突厥。」《大唐創業起居注》：「自頃離亂，亡命甚多，走胡奔越，書生不少，中國之禮，並在諸夷。」連隋煬帝的皇后蕭氏和孫子楊正道也跑到突厥去了，突厥可汗還替楊正道組織了一個流亡政府。這些逃亡去的或被突厥擄掠去的中原漢人，在唐初有一部分被贖回，如《資治通鑑》卷一九三載：「隋末，中國人多沒於突厥，及突厥降，上（唐太宗）

遣使，以金帛贖之」，「乙丑，有司奏，凡得男女八萬口」。有一部分漢人則繼續留居西域，如玄奘西行經「呾邏私城……南行十里，有小孤城，三百餘戶，本中國人也，昔為突厥所掠，遂鳩集同國，共保此城，於中宅居，衣服去就，遂同突厥，言辭儀範，猶存本國」。

根據李白自述而寫成的李陽冰《草堂集序》云：「李白，字太白，隴西成紀人，涼武昭王九世孫……中葉非罪，謫居條支。」「范碑」說李白「其先隴西成紀人……隋末多難，一房被竄於碎葉」。這些記載與前述的歷史背景是吻合的。隋末有十萬以上的中原人去突厥控制下的西域，李白之先輩為何不是這十餘萬分之一呢？至於去西域的原因，《草堂集序》說是「謫居」，「范碑」說是「被竄」，這裡有因罪被流放的意思，也包含有由漢民族居地移往外域的意思。隋大業中，西域的且末就有輕罪人徙居，李白的先輩就是其中之一，大業末天下大亂，河西走廊一帶也燃起了戰火，他們又隨著中原人向西域遷徙的大潮流，再向西遷至碎葉，定居下來。後來就把這一段經歷籠統地稱之為「中葉非罪，謫居條支（泛指西域）」。「隋末多難，一房被竄於碎葉」。李白的先輩應當是《大唐創業起居注》中說的「走胡奔越」的「書生」之一，他們保存了「中國之禮」即漢文化傳統，一代代傳下來，由李白繼承。

二、李白及親友並未承認其為異族

究竟李白是不是胡人，首先應尊重李白本人的意見。從李白的詩文中以及根據他的直接、間接口授而寫成的《李翰林集序》、《草堂集序》、「范碑」等具有權威性的材料中絲毫也看不出他是異族人，而是說他祖籍隴西成紀，李廣之後，涼武昭王九代孫，是道地的漢人。李白曾與許多李唐宗室認親，姑無論他是不是真正的李暠九代孫，但起碼他是漢人才有可能與李唐宗室的人稱兄道弟。既然當年李白及

第二節　李白不是西域胡人，更非外國人

問題弄得很複雜呢？

其親友都未承認異族出身，為什麼事隔千餘年後我們硬要說他是異族出身呢？又何必把一個簡單明瞭的問題弄得很複雜呢？

松浦先生也承認李白「在主觀上是把自己當做漢人的」，但他又說李白是有意隱瞞自己的異族出身，因為異族人「參與政治和依靠權勢者的推薦而顯達是沒有希望的，甚至連透過科舉而參與政治也是不可能的」。李家烈先生說，「在唐人眼中，胡人地位相當低下」，李白為了不被人歧視，不得不掩飾自己是胡人。

我以為此種看法不符合唐代歷史。唐朝是在長時期民族大融合基礎上建立的繁榮富強的具有開放精神的朝代。李唐皇族本身就是民族融合的典型，唐高祖的母親獨孤氏，唐太宗的母親竇氏，唐高宗的母親長孫氏都是鮮卑人，在唐朝皇帝身上就有異族血緣。唐代的統治者改變了前代帝王歧視異族的狹隘的民族觀念，解除了華夷之防，採取了「華夷一體，一視同仁」的開放的民族觀念。唐太宗說：「自古皆貴中華，賤夷狄，朕獨愛之如一，故其種落皆依朕如父母。」與李白同時代的李華也說：「國朝一家天下，華夷如一。」由於唐代實行開放的民族政策，所以邊疆少數民族和外國人遷入中原的不少，僅在長安百萬居民中就有百分之五的胡人，他們與漢人長期和睦相處，並未受歧視。在唐代有不少出身異族的人被擢升提拔，身居要職，如貞觀四年（六三〇）平定東突厥後，「其酋首至者，皆拜為將軍、中郎將等官，布列朝廷，五品以上者百餘人」。唐代許多聲名顯赫的將領出身於異族，如突厥人阿史那杜爾、阿史那忠，鐵勒人契苾何力，突騎施人哥舒翰，契丹人李光弼，百濟人黑齒常之（也可以說他是外國人）……這些人成為獨當一面的大將軍，有的還娶公主為妻，有的封為國公。異族人不僅擔任高級將領，還有被提升為宰相的，從《新唐書．宰相世系表》中統計：有唐一代三百六十九個宰相中，有十八

人是異族，約占百分之五，其中有匈奴、鮮卑、奚、契丹、沙陀等國內少數民族，還有高麗人、安息國人可以說是外國人。著名的日本留學生阿倍仲麻呂在開元年間來唐後，先後擔任過補闕、衛尉少卿、祕書監、左散騎常侍及鎮南都護等要職。唐代的科舉制對異族人以及僑居中國的外國人並無歧視，他們可以參加科舉考試，中進士者也不乏其人，如新羅人崔致遠，波斯人李彥升都以進士顯名。宋人錢易《南部新書》載：「大中（八四七至八五九）以來，禮部放榜，歲取三二姓氏稀僻者，謂之色目人，亦謂日榜花。」這些姓氏稀僻的色目人，也就是異族人。開元初，唐王朝官修《姓族系錄》，「其諸蕃酋長，曉襲冠帶者，亦別為一品」。也就是說將少數民族首領也列入士族之中，大大的突破了「華夷有別」的傳統偏見。李白生活在沒有民族歧視政策的唐代，如果他真是異族人，沒有必要隱瞞自己的族屬。

三、李白之父沒有留下真名，只能說明他是隱士，而不能推論出是異族人

陳寅恪和松浦先生說李客非李白之父的真名，是因為「西域之人其名字不通於華夏」，他「終生沒有正式的中國名字」，所以說他是西域胡人。這種說法不符合史實，西域胡人移居中國者不少，他們定居後都取了一個中國式的名字，昭武九姓胡人移居中國的都以國為姓，「凡西域人入中國，以石、曹、米、史、何、康、安、穆為氏者，大率俱昭武九姓之苗裔也」。也有不少胡人改姓李，如李珣一家的祖先就是從波斯遷入中國做藥材生意，定居中國改中國式姓名；又如宣宗時進士李彥升是大食人，改中國式姓名。再從遷居中原的胡人死後的墓誌銘上看，他們也都有一個中國式的名字，如在長安出土的《唐故米國大首領米公墓誌銘》：「公諱薩寶，米國人也。」《安令節墓誌銘》：「君諱令節……出自安息國王子。」像這一類的墓誌銘還不少，不僅在他們的墓誌銘上都有一個中國式的名字，還寫明了原來的

第二節　李白不是西域胡人，更非外國人

國籍，這些都說明西域胡人遷居內地，並非「其名字不通於華夏」。據「范碑」云：李白之「父客以逋其邑，遂以客為名」。「李客」就是從外地遷來的姓李的客人的意思，這的確不是他的真實名字，如果他是異族，定居在青蓮鄉後，完全可以像當時成千上萬個內遷中原的胡人那樣改一個中國式的名字，然而他沒有這樣做，而是隱去真名，任別人叫他李客，這是什麼原因呢？因為他是一個有意隱瞞真名的隱士。所謂隱士就是那些遠離或逃避社會現實的士人，即所謂「不事王事，高尚其志」的知識分子。隱士的存在是中國古代社會不容忽視的歷史現象。在國家初步形成時就有巢父、許由這樣的隱士。秦漢以後封建專制主義中央集權政治制度確立，士階層的主體人格與專制主義發生衝突，其中一部分人採取消極逃避的形式，遠離政治，隱居於林泉，這種現象歷代不衰。唐代是中國古代隱士史上的一個重要的發展階段，隱士人數之多超過前代。在唐詩中出現的「處士」、「徵君」、「逸人」等都是指的隱士。「當時天下一君，四海一國，舍乎此則夷狄矣，去父母之邦矣。故士之行道者，不得於朝，則山林而已矣」。儘管唐朝前期，天下太平，政治清明，又實行了科舉制，為士人發揮才能開闢了廣闊的前景，但在君主專制主義和官僚政治的制約下，科舉並不意味著真正的公平仕途競爭，而且科舉取士名額有限，「士十於官，求官者又十於士」，有的士人不願意去擠壅塞的仕途，而走上了退隱之路，也有的為追求人格的獨立，或在政治傾軋中逃避風險而隱居。元次山說：「老死岩谷，遠跡時世者，不必其心皆好山林，若非介直方正與時世不合，必識高行獨與時世不合，不然則剛褊傲逸與時世不合。彼若遭逢不容，則身不足以為禍，將家族以隨之。至於傷汙毀辱，何足說者。故使之矯然絕世，逃其不容，直為逸民，竟為退士，枕石飲泉，終身而已。」李白之父就是這樣的隱士。據「范碑」云，李白之父「潛還廣漢，因僑為郡人，父客以逋其邑，遂以客為名，高臥雲林，不求祿仕」。《草堂集序》說李父「逃歸於

蜀」，《李翰林集序》說李父「乃放形，因家於綿」。又《蜀中名勝記》引唐代於邵立的李白碑說，李父「避地客蜀」。《杜詩補遺》說：「厥先避仇客居蜀之彰明。」把這些史料綜合起來看，李白之父因某種原因「與時世不合」，「遭逢不容」，為避仇或避禍，舉家逃到西蜀青蓮鄉這個偏僻的地方，放浪形骸於山水之間，「高臥雲林，不求祿仕」，成為「逋客」，即避世的隱者，就是徹底擺脫名韁利鎖，避開塵世干擾，隱名埋姓，盡可能不讓人知曉。歷史上固然也有隱士留下姓名，甚至載入《隱逸傳》，但有更多的隱士沒有留下真實姓名，他們「變名姓，抱經書，隱避林藪」。如在西漢末涪縣（距李白故里三十公里）近郊就有隱者「不知何出，嘗釣於涪水，因號涪翁，乞食人間，見病者，時下針石，輒時而雙，乃著《針經》、《診脈法》傳於世」。這位隱者雖寫了世界上第一部針灸專著，但他的真實姓名一直不為人知。我們總不能因為這位隱者未傳下真實姓名而推斷他是西域胡人吧！

四、從李白精通異族文字以及生活習性等也不能推斷出他是異族人

有學者把李白精通異族文字作為他是異族人的證據。竊以為不能成立。李白精通異族文字這是事實，劉全白《翰林學士李君碣記》云：「天寶初，玄宗辟翰林待詔，因為和蕃書，並上宣唐鴻猷一篇，上重之。」「范碑」云，李白「論當世務，草答蕃書，辯如懸河，筆不停輟」。這裡說的「蕃」是對西方少數民族及外國的通稱。以後《今古奇觀》及戲劇據李白曾「草答蕃書」的事實加以誇張，虛構情節，說是渤海國（在今東北境內）使者帶來用本國文字寫的宣戰書，滿朝文武都不認識，只有李白才能識得，並當場回書，平息了一場戰亂。於是據此誤認為，只有李白認得異族文字，那麼他應當是異族人。事實上在大唐王朝中絕不止李白一人識得異族文字。中國是一個多民族國家，不同語言的各民族交

往十分頻繁，據《周禮》載，早在周朝就設有「譯者」。

漢代的鴻臚寺（相當於外交部禮賓司）屬官中有「譯官令」。唐代與外國交往以及各民族之間的交往更為頻繁，翻譯人員也大大增加。《新唐書．百官志》載：「凡蕃客至，鴻臚訊其國山川，風土，為圖奏之。」這當然要懂蕃語的才能詢問。據《唐會要》載：「開元十九年十二月十三敕：鴻臚當司官吏以下，各施門籍出入。其譯語掌客出入客館者，於長官下狀牒館門，然後與監門相兼出入。」這說明在鴻臚寺中有專門搞翻譯的。唐代翻譯大量佛經，設立了翻譯道場，這之中也集中了一大批翻譯人才。總之，在大唐人士中絕不止李白一人懂得異族語言，我們不能認為李白懂異族語言就一定是異族人。松浦先生也承認：「李白有很高外語水準」與「異族出身」，「二者之間並沒有絕對的連繫」。

能否說「李白有豪俠之風亦與中華之傳統文人不類」來證明李白為異族人呢？其實豪俠之風早在春秋戰國時期就在中原大地上十分盛行，韓非說：「儒以文亂法，俠以武犯禁。」司馬遷在《史記》中專門寫了《遊俠列傳》，歌頌漢初的朱家郭解等遊俠。秦漢雖打擊壓制豪俠，但豪俠之風並未斷絕，至唐代就更為盛行，我們可以舉出許多唐代詩人有豪俠之風。如李白的老鄉陳子昂及其父陳元敬就「以豪俠聞」。李白的老師趙蕤也是「任俠有氣」，所以以李白有豪俠之風來推論他是異族人也是站不住腳的。

李白《扶風豪士歌》云：「脫吾帽，向君笑，飲君酒，為君吟。」脫帽歡舞為夷禮，我們能否說李白習此夷禮就推論他為異族人呢？不能。唐代實行民族開放政策，中西文化和各族文化交流十分頻繁，中原人接受了不少外來的東西。漢人染上胡風是普遍現象，或者說是一種時髦。《新唐書．五行志》云：「天寶初，貴族及士民好為胡服胡帽。」這在唐代的出土文物中，如唐三彩、壁畫等也可證明，元稹《法曲》：「自從胡騎起煙塵，毛毳腥羶滿咸洛。女為胡婦學胡妝，仙進胡音務胡樂。火鳳聲沉多咽絕，春鶯囀罷長肖索。胡音胡騎與胡妝，五十年來競紛泊。」這就生動地描繪出崇尚西域風氣的情景，作為漢族人的李白在那時習「夷禮」毫不足怪。

李白出蜀不久，同行的友人吳指南病故，李白將遺體暫時安葬，隔幾年後將骨殖洗削，背赴於鄂城之東再葬。能否從這個不同於當時漢族人的安葬方式就推論他是西域胡人呢？否。這種葬法叫遷葬或二次葬，在中國中原的仰韶文化墓葬中普遍存在，在巴蜀的一些少數民族中繼續保留，如西南夷中的邛都人（在四川西部）就是實行二次葬，人死後屍體先存於別處，數年後，血肉腐化，檢其骨殖，葬於大石墓內。李白生長於巴蜀，受此習俗之影響，安葬了友人的屍骨，這一習俗不能證明他是西域的異族人。

從李白與儒家文化的關係也看不出李白是胡人。李家烈先生認為李白「與漢族儒家文化是相牴牾的」，因而斷言他不是漢人。李白與儒家文化的關係已有不少學者作了深入研究，大多數學者認為李白深受儒家思想影響，筆者認為在李白博雜的兼容性的思想中，儒家思想占主導地位，不能抓住李白的某些詩句或某些行為就片面地得出李白與儒家文化相牴牾的結論。李白的確寫過嘲諷魯儒的詩，但魯儒不能與儒家文化畫等號，李白也說過「鳳歌笑孔丘」，但他也有許多的詩文中尊稱孔子為「大聖」、「聖人」，在他臨終時還吟道：「後人得之傳此，仲尼亡兮誰為出涕」，這是他一生最後的一句詩，呼喚的是孔子！怎麼能說他對孔子及代表的儒家文化是牴牾的，唐代實行開明的寬容的文化政策，允許儒道佛三教自由辯論，也並未把儒家定為一尊，文人們說一些「嘲堯舜笑孔子」的話，並不是「極罕見的」。杜甫有詩云：「儒術於我何有哉，孔丘盜跖俱塵埃。」難道我們能抓住這句對孔子大不敬的話來推論杜甫與漢族儒家文化相牴牾，進而得出杜甫是外國人的結論嗎？

再說，從李白的「家庭觀念與漢族儒家文化相去甚遠」，能否推論李白是異族人或外國人呢？否。

第二節　李白不是西域胡人，更非外國人

在漢人中也不乏家庭觀念薄弱，對家庭不負責任的人。王琦是說過：「太白詩中絕無思親之句。」但他接著還有一句話：「疑其遷化久矣。」這種推論是很有道理的。李白故里青蓮的民間傳說，李白十多歲出蜀之前，還沒有任何名聲時，父母已去世，出蜀後在故鄉已無父母可思，這種事與李白國籍毫不相干。

李家烈先生說：「對待唐王朝與邊疆民族戰爭的態度，這是判別漢民族與其他民族文士的分水嶺。李白的態度也是明確的，沒有絲毫漢族的『夷夏之防』觀念，明確反對邊疆戰爭。」以此證明李白不是中國人。這種觀點頗值得商榷。李白對邊疆戰爭並非一概反對，他對唐王朝統治者發動的奴役壓迫少數民族的不義之戰是堅決反對，強烈譴責的，李家烈先生舉出的《答王十二寒夜獨酌有懷》、《書懷贈南陵常贊府》等詩就屬這一類。李白對於維護國家統一，抵禦少數民族統治者侵擾中原的正義戰爭又是堅決擁護的，寫了許多詩讚揚邊疆戰士的英雄氣概，鼓勵他們英勇殺敵，如《塞上曲》、《塞下曲》、《從軍行》、《出自薊北門行》、《白馬篇》、《發白馬》等等，特別是《胡無人》：「敵可摧，旄頭滅，履胡之腸涉胡血，懸胡青天上，埋胡紫塞旁。胡無人，漢道昌。」還有《送外甥鄭灌從軍》：「當斬胡頭衣錦回，梟首當懸白鵲旗」、「斬胡血變黃河水」等詩句，難道不能說是李白鮮明地站在漢族人的立場，仇視蔑視少數民族入侵者嗎？如果把這些詩與李先生舉出的高適、儲光義等人寫的「蔑視少數民族，把少數民族寫得非常不堪」的詩放在一起，恐怕是看不出有多大的民族立場上的差別。據筆者粗略統計，李白寫的《胡無人》這類鼓勵邊疆戰士多殺「胡虜」之類的詩有三十多首，而《書懷贈南陵常贊府》之類反對唐王朝窮兵黷武的不義之戰的詩還不到十首。李先生說對於在邊疆作戰有功的哥舒翰將軍，李白寫詩譴責，而杜甫卻「把哥舒翰吹捧得不著邊際」，以此說明李白是胡人。其實李白也有吹

捧哥舒翰的詩，《述德兼陳情上哥舒大夫》：「天為國家育英才，森森矛戟擁靈台。浩蕩深謀噴江海，縱橫逸氣走風雷。丈夫立身有如此，一呼三軍皆披靡。衛青漫作大將軍，白起真成一豎子。」把哥舒翰吹得超過了古代名將衛青、白起，比杜甫吹得更不著邊際。杜甫也有反對唐王朝窮兵黷武、發動邊疆戰爭的詩，如著名的《兵車行》：「君不見，青海頭，古來白骨無人收。新鬼煩冤舊鬼哭，天陰雨濕聲啾啾。」這血淚的控訴中也包含對哥舒翰在青海屠殺吐蕃人的譴責。這裡還要說明的是哥舒翰就是道地的西域胡人，《舊唐書．哥舒翰傳》：「哥舒翰，突騎施（突厥人的一支）首領哥舒部落之裔也，蕃人多以部落稱姓，因以為氏……世居安西……翰母尉遲氏，于闐之族也……父是突厥，母是胡。」哥舒翰深受唐王朝重用，成為手握重兵的節度使、元帥，封為平西郡王，官至宰相，這個事實說明李唐王朝是一個開放的王朝，沒有嚴格的「華夷之防」。哥舒翰是地道地道的胡人，照李家烈先生的邏輯，他應當反對邊疆戰爭，至少也應當對少數民族手下留情，然而哥舒翰卻在邊疆戰爭中大肆斬殺少數民族，以致遭到李白、杜甫的強烈譴責。因此，要以有無「華夷之防」作分水嶺來判斷是不是漢人，是說不通的。抓住李白少量詩歌中反對邊疆戰爭的內容，得出李白不是中國人的結論，是站不住腳的。

從李白的外貌更不能證明李白是外國人。幽谷說：「他的相貌，按魏顥所述，『眸子炯然，哆如餓虎』，按崔宗之《贈李十二》詩：『雙目光照人』，都是外國人的描寫。」李家烈先生也說這是「西域人種之特徵」，其實這是描寫李白有一雙大而炯炯有神的眼睛，哪能牽強附會地解釋成碧眼高鼻的外國人！如果說外國人就是目光炯炯，難道中國人就是雙目無光？郭沫若先生從李白《上雲樂》中描述西域胡人碧眼高鼻黃髮的外貌，品評胡人長相「詭譎」，即怪得出奇，說明李白不是西域胡人，論證是很精當的。而李家烈先生硬說李白的《上雲樂》是「以『老胡』和『小胡』的同類而得意，口氣顯然是自豪的」，難道有自己說自己的長相怪得出奇的嗎？「詭譎貌」又有什麼值得自豪的呢？李先生從賀知章見李白「既奇其姿」，又「奇白風骨」，玄宗見李白「神氣高朗，軒軒若霞舉」，世稱李白有「仙風道骨」，得出了李白是外貌奇異的外國人的結論。其實這些都是形容李白器宇軒昂，有神仙之姿，不僅證明不了李白是外國人，反而證明李白是中國漢人，神仙之說是中國土生土長的，道教的神仙都是標準的中國人形象，絕無高鼻碧眼的仙人。李家烈先生為了論證李白是身材高大的外國人，抓住了李白自述「長不滿七尺」這句話，按唐尺換算出李白「大約至少也有一百九十公分的高度，用來形容身材高大是完全合理的」。李白的原話是：「雖長不滿七尺，而心雄萬夫。」（《與韓荊州書》）《古文觀止》對這句話的批註是「身雖小而志實大」，其意思是，我的身材雖然不高大，但心氣比萬夫都高。若按李家烈先生的解釋，這句話應當是：我的身材雖然很高大，但心氣比萬夫都高。這就很不通順，身、心都高，意思沒有轉折，絕不會用「雖……而……」。李白這句話中的「七尺」是作為成語在用，並非按唐尺實指高度。「七尺」、「七尺之軀」、「七尺男兒」是先秦時已經形成，至今還在用的成語。春秋戰國時的一尺長為〇點二三一公尺，有戰國時洛陽金村古墓出土的銅尺可證，秦國統一度量衡，一尺也是長〇點二三一公尺，林劍鳴先生在《秦史稿》中有詳細論證。按秦尺七尺則為一點六七一公分，恰好是一個成年人中等個頭那麼高，在先秦時就以「七尺」代稱成年人。戰國時成書的《周禮．地官．鄉大夫》云：「國中有七尺以及六十，野自六尺以及六十有五皆征之。」賈公彥解釋：「七尺謂年二十者，案《韓詩外傳》：『二十行役』與此國中七尺同，則知七尺謂年二十。」《荀子．勸學》：「小人之學也，入乎耳，出乎口，口耳之間，則四寸耳，曷足以美七尺之軀哉。」魏晉南北朝以後尺子逐步變長，晉南朝一尺長〇點二四公尺，北魏尺長〇點二九公尺，唐尺長〇點三一公尺，但「七尺」、「七尺之軀」作為成年男子的代稱在詩文中屢見不鮮。如陸機《輓歌詩》：「昔為七尺軀，今成灰與塵。」沈約《齊太尉王儉碑銘》：「傾方寸以奉事，忘七尺以事君。」唐代仍繼續用「七尺」這個成語，如李頎《古意》：「賭勝馬蹄下，由來輕七尺。」李白自述「雖長不滿七尺」，是說他的身材不及一個成年人的中等個頭，恰好證明他不是身材高大的外國人，而是身材偏矮的中國人。

李白的外貌曾在畫家的筆下流傳。與李白同時代的吳道子、韓幹、周昉等著名畫家都為李白畫過肖像畫，從後人為這些畫的題詩中，絲毫看不出李白有深目高鼻的奇異形象。宋代畫家梁楷的李白像還流傳至今，他肯定是見過唐人的李白肖像畫的，在他的筆下的李白也不是深目高鼻的外國人。現存的故宮南熏殿舊藏的李白畫像，應當是接近李白真貌的，也是標準的中國人形象。

如果說李白的外貌真是黃髮碧眼高鼻，身高近兩公尺的大漢，李白要想隱瞞自己的外國人身世也是隱瞞不了的。唐末住在梓州（今四川三台縣）的李珣就是波斯香藥商人的後代，到中國來後才改姓李，因關中戰亂，從長安遷到梓州，繼續經營藥材生意，還寫了《海藥本草》，由於他家在中國居住時間很長，接受了漢文化，後來成為唐末著名的詞人，但他並未，也不可能隱瞞國籍。黃休復《茅亭客話》、何光遠《鑒誡錄》、吳任臣《十國春秋》、林志茂《三台縣誌》等都明確稱他「土生波斯」，他的好友尹鶚曾稱他為「李波斯」，還開玩笑地說他詩詞中有「胡臭」，這說明一個西域胡人的後代來蜀定居，當時的人必明確視之為西域胡人。但是，從李白的親朋好友的記述中，絲毫也看不出李白是「非我族類」，很難想像，一個黃髮高鼻子的外國人能與李唐王室去攀親。要之，從外貌上絲毫也說明不了李白是外國人。退一步說，即使是綠眼黃髮高鼻子，也不一定是外國人。唐代西域轄區內除突厥人外（突厥為匈奴之一部，而匈奴按《漢書》記載是夏後氏之苗裔，還是黃種人），還有綠眼黃髮的種族，唐代顏

第二節　李白不是西域胡人，更非外國人

師古注《漢書．西域傳》：「烏孫於西域諸戎其形最異，今之胡人青眼赤須，狀類獼猴者，本其種也。」《新唐書．回鶻傳》載黠戛斯「人皆長大，白髮、皙面、綠瞳，以黑髮為不祥」。《舊唐書．西戎傳》載：「康國即漢康居之國也，其王姓溫。月氏先居張掖祁連山北……其人皆深目、高鼻、多鬚髯。」在李白的《上雲樂》中描述的「康老胡雛」就是康國藝人的形象。據日本學者羽田亨在《西域文化史》中考證，烏孫人、月氏人、黠戛斯人等都屬亞利安人種。這些種族當時已納入唐朝版圖，如康國在唐初已臣服唐王朝，「永徽時以其地為康居都督府，即授其王拂呼縵為都督」。這些納入唐王朝版圖的綠眼黃髮民族，不能叫外國人，就如我們今天不能把新疆的俄羅斯族叫外國人一樣，他們相對於漢族來說，可以說是異族或邊疆少數民族。李家烈先生說李白把「康老胡雛」引為同類，似乎是說李白是康國人。即使承認他是康國人，在當時也不能算是外國人。

綜上所述，從李白的自述，和李白很親近的人的敘述以及流傳下來的李白畫像，都看不出李白是西域胡人，更不能說是外國人。不過說李白身上有異族人的血緣完全可能，他的先輩長期居住西域，可能與異族通婚。據李白故鄉的傳說，李白的母親是少數民族，所以他居住的青蓮鄉又叫蠻婆渡，至於李白之母究竟是哪一族，很難考證。即使說李白身上有異族血緣也不能否認他是漢族。漢民族本身就是在多次大融合中像滾雪球似的發展壯大起來的，我們說李白身上有異族血緣也好，受了西域文化影響也好，但他本質上是一個繼承和發揚了漢文化優良傳統的漢族人。

第三節　李白非李唐宗室

認為李白是李唐宗室者甚多，其根據是李白本人常與李唐宗室稱兄道弟，認叔認侄，在他的一些詩歌中也自認為李唐宗室，如《寄上吳王》：「小子忝枝葉，亦攀丹桂叢。」又李陽冰《草堂集序》（以下簡稱「李序」）說李白是「涼武昭王暠九世孫」。范傳正《李公新墓碑》（以下簡稱「范碑」）也說是「涼武昭王九代孫也」。但這都是「約而計之」，究竟李白屬李暠哪房哪支則沒有具體交代。因而引起學者們紛紛推測，出現了種種說法，竊以為這些說法都無充分證據，很難令人信服。

台灣學者羅香林、諸問鵑、鍾吉雄三位先生一致推論李白是玄武門中的失敗者李建成或李元吉的後代，徐本立先生持同樣看法，韓維祿先生認為李白是李建成在太原的長子李承宗之後。這種看法與史實不合，據各種史籍記載，李建成和李元吉的後代是斬盡殺絕了的，《舊唐書．李建成傳》：「建成死時，年三十八，長子太原王承宗早卒，次子安陸王承道，河東王承德，武安王承訓，汝南王承明，鉅鹿王承義並坐誅，太宗即位追封建成為息王，謚曰隱，以禮改葬，葬日太宗於宜秋門哭之甚哀，仍以皇子趙王福為建成嗣，十六年五月又追贈皇太子，謚仍依舊。」

《舊唐書．李元吉傳》：「元吉死時二十四，有五子：梁郡王承業，漁陽王承鸞，普安王承奬，江夏王承裕，義陽王承度，並坐誅，尋詔絕建成元吉屬籍，太宗踐祚，追封元吉為海陵郡王，謚曰刺，以禮改葬，貞觀十六年，又追巢王，謚如故，復以曹王明為元吉後。」《唐六典》明確記載：「隱太子、衛王、巢王、楚王、荊王、漢王、豐王、周王八族無後。」《新唐書》、《資治通鑑》都有類似記載，一致肯定李建成、李元吉的後代「並坐誅」。諸問鵑先生說，在玄武門之變時，「太子妃聞變，即將她的獨子託孤給一名親信的宮女……宮女抱著建成之子就坐車出城，望西域而去……這個孩子很可能就是李白的高曾祖了」。這不過是小說家言，屬於文藝虛構，找不出任何史料依據。徐本立先生說：「建成、元吉諸子……個別人有可能逃出險境……或有懷孕的侍妾側室，在別人掩護下出逃。」這純屬主觀臆測。韓維祿先生說：「當玄武門事變時，李建成滿門被誅，唯長子太原王李承宗在此之前病故，若承宗有子則遠離長安，免遭誅殺，其親聞訊將其藏匿或逃往他方……『五世為庶』只能是李建成的後代，五世為：一世李建成，二世李承宗，三世李承宗之子，四世李客，五世李白。」這種推論顯然與史實不符，兩唐書明明記載，李建成的長子李承宗「早卒」，李建成死時才三十八歲，這個「早卒」的李承宗當然沒有成年，又哪來的後代？假若李承宗真的有一個兒子，那就該李建成的嫡長孫，貴為皇太子的李建成怎麼會讓這個沒有父親的嫡長孫「遠離長安」？據《通鑒．唐紀》載：唐高祖時「遍封宗子」，「雖童孺皆為王」，李建成若真有嫡長孫，肯定會有封號並記入史冊，然而史書上並無記載，只能說明李建成之孫是子虛烏有。

李世民以一個傑出的政治家的風度與氣魄處理了玄武門事變的遺留問題，他在殺了李建成、李元吉及其兒子，達到了奪取皇位的目的之後，採取寬大政策，「下詔赦天下，凶逆之罪止於建成、元吉，自餘黨與，一無所問」。殺兄奪嫡在封建倫理道德上是要遭到譴責的，李世民為挽回不良影響而煞費苦心，他要設法彌補骨肉相殘所留下的傷痕，他要減少對立面，化敵為友，以穩定自己的統治。因而他追封被自己殺了的政敵——親兄弟為王，下葬時還痛哭了一番，還讓皇子過繼，不致使這兩房成為「絕嗣之家」。如果李建成、李元吉真的有後代的話，在他們躲過了玄武門之變的風頭之後，李世民不至於對能夠控制的年幼的侄兒下毒手，他一定會寬宏大量地恢復他們的「屬籍」，襲封王位，不必再把皇子

第二章　李白家世及其所受教育

過繼給建成做後。李白若真的是建成之後也不會在事隔百多年後還不敢提起這段往事。

孫楷第先生和李從軍先生認為李白先世是武后大殺李唐宗室時逃往西域的。孫先生說李白先世「坐揚（徐敬業）、豫（李貞）、博（李沖）黨得罪。以揚豫博在神龍初猶不赦，故曰父潛還廣漢，不敢露真姓名」。李先生又說是「李白的祖父蓋為永昌元年謀迎中宗的宗室十二人之一，事敗被殺。李白的父親其時尚幼，被流巂州，後逃往西域，為逃避追捕而隱易姓名。神龍元年，中宗復位，李白的父親攜家返回中國，因罪仍未被赦，潛還蜀地綿州昌隆，藏身埋名」。以上說法與史實不符，難以令人信服。「范碑」上明有說「隋末多難，一房被竄於碎葉」，而揚州徐敬業起兵是西元六八四年，豫州刺史李貞、博州刺史李衝起兵是西元六八八年，李煒、李等十二人謀迎中宗是西元六八九年，上距隋末八十餘年，怎麼能勉強把時間相距這麼長的兩碼事硬接在一起呢？李先生引用了北宋歐陽忞《輿地廣記》載：「綿州彰明縣有唐李白碑，白之先世嘗流巂州，其後內移。」用這一條孤獨的史料來印證永昌元年（六八九）武則天「東辰州別駕汝南王煒，連州別駕鄱陽公等十二人，徙其家屬於巂州」。他說李白之父就是這些家屬的一個孩子，後來他又逃往碎葉，神龍元年又「逃歸於蜀」。這種說法實在不敢苟同，巂州在今四川西昌，碎葉在中亞，方位不對，相距萬里，關山萬重，就那麼容易東逃西竄嗎？而且《輿地廣記》上明明說是「嘗流巂州，其後內移」。到碎葉只能叫「外逃」，怎麼能說是「內移」？既然李白之父從西域逃歸是因為神龍元年發生了改朝換代的大事——張柬之等擁中宗復位，逼武后退位，改周為唐，為什麼李白之父不是大模大樣地回來要求「落實政策」，還要「潛還」、「逃歸」，偷偷摸摸地回來呢？孫李二先生的解釋是神龍元年還沒有赦免「楊豫博三州及諸逆魁首」的罪，其實這條史料是反映張柬之發動政變之前，武則天大權在握的情況，而在兩《唐書》及《通鑑》中都記載了武后退位

第三節　李白非李唐宗室

後，中宗為李唐宗室被害者徹底平反昭雪的情況。《舊唐書．中宗紀》載，中宗「即皇帝位於通天宮，大赦天下，唯易之黨與不在，原限為周興、來俊臣所枉陷者，咸令雪免……皇親先被配沒者，子孫復令復屬籍，仍量敘官爵」。《新唐書．太宗諸子傳》：「神龍初，敬暉等奏沖父子死社稷，請復爵土，為武三思等阻罷，開元四年乃復爵土，有司謚死不忘君曰敬，五年又詔王嗣絕國除，朕甚悼焉，其以（李）貞從孫故許王子夔國公琳嗣王奉王嗣。」《通鑑．唐紀二十四》：「武后所誅唐諸王妃駙馬等皆無人葬埋，子孫或流竄嶺表，或拘囚歷年，或逃匿民間，為人傭保。至是制州縣求訪其柩，以禮改葬，追復官爵，召其子孫使之承襲，無子孫者，為擇後置之，既而宗室子孫相繼而來，皆召見，涕泫舞蹈，各以親疏襲爵拜官有差。」若李白先人確係李唐宗室，因反武而被貶逐，在武后退位後，必然要求恢復屬籍，襲封官爵，但李白之父沒有這樣做，只能說他並非李唐宗室。

下文才先生認為李白為李軌之後，但李軌被殺是武德二年，不是隋末，從史籍上看，李軌的先世與後代情況不詳，說李白為李軌之後證據不足。麥朝樞先生認為李白為達摩之後，也缺乏證據，在《新唐書．宗室世系表》上就明說「達摩……其後無聞」，達摩是李淵祖父的親哥，屬於近親，李唐王朝建立後，達摩一房若有子孫，必然會封官爵，但那時就沒有找到後代，事隔千年之後，我們又何必硬要把李白安在「其後無聞」這一房做後代呢？

李白究竟是不是李唐宗室這個問題，其實在李白在世時就已經有了否定性的答案。唐玄宗天寶元年七月下詔：「殿中侍御史李彥允等奏稱：與朕同承涼武昭王后，請甄敘者，源流實同，譜牒猶著，自今已後，涼武昭王后，孫寶已下，絳郡、姑臧、敦煌、武陽等四公子孫，並宜隸人宗正寺，編入屬籍。」而李白其時初至長安，正受玄宗寵信，若他真是李唐宗室，哪有不認親的道理。不過認宗親不能「口說為憑」，必須要有譜牒。從魏晉南北朝以來，譜牒是高門世族的命根子，保持門閥的重要工具，選官的重要依據。《通志．氏族略》云：「自隋唐以上，官有簿狀，家有譜系……歷代並有圖譜局，置郎令史以掌之，仍用博通古今之儒，知撰譜事，凡百官族姓有家狀者，則上之官為考定詳實，藏於祕閣，副在左戶，若私書有濫則糾之以官籍，官籍不及則稽之以私書，此近古之制以繩天下，使貴有常尊，賤有等威也。所以人尚譜系之學，家藏譜系之書……姓氏之學最盛於唐……唐太宗命諸儒撰《氏族志》一百卷，柳沖撰《大唐姓系錄》二百卷，路淳有《衣冠譜》，韋述有《開元譜》……」隴西李氏屬關隴士族，若李白真是皇族帝冑，在官私譜牒上必有記載，然而當時他卻拿不出這種依據，因而無法申請「編入屬籍」。後來范傳正費盡力氣想要找出李白家族的譜牒，結果失望，他說：「絕嗣之家，難求譜牒。公之孫女搜於箱篋中，得公之亡子伯禽手疏十數行，紙壞字缺，不能詳備。」伯禽隨便寫的這十幾行很不完整的筆記，當然算不得譜牒，要說他是「涼武昭王九代孫」，也只能是「約而計之」，證據顯然不足。李白在「干謁諸侯」的正式場合，在上書自薦中，如《上安州李長史書》、《上安州裴長史書》、《與韓荊州書》、《為宋中丞自薦表》隻字未提自己是李唐宗室。與李白同時的魏顥、李華、劉全白及後一點的裴敬等在他們介紹李白的文字中，也未提李白是李唐宗室。可以說我們現在爭論的李白是否李唐宗室的問題，早在一千二百多年前已經作了結論，現在再來爭議顯然是多餘的。

既然李白非李唐宗室，為什麼李白又要與李唐宗室的人稱兄道弟、認叔認侄呢？為什麼「李序」、「范碑」中要說他是李暠九世孫呢？這要從當時的歷史背景來作出解釋。李白處的歷史環境是：士族門閥制已延續數百年，雖已走向衰亡，但人們的門第觀念仍十分濃重。首先李唐皇帝的門第觀念就很重。唐高祖曾對士族出身的裴寂說：「我李氏昔在隴西，富有龜玉，降及祖禰，姻婭帝室，及舉義兵，四海雲集，才涉數日，升為天子，至如前代皇王，多起微賤，劬勞行陳，下不聊生，公復世胄名家，歷職清顯，豈若蕭何曹參，起自刀筆也？」這可以看出他頗以高門自矜。唐太宗在貞觀八年準士族高士廉等所奏，重申士庶不能通婚，除去三百九十八姓士族「許其通婚媾」外，其他「非史籍所載，雖預三百八十八姓之限，而或媾官混雜，或從賤入良，營門雜戶，慕容商賈之類，雖有譜，亦不通，如有犯者，剔除籍」。他後來又令人修《氏族志》，也是為了提高皇族和關隴士族的門第。既然皇帝就有這樣重的門閥意識，必然影響整個社會，攀附高門冒充士族成為一種風氣。劉知幾在《史通．邑裡》中說：「且自世重高門，人輕寒族，競以姓望所出，邑裡相矜……爰及近古，其言多偽，至於碑頌所勒，茅士定名，虛引他邑，冒為己邑……今有姓邴者，姓弘者以犯國諱，皆改為李氏，如書其邑裡，必曰隴西、趙郡，夫以假姓，猶且如斯，則真姓者斷可知矣。」張爾岐《蒿庵閒話》云：「近俗喜聯宗，凡同姓者，勢可籍，利可資，無不兄弟侄叔者矣，此風大盛於唐，其時重舊姓，故競相依附。至於每放一榜，諸中試人與主司同姓則為侄婿，與主司之母同姓則為表侄，與主司之妻同姓則為妻侄。姓稍孤僻，或上推至祖曾祖母，必求有當。交互組織，無非嫡親骨肉，真異事也。又有可異者，杜子美《重送劉十弟判官》詩云：『分源豕韋派，別浦雁賓秋。年事推兄忝，人才覺弟優。』注云：『劉杜本一姓，故公與劉十為兄弟。』習俗移人一至此乎？」楊慎云：「蓋唐人十三望之李皆冒稱宗室，既不封以祿位，唯虛名誇人，曰天潢仙派而已，唐帝亦樂其族姓之繁，不暇考其真偽也……大抵唐人族姓皆冒濫，如令狐楚入相後，天下姓胡者改胡為狐而上加令字以附之，溫庭筠詩云：『自從元相登庸後，天下諸胡盡帶鈴』，嗚呼！宰相之勢不過十年，而人競改姓以附之，況堂堂一統天子三百年之久，其冒附不知幾在千萬矣。」由上可知，唐代冒稱宗室，攀附高門是一種社會習俗，李白在與李唐宗室交往中稱兄道弟，在贈詩中標出祖孫、侄叔、兄弟關係是毫不足怪的，在當時可以說是一種正常現象。由於李白不是真資格的李唐宗室，沒有譜牒作依據，因而攀親時在輩分上往往前後矛盾，遊移不定，對此陳寅恪、郭沫若、詹鍈諸先生已作了詳盡的考證。這種輩分上的前後矛盾恰好露出了李白冒充李唐宗室的馬腳。我們也不必責怪李白勢利庸俗，其實李白既非李唐宗室，他的「涼武昭王九世孫」的身分並不可靠，沒有什麼輩分可以降低，只不過在與姓李的人交往之時根據對方的地位、年齡，隨機應變，稱兄道弟或認叔認侄，可以把它理解成為當時社會環境下，人際交往中的一種禮貌用語，今天我們又何必弄假成真，硬要指派李白為李唐宗室的某房某輩呢？

第四節　李白非李陵之後

張書城先生在李白家世問題的研究上獨闢蹊徑，遍搜漢至唐史籍中李氏家庭發展的蛛絲馬跡，考證出李白是西漢的李陵在投降匈奴後與單於女兒結婚後所生的後代。范偉先生在《李白氏族的研究》中也持相同看法，認為李白乃「漢之苗裔，胡之身軀」，「中原」和「北地」的「混血兒」。二位先生都認為李白先世「隋末多難，一房被竄於碎葉」是指隋煬帝捏造李渾、李敏（李陵後裔）謀反罪，誅殺三十二人，其餘家屬「並徙嶺外」，他們認為這個「嶺外」就是指蔥嶺以西。對這種看法我是不贊成的。據《資治通鑑》卷一八二載，大業五年，隋煬帝「殺渾、敏、善、衡及宗族三十二人，自三從以上皆徙邊徼」。《隋書．李渾傳》：「誅渾、敏等宗族三十二人，自余無少長，皆徙嶺外。」《北史．李敏傳》：「誅渾、敏等，自余無少長，皆徙嶺表。」「邊徼」是概指，當然可以包括西部邊境，而「嶺外」、「嶺表」都是專指五嶺以南，今兩廣、越南北部。「嶺外」、「嶺表」與「嶺南」是同一概念。《隋書．地理志》：「自嶺（五嶺）以南二十餘郡，大率土地下濕，皆多瘴癘，人尤夭折，南海交趾各一都會也。」唐代在這裡設嶺南道，又稱之為嶺表、嶺外。《隋書．譙國夫人傳》：「譙國夫人者，高涼冼氏之女也，世為南越首領……夫人兄南涼刺史挺，持其富強，侵掠旁郡，嶺表苦之……梁大同初，羅州刺史馮融聞夫人有志行，為其子高涼太守寶娉以為妻……及寶卒，嶺表大亂……陳國亡，嶺南未有所附，數郡共奉夫人……高祖遣總管韋洸安撫嶺外……夫人見杖，驗知陳亡，遣其孫魂，帥眾迎洸入至廣州，嶺南悉定。」《資治通鑑》卷二〇七載：武則天「貶魏元忠為高要（今廣東高要縣）尉，（高）戩（張）說皆流嶺表，元忠辭日言於太后曰：臣老矣，今向嶺南，十死一生」。唐末劉恂著《嶺外代答》都是記的嶺南的風俗物產。由上可知，隋、唐、宋人所說的「嶺外」、「嶺表」都是指嶺南，那麼李渾、李敏的遺屬被流放的「邊徼」、「嶺外」、「嶺表」都是指的流放嶺南，而李白的先世「一房被竄於碎葉」，兩者方位不同，相距萬里，真是「風馬牛不相及」！

張先生把李渾、李敏的遺屬被流放於「邊徼」、「嶺外」、「嶺表」具體指定為焉者，又說焉者與碎葉兩個概念可以畫等號，於是「流放嶺外」就與「被竄於碎葉」成了一個意思，這種解釋實在牽強。因為焉者並非隋代的邊徼，也不在蔥嶺之外，碎葉與焉者並不是同一地點。據《隋書．西域傳》載，在隋打敗吐谷渾後「自西平臨羌城以西，且末以東，祁連以南，雪山以北，東西四千里，南北二千里，皆為隋有，置郡縣鎮戍，發天下輕罪徙居之」。看來隋代的邊徼最西只達且末，距焉者尚遠，罪人也無法流放到焉者。如果把「嶺外」的「嶺」解釋為蔥嶺的話，焉者並未在蔥嶺之西或蔥嶺之外，而是在蔥嶺之東或蔥嶺之內。碎葉倒是在蔥嶺之外，但碎葉與焉者又是兩個相距千里的不同的地方，焉者無碎葉城，西域只有一個碎葉在中亞碎葉河邊，上文已有詳細論證，在此不必贅述。

李渾、李敏的冤案在唐王朝建立之初就平了反，《舊唐書．高祖本紀》載，武德元年八月「詔曰：隋右驍衛大將軍李金才（渾），左光祿大夫李敏，並鼎族高門，元功世胄，横受屠殺，朝野稱冤，然李氏將興，天祚有應，置契深隱，妄肆誅夷，朕受命君臨，志存刷蕩，申冤旌善，無忘寤寐，金才可贈上柱國申國公，敏可贈柱國觀國公。又前代酷濫子孫被流者，並放還鄉里。」

此詔書距冤案發生僅三年，若李白先世確實是李渾、李敏的遺屬，他們一定會憑著這道詔書光明正大地回到內地，哪裡等到八九十年後才「遁還」、「逃歸」。所以說李白是李陵之後裔，證據很不充足。

第五節　李白出身寒微其父是隱士

李白出身既非西域豪富，也非門閥士族，更不是皇族龍種，而是出身於普通百姓之家。李白自稱「隴西布衣」，布衣就是普通老百姓，不僅他是布衣，一生未得官品爵祿（「供奉翰林」也不是品官），他的祖輩也是庶民百姓。李白曾說他的遠祖為李耳、李廣，這是當時凡姓李的人都可以這樣說的，李白對他的近祖則語焉不詳，「李序」說：「自窮蟬至舜，五世為庶，累世不大曜。」這只能說明他的父祖輩是普通百姓，沒有什麼高貴血統可以炫耀，沒有什麼官爵值得稱道，更找不到官、私譜牒上的依據。

從魏晉形成門閥制度以來，士庶界限森嚴，所謂「上品無寒門，下品無士族」，士族與庶族之間不能通婚。士族為保持世襲特權，非常重視譜牒，不僅官府在修譜牒，士族私家也有譜牒，譜牒體例有辨

第五節　李白出身寒微其父是隱士

姓氏、聯婚姻、明官爵三個特點，吏部選官，士族聯姻都必須查譜牒，生怕庶族混入。庶族當然沒有資格自修譜牒，官修的譜牒上當然沒有庶族。隋末戰亂，門閥制度急遽衰落，但重門第的觀念還存在，唐代就三次大修譜牒。貞觀八年，唐太宗令高士廉修《氏族志》，「遍責天下譜牒，質諸史籍，考其真偽」，將「從賤入良，營門雜戶，慕容商賈」等各色假冒士族，從士族隊伍裡清除出去，將李姓皇族提為第一等，將唐朝的開國功臣列入士族。高宗顯慶四年，武則天掌權時，修《姓氏錄》，將皇后的武氏家族列入第一等，五品以上的官員列為士族，無官品的舊士族排除在士族之外。以上兩次官修譜牒，當然不可能列入李白一家，那時他們還遠在西域，又非品官之家。玄宗開元二年，第三次官修譜牒，名為《姓氏系錄》，修撰原則是：「取其高名盛德，素業門風，國籍相傳士林標準，次復勛庸克懋，榮絕當朝，中外相輝，譽兼時望者，各為等第。其諸蕃酋長，曉襲冠帶者，亦別為一品。」這次官修譜牒時，李家一家雖已入蜀定居，但他這一家是普通百姓，無上述的入譜條件，李白之父「高臥雲林，不求祿仕」，既無那個興趣，也無資格去要求入譜，所以在天寶元年，玄宗下詔將涼武昭王之後，列於「屬籍」（即皇帝宗族名冊簿籍）時，也沒有李白的份。這也說明李白一家本來就是庶族，出身寒微，沒有譜牒可查。「范碑」就明確說「難求譜牒」，字缺紙爛的十數行伯禽手疏當然算不得譜牒。

從李白及其子孫的婚姻情況也可以看出李白出身寒微。唐代的門閥制度雖處於衰落之中，但一些高門士族仍然維持等級森嚴的門閥婚姻關係，直到唐文宗時仍然是「民間修婚姻，不計官品而上閥閱」。李白先後娶許氏和宗氏夫人，雖都是相門之後，但都不算門閥世族，她們當宰相的祖父，都是「曇花一現」式的人物。許氏夫人的祖父許圉師，在高宗時當了半年左相就因包庇殺人犯的兒子而獲罪罷官，在這六十多年後，李白才與許氏結婚，這時許家早已衰落。宗氏夫人為宗楚客的孫女，宗楚客是武則天信任提拔的寒族，曾三次拜相，後因從韋后搞宮廷政變失敗被殺，家道衰落。李白這樣的「布衣」才子與家道衰落的相門之後結合，可謂門當戶對。若李白真的是皇族帝胄、豪族高門是不會給早已破落的相門之後作「贅婿」的。

從李白死後未歸葬故里，也看出李白之家不是士族，出身寒微。魏晉以來，以至唐代，士族喪葬禮俗是必歸葬於故里，即使死時無條件扶柩回鄉，隔一些年也要歸葬於祖塋，而庶族就沒有這麼多講究，「溝死溝埋，路死路埋」。李白出身寒微，其父從西域遷到西蜀，屬「孤門細族」，無有大家族的祖塋，青蓮故里僅李白之妹的墓，連李白父母的墓也找不到。李白沒有那個必要和可能歸葬故里。

李白死後其子孫相當貧寒，完全是普通窮苦老百姓。范傳正訪得李白「孫女二人，一為陳雲之室，一為劉勸之妻，皆編戶甿也。因至郡庭，相見與語，衣服村落，形容樸野……問其所以，則曰：父伯禽以貞元八年不祿而卒，有兄一人，出遊十二年，不知所在。父存無官，父歿為民，有兄不相保，為天下之窮人。無桑以自蠶，非不知機杼；無田以自力，非不知稼穡，況婦人不任，布裙糲食，何所仰給？儷於農夫，救死而已……因告二女，將改適於士族，皆曰夫妻之道命也，亦分也」。她們不願再改嫁給士族，說明李白這一家本來就屬於庶族，只能與普通農民結婚，在士庶界限還比較嚴格的情況下，她們不願也不能高攀士族。

李白本來出身寒微，但在「世重高門，人輕寒族」的社會風氣中又不得不冒充士族，他自稱「本家金陵，世為右姓」，又與李唐宗室的人稱兄道弟，出現許多漏洞，在所難免。後世學者從這些漏洞中作出種種臆測，或說西域胡人，或說李建成之後，或說李陵之後……硬說李白有許多難言之隱，硬要把「隱祕」找出來，於是就把簡單問題複雜化了。在盛行血統論的封建社會，李白不得不與豪門貴族攀親，封建社會的史學家也總要給歷史名人找一個高貴的血統，現在血統論已經過時，我們何必非要說李白是帝王將相之後，出身於大富大貴之家呢？歷史上許多傑出人物不也是出身於普通的百姓之家嗎？

根據現有史料，除去李白不得已而冒充皇族的部分，再來勾畫他的先世，應當是如下情況：

隋末流亡於西域，據「范碑」云，「隋末多難，一房被竄於碎葉」。「李序」云：「中葉非罪，謫居條支」，碎葉在今吉爾吉斯境內阿克別希姆，條支當是對西域極遠之地的泛指。大業六年（六〇九）隋朝的版圖擴大到今新疆中部，在那裡「置郡縣鎮戍，發天下輕罪人徙居之」。李白的先世應當是這些被徙居新疆中部的輕罪人之一。兩年後發生山東王薄起義，天下開始大亂，西北也不平靜，剛被征服不久的吐谷渾首領又捲土重來，據《隋書．西域傳》載：「大業末天下亂，吐谷渾伏允復其故地，屢寇河左郡縣，不能御焉。」戰亂一起，許多漢人逃往突厥統治下的廣大地區，在史籍上有多處記載，如《隋書．北狄傳》：「隋末離亂，中國人歸之（突厥）者無數。」《新唐書．高昌傳》：「大業末，華民多奔突厥。」《大唐創業起居注》在寫李淵致信突厥可汗時說：「自頃離亂，亡命甚多，走胡奔越，書生不少，中國之禮，並在諸夷。」李白的先世很可能就是奔往突厥的書生，他先因輕罪被流放於隋代的西部邊境，接著是吐谷渾伏允再起戰火，不得不又再往西逃，到了中亞碎葉一帶暫居，到武則天統治後期，復置四鎮，中西交通暢通，才輾轉從西域遷到西蜀昌隆縣（今四川江油）青蓮鄉。儘管他們已在西域住了幾代，但華夏的文化傳統並未丟掉，李白的父親眷戀內地中華文明，使下一代有較好成長環境，在武后神功初，遷到西蜀隱居，對後代籠統說：「隋末多難，一房被竄於碎葉。」

根據李白的詩文、與李白同時代的人的記載和宋人的著作加以綜合分析，可以看出李白父親是一個文化修養很高的半耕半讀的陶淵明式的隱士。

第二章　李白家世及其所受教育

（一）從李白的詩文中看他的父親及其家庭環境，在《秋於敬亭送從侄耑遊廬山序》中說：「余少時，家大人令誦《子虛賦》，私心慕之。」《上安州裴長史書》：「五歲誦六甲，十歲觀百家，軒轅以來，頗得聞矣。」《贈張相鎬》：「十五觀奇書，作賦凌相如。」《上安州李長史書》：「白少頗周慎，忝聞義方，入暗室而無欺，屬昏行而不變。」從以上敘述可見李白之父是文學修養很高，品行端正，傾注自己全部心血教育子女的人。李白五歲開始讀書識字，十歲讀了諸子百家的書，十五歲寫的賦能與司馬相如相比，這不僅僅說明李白的天資聰穎，而且說明李白有一位品德高尚、學問淵博的父親做他的老師，使他從小受到了良好的家庭教育。李白並不是從州縣學校中培養出來的，當時的官辦學校，以科舉考試為目的，儒家經典為主要內容，不可能使李白受那麼好的教育，也很難設想一個「爭利於市」的富商會有那樣高的品德和學問，會花那麼多精力教育子女，從李白的成長只能說明李父是一個文化修養很高的人。

（二）從李白同時代人的記載看李白父親的情況。魏顥是李白很要好的朋友，兩人曾同遊廣陵、金陵，親如兄弟，無話不說，李白對魏顥很信任，「盡出其文，命顥為集」。李白健在時，魏顥編出了《李翰林集》，雖然在序中對李白家世說得很簡單，但也應當引起我們的重視。他說：「白本隴西，乃放形，因家於綿。身既生蜀，則江山英秀。」這裡是說李白的祖籍在隴西，其父「乃放形，因家於綿」，李白生於蜀。「放形」即「放浪形骸」，指不受封建禮法拘束，看破功名利祿的隱士。如《金史·元德明傳》：「元德明……布衣蔬食，處之自若……放浪山水間，飲酒賦詩，以自適。」再如《晉書·郭璞傳》：「無岩穴而冥寂，無江湖而放浪。」可見「放形」或「放浪形骸」的意思是不求功名富貴擺脫名韁利鎖，縱情於山水之中，這與「爭利於市」的大富商毫無共同之處。

「範序」記載李父「神龍初，潛還廣漢，因僑為郡人，父客以逋其邑，遂以客為名，高臥雲林，不求祿仕」。這段記載來自李白之子伯禽手疏，當然是真實可靠的，這裡非常清楚地說明李白之父是一位「高臥雲林，不求祿仕」的隱士。「潛還廣漢」，「逋其邑」，「以客為名」也就是為了躲避塵世之擾，專門找了清廉鄉（漢代屬廣漢郡）這樣一個十分偏僻的地方隱居。這個「客」明明是「逋客」，不必一定如陳寅恪先生解釋為「客商」。「逋客」也就是避世的「隱者」，如耿湋《贈韋山人》詩云：「失意或逋客，終年獨掩扉。」

李白逝世不久，於邵在李白故里立了一塊碑，明代曹學佺《蜀中名勝記》提到了這塊碑的內容：「白本宗室子，其先避地客蜀，居蜀之彰明，太白生焉……梓州刺史於邵作，李白碑在縣之寧梵寺之門下」。「避地客蜀」就是說遷居到偏遠的西蜀以避禍患。如《後漢書．許劭傳》：「方今小人道長，王室將亂，吾欲避地淮海，以全老幼。」從「避地」的意思來看也只能說明李白之父遷到西蜀清廉鄉隱居。

李白之父非富商，那他又是以什麼為生？據《彰明逸事》載：李白「常牽牛過堂下」，又在吟詩中以「牽牛星」自居，他在少年時還寫過一首《詠石牛》詩：「此石巍巍活像牛，埋藏是地數千秋，風吹遍體無毛動，雨滴渾身似汗流，芳草齊眉弗入口，牧童扳角不回頭，自來鼻上無繩索，天地為欄夜不收。」此詩對石牛刻畫生動，可見少年李白與牛打過不少交道。李白故里世代流傳著少年李白放牛的故事，還有「放牛坪」、「牛踩石」等遺蹟。那麼他家應當是從事農業生產的。他的父親隱居在只有農業的青廉鄉，不從事農業又做什麼呢？因此李白之父應當是一個半耕半讀的陶淵明式的隱者。他的土地又從何而來呢？唐代前期實行均田制，鼓勵人民從人多地少的窄鄉遷往人少地多的寬鄉，昌明縣當時僅有兩萬人口，屬地廣人稀的寬鄉，李白一家是可以得到一份土地的。靠農業為生，半耕半讀、生活當然是拮据的，而李白正是在這種艱苦的家庭環境中，在父親的教育下，以「鐵杵磨針」的毅力，奮發努力，長大成才。

我們弄明白了李白之父是一個文化修養很高的半耕半讀、放浪不羈的隱士，對李白的思想、性格的形成就很容易理解了。父親對兒子的影響總是巨大的。李白學問淵博，放浪不羈，敢於傲視權貴，鄙薄富貴榮華，同情勞動人民，酷愛遊山玩水，賞贊陶淵明之類的隱者，以及功成身退的思想等等，都是受到了他父親的影響。

第三章　李白在巴蜀的事跡、詩作及交遊考

李白從誕生至「仗劍去國」，在蜀中生活了二十五年，度過了青少年時期。他刻苦攻讀，吟詩作賦，留下了三十多篇詩作；他行俠仗義，廣交朋友，好遊名山，足跡遍布川西北。歷代為紀念這位偉大詩人，在他所到之處修建了紀念性建築，現將他在蜀中的事跡、遺蹟遊蹤、詩作、交遊等作一考察。

第一節　李白在巴蜀的遺蹟、遊蹤

李白誕生地江油青蓮鎮，北離江油城區十五公里，南距綿陽城區三十公里，坐落在一片肥美的平壩上，「涪江中瀉而左旋，盤江迂迴而右抱」，東鄰天寶山，北依太華山，西北和西南可遙望雲霧漫漫的戴天山、紫雲山。在唐代這裡稱清廉鄉，因盤江古名廉水，盤江上遊有一段河名清溪，清廉鄉就因這清、廉二水而得名。（一說廉水清澈見底，有「濂水清清」之詩意，故名清廉）早在南北朝時期就有了廉泉讓水之名。據《太平寰宇記》卷八三載：「彰明鄉。廉泉讓水：伯年梓潼人，宋明帝因問曰：『卿鄉有貪泉否？』對曰：『臣居梁益之地，有廉泉讓水，不聞有貪泉。』帝嘉之，即拜蜀郡太守。」在青蓮鎮的文豐村（原名廉泉村）至今尚可尋找到廉泉井、廉泉寺的遺址。讓水之名至今還在用。清廉曾是彰明縣的治所，《太平寰宇記》卷八三：「彰明縣，本漢涪城地，西魏昌隆縣地。初在清廉鄉，大同四年移於讓水，魏移孟津裡。唐先天元年避廟諱改為昌明縣。天寶中江水圮，建中元年移於舊縣，即今裡也。今改為彰明。」至一九五八年彰明縣併入江油縣。

李白誕生的具體地點在今青蓮鎮天寶山上的隴西院。據楊遂撰寫「舊宅碑」云：「先生舊宅在青蓮鄉……今舊宅已為浮屠者居之。」稍後，楊天惠在《彰明逸事》中記載：「聞唐李白本邑人……清廉鄉故居遺地尚在，廢為寺，名隴西院。」北宋杜田《杜詩補遺》也有類似記載，三則宋代史料都證實隴西院是李白故居。因李白是絕嗣之家，其故居無後代居住，成為僧人所住的地方，但為了紀念李白祖籍是隴西，又自稱「隴西布衣」，故名隴西院。雖多次遭戰火毀壞，但歷代都在重建，現存的隴西院大門還是清乾隆時期建的，門口有一副對聯是：「弟妹墓猶存，莫謂仙人空浪跡；藝文志可考，由來此地是故居。」光緒年間增修倉吉殿、蓥華殿、地母殿、太白殿，塑有李白像，後大部分被拆毀，僅存倉吉殿、太白殿，一九六一年定為中國省級文物保護單位。《四川總志》載：「蠻婆渡，在江油青蓮壩，相傳李白母浣紗於此，有魚躍入籃內，烹食之，覺有孕，是生白。」這則民間傳說由來已久，李母為少數民族，俗稱蠻婆，常在渡口浣紗，而稱蠻婆渡，是紀念李白母親的意思，後覺不雅而稱漫波渡，成為青蓮鄉的代稱。青蓮鄉在唐代為清廉鄉，李白自稱「青蓮居士」，其中也含與家鄉諧音的意思。到宋代，家鄉人為紀念李白就把清廉鄉改為青蓮鄉，在北宋楊遂的《舊宅碑》和趙汴的《成都古今記》中皆名「青蓮鄉」。

李白故里人民為紀念李白，而建太白祠，位於隴西院南一公里處。據當地世代傳說，李白供奉翰林時，家鄉人就給他在盤江邊，李白母親常浣紗的青蓮渡口附近建修了翰林府，但李白一直未回來住。到宋代就在翰林府附近修建太白祠。據《彰明縣誌》記載：「邑之青蓮鄉有李太白先生祠宇，歷宋迄明，廢於兵燹，其址僅存。」清乾隆四十一年（一七七七）彰明縣令廖方臬集資重建，保留至今。一九六一年定為中國省級文物保護單位，一九九二年擴建，新修白玉堂、思賢亭。太白祠是李白故里最早的李白紀念館，迄今已有千年歷史。

在李白故里紀念李白的建築還有名賢祠、太白樓、衣冠墓等。名賢祠建於清代同治年間，以崇祀李白為主，輔以唐代以來造福地方的賢者、清官，如楊遂、楊天惠等。名賢祠位於青蓮鎮街上，一年一度，祭祀先賢，成為風習，名賢祠後來改做小學校。名賢祠旁的李白衣冠墓建於清同治八年（一八六九），《彰明縣誌》載：「太白固有墓，墓不在蜀，而彰明人曰：此固桑梓地也……於是相議為衣冠墓，具服章如唐制，斂以詩集，築於仙人舊館之右，環植花木。碑題『唐翰林學士李太白之墓』。」原碑已毀，一九六三年重興立碑，題為「李白衣冠墓」。太白樓建於清代中葉，聳立於青蓮鎮中街，高十多公尺，樓分三層，第一層供有李白塑像。此外在隴西院前面的月圓村建有文風閣，樓分三層，一樓正殿供奉太白像，每年廟會，香火特盛，表達了故鄉人民對李白的崇敬和懷念。可惜太白樓與文風閣都已拆毀。現在天寶山頂重建了太白樓。

李白祖籍隴西，其先輩謫居西域，其父為避禍逃到彰明清廉鄉隱居，而後生下李白及胞妹李月圓。李白在清廉的家並非大家族，而是小家庭。他在詩歌中稱兄道弟，他本人排行十二，人稱「李十二」，是按當時習俗認的家門，並非是一個家庭的人。在李白故里，李白親屬的遺蹟只有粉竹樓、月圓墓。《彰明逸事》云，李白「有妹月圓，前嫁邑子，留不去，以故葬邑下。墓今在隴西院旁百步外。或傳院乃其所舍云」。可見北宋就已有月圓墓。從唐到清，月圓墓一直受到保護，幾經累土立碑，至今猶存於隴西院。現在的「唐李月圓之墓」碑是一九六四年重新勒石。在青蓮場北，太華山麓有李月圓居住的粉竹樓。據《彰明縣誌》載：「粉竹樓，縣西南十五里，青蓮場側，李白為妹月圓造，遺址尚存，土人增葺，中奉太白、月圓木主。」傳說李月圓常將脂粉水潑在樓下竹叢，年深日久，翠竹為白粉所飾，故稱「粉竹樓」。粉竹樓屢經興廢，現存山門是道光十七年（一八三七）興建，山門前尚存「重修粉竹樓記」碑，碑文云：「粉竹樓者，李青蓮先生為其妹月圓所築也。自唐迄明，崇祀不絕，迨兵燹後，廟宇傾圮，基址猶存。」清代重建的粉竹樓是四合院式廟堂，進門為戲台，兩旁為廂房，正殿供李月圓像，後廟堂拆毀，僅存大門，一九六一年列為中國省級文物保護單位。一九八七年將彰明鎮的古太白樓的材料拆遷至此，重修粉竹樓，樓前院中塑李月圓像，坐在粉竹叢中。粉竹樓後約五百米，有洗墨池，直徑約一米，水呈墨綠色，傳說是李白及其妹洗涮筆硯處。一九六三年在池旁立石欄，並刻有「李白洗墨池」。李白的父母無遺蹟留下，王琦說：「太白詩中絕無思親之句，疑其遷化久矣。」這種懷疑與當地民間傳說符合，李白的父母在李白出名之前去世，當時李父既不富也不貴，不是當地門閥世族，默默去世，草草埋葬，墓地難於找尋。李白之父母去世後僅有李月圓在家鄉，李白及其子孫又一直來歸蜀，故其妹將故居隴西院捐出來做僧房。李月圓去世時，李白已天下出名，愛兄及妹，故李月圓故居粉竹樓和墓能保留至今。

李白從五歲開始發蒙讀書，在李白故里一直流傳著「鐵杵磨針」的故事。李白自恃聰明，學習不刻苦，貪玩好耍，有一天在家門前看到一位老婆婆在溪邊磨鐵杵，李白問：「磨它做什麼？」老婆婆回答：「磨針。」李白問：「這麼粗的鐵杵怎麼能磨成針？」老婆婆說：「只要功夫深，鐵杵也能磨成繡花針。」李白大受啟發，從此刻苦攻讀，隴西院前的小溪也稱作磨針溪。據《方輿覽勝》載：「磨針溪在眉山象耳山下，世傳李太白讀書山中未成，棄去，過是溪，逢老媪方磨鐵杵，問之曰『欲作針』，太白感其意，還卒業。」故事相同，而地點不同。「鐵杵磨針」的確是一個很有教育意義，很富哲理的傳說故事，用不著考證是否確有其事，不過發生的地點在李白故居前比較符合情理。少年李白不會跑到幾百里外的象耳山中去逃學。「天才出於勤奮」，李白才華橫溢正是由於他從小刻苦學習。他自敘：「五歲誦六甲，十歲觀百家，軒轅以來，頗得聞矣。常橫經借書，製作不倦。」（《上安州裴長史書》）

「十五觀奇書，作賦凌相如」（《贈張相鎬》）。他有一位文學修養很高的父親指導他學習，他說：「余小時，大人令誦《子虛賦》，私心慕之。」李白的少年是在刻苦學習中度過的。

李白從小到老，一生都愛皎潔的明月，他的胞妹叫李月圓，給兒子取名明月奴。他的少作也描寫明月，他十歲時寫的《螢火蟲》就有「若飛天上去，定作月邊星」。在五首五律中就有兩首是描寫明月。在李白家鄉的民間傳說中就有李白愛月的故事，還有幾處遺蹟，如月愛寺，《彰明縣誌》載：「月愛寺在縣西十五里，《通志》載有七星井，唐時鑿，覆以七孔石，月光下照，如眾星抱月，世傳李白遊此賞月故名。」月愛寺距青蓮場約七公里，在今河西鄉月愛村，相傳在村口大路邊有大黃連樹兩根，樹下有古井一口，人們常在此歇腳乘涼，取水解渴，晚上賞月。李白也常來此賞月，後人為懷念李白的才華和人品，就在此處修寺廟，取名「月愛寺」，是「李白愛月，月愛李白」的意思。據《龍安府志》載：「月愛寺建自唐代，寺前有老蔭堂，七星井一口。」清乾隆年間遷修於原寺之西，占地十餘畝，其中有大佛殿、孔子殿、太白殿，殿中的李白像神采奕奕，殿後有月池，形如半月，以紀念李白賞月。道光三年（一八二三）還重建過，後被破壞。現在月愛寺已經重建，寺內供有李白、李月圓像，七星古井依然存在。指月庵也是紀念李白的寺廟，據《江油縣誌》（光緒版）載：「指月庵在縣南三十五里，康熙間建，李太白讀書台在此。左有太白井，右有飲馬池。」指月庵也是傳說李白賞月讀書之處，距李白故居不遠。

李白十五歲時，離開青蓮鄉去彰明縣做小吏，最早的記載是北宋熙寧戊申年（一〇六八）立在江油匡山上的《中和大明寺住持記》碑（以下簡稱「住持碑」）：「翰林學士李白字太白，少為當縣小吏，後止此山，讀書於喬松滴翠之坪有十載。」三十年後，楊天惠在《彰明逸事》中，對做小吏的事較詳記載：「元符二年（一〇九九）春正月，天惠補令於此，從學士大夫求聞逸事。聞白本邑人，微時募縣小吏，入令臥內，嘗驅牛經堂下。令妻怒，將加詰責。太白亟以詩謝云：『素面倚欄鉤，嬌聲出外頭。若非是織女，何必問牽牛？』令驚異不問。稍親，招引侍硯席，令一日賦山火詩云：『野火燒山後，人歸火不歸』，思軋不屬，太白從旁綴其下句云『焰隨紅日遠，煙逐暮雲飛。』令慚止。頃之，從令觀漲，有女子溺死江上，令復苦吟云：『二八誰家女？飄來依岸蘆，鳥窺眉上翠，魚弄口旁朱。』太白輒應聲繼之云：『綠鬢隨波散，紅顏逐浪無。因何逢伍相，應是想秋胡。』令滋不悅。太白恐，棄去，隱居戴天大匡山。」北宋宣和五年（一一二三）彰明縣令在大匡山立的《謫仙祠堂記》碑（簡稱「祠堂碑」）記載：李白曾「為邑小吏」。明代學者曹學佺《萬縣西太白祠堂記》碑云：「太白先生，金行之精，產於昌明，起家小吏，不習逢迎。」楊天惠的記載和三通碑刻都說李白少年時曾做過小吏。

根據「住持碑」和《彰明逸事》記載：李白是少年時做小吏，後來上大匡山隱居讀書約十年，李白二十五歲時出蜀，他做小吏應當是十五歲。做的時候不久，從春天燒山火播種季節，到夏秋漲大水，李白續詩得罪縣令，離開了昌明縣衙。

李白在昌明縣因做過小吏，又是昌明縣的人，因而在昌明（五代後改名彰明）有不少的紀念性建築和遺蹟。在彰明縣城附近的涪江渡口叫謫仙渡，因李白從青蓮鄉到縣城常從此處渡江而得名，今尚存清同治四年（一八六五）立的謫仙渡石碑，上刻「謫仙義渡，雇工撐船，一切往來，不取船錢」十六個大字。謫仙渡再往上遊約五公里，又有白至渡，相傳是李白渡河處。彰明人民為懷念李白，在彰明縣城及附近建有太白祠、青蓮書院、儒林寺、長庚寺等。據《彰明縣誌》（一九三七年草稿本）載：「道光二十七年（一八三七）知縣牛樹海改立南壇，遷神主於青蓮書院樓上，名曰太白樓，則舊祠已廢。民國改青蓮書院為縣立高等小學堂，又購民宅於南市，遷神主祀之，雖名曰祠，而祭田無有，實等於廢。」

《龍安府志》（道光版）載：「太白祠，一在城內青蓮書院，一在漫波渡。」清同治年間編的《彰明縣誌》附《邑侯胡整新建青蓮書院記》云：「癸酉（一七五三）冬，余蒞茲土，考古稽令，如李太白先生與杜工部，詩名同冠盛唐。青蓮渡是其故里，天寶山諸名勝是其曾遊息之地，南郊乃建祠之所。無論故居離黍祀祭缺，然即屹屹殘碑亦沒荒草。抑且庠序未興，有志帖括者，每若無肄業之所，予甚憫焉！歲丙子（一七五六）詳請設立祠學……擇地於學宮西，建青蓮祠三間……建書院正房三間，東西廊六間。」文中說「南郊乃建祠之所……屹屹殘碑亦沒荒草」，說明最早的彰明太白祠建在彰明城南，「殘碑」指北宋楊遂立的「舊宅碑」，一直到李白紀念館建館後才搬到館內珍藏，說明彰明的太白祠在北宋初就已經有了。到乾隆二十一年（一七五六）彰明縣令胡整，鑒於城南太白祠荒蕪，在城內南街建立了青蓮祠及書院。道光二十七年（一八三七）縣令牛樹海把原太白祠改立為南壇，將祠中的太白像遷在青蓮書院樓上，此樓名為太白樓，太白祠與青蓮書院也就完全合而為一。民國年間青蓮書院已改為學校，而其中的太白祠、太白樓尚存。據《彰明縣誌》記載：每年十一月十五日，李白誕生之日，要「遵頒發祀典致祭」，「歲以仲冬望日致祭，主祭官公服詣祠，祭品帛一、羊一、豕一、籩四、豆四、尊各一、爵三，行二跪六扣禮，祝文曰『先生瑞毓長庚，幕天席地，仙骨性成，相士風塵，再造唐京，宮門罵賊，忠膽如生，放言天末，志潔以清，文光萬丈，協被星精，鬼神其泣，風雨攸驚，茲當誕日，式薦粢盛，山高水長，先生之風』」。一年一度的祭典表達了故鄉人民對李白的崇敬和懷念之情。彰明縣的文人學士還組織過青蓮學會，舉行吟唱會，紀念李白。

一九四九年後，青蓮書院院址演變為江油二中，又名治城中學，太白樓猶存。至一九八五年，太白樓遷建於青蓮鎮粉竹樓內，原青蓮書院及太白祠已無痕跡可辨！最早的太白祠，曾一度改為南壇，後又改建為長庚寺，也是為了紀念李白，寺名取李白出世傳說，「長庚入夢」太白金星下凡的意思，後長庚寺廢，現在由當地村民集資重建長庚寺，供奉「太白李長庚神位」。儒林寺在彰明縣城東關外半里許，原為古廟，明末毀於兵火，在道光十九年（一八三九）、同治七年（一八六八）、光緒二十三年（一八九七）曾三次重建和擴建，以祀本邑儒林，每年李太白生日舉行隆重的祭祀典禮，後破敗不堪，至一九六〇年，農民在寺地開荒種地，現在由民間集資重建了儒林寺。

李白在彰明做小吏，也可算是他的第一次出仕，卻並不如意，其頂頭上司又是那麼一個俗不可耐之人。李白胸懷大志，當然不甘心屈居於昏庸的縣令之下，在他因續詩而得罪了縣令之後，只好退隱匡山，但這次退隱，並不是像他父親那樣「高臥雲林，不求祿仕」，而是以退為進，透過不平凡的道路去取得不平凡的成就。

李白第一次隱居的時間正值開元初年，那時李隆基剛剛當上皇帝，尚能勵精圖治，選賢舉能，廣開才路，頒發了《搜揚懷才隱逸敕》、《求訪武士敕》，這些做法使少年李白受到極大鼓舞。

第一次出仕使他看見了縣令之類的小官昏庸無能，不屑與之為伍，看不起小官，不想一步步往上爬，而是想「一鳴驚人，一飛沖天」，平步青雲，直接得到皇帝的賞識。為此他需要排除塵世的干擾，選擇清幽的環境，刻苦學習，豐富自己的知識，為積極入世做好充分的準備。

李白在《上安州裴長史書》中說：「昔與逸人東嚴子隱於岷山之陽，白巢居數年，不跡城市，養奇禽千計，呼皆就掌取食，了無驚猜。廣漢太守聞而異之，詣廬親睹。因舉二人以有道，並不起。此則白養高忘機不屈之跡也。」李白說他隱居於「岷山之陽」，究竟在哪裡？郭沫若《李白與杜甫》一書中的「李白杜甫年表」確定「岷山之陽」在青城山，隱居時間在開元十年至十二年，李白二十二到二十四歲時。葛景春又認為「岷山之陽」在三台長平山安昌岩，東岩子就是趙蕤。其實，楊慎早就指出，「岷山之陽則指康（匡）山，杜子美贈詩所謂『匡山讀書處』，其說見晏公《類要》，鄭谷詩所謂『雪下文君沽酒市，雲藏李白讀書山』者也」。楊慎的看法當然是對的，從地理位置上看，匡山正是「岷山之陽」，岷山主峰在平武與松潘交界處雪寶頂，山脈綿延於川甘兩省，「蜀以山近江源者通為岷山」，「岷山跨古雍、梁二州，自陝西鞏昌府岷州衛以西，大山重谷，谽谺起伏，西南走巒菁中，直抵四川成都府之西境」。大匡山正是南北走向的岷山山脈中的一座山，北距岷山主峰雪寶頂只有一百多公里，不論從「山之南為陽」或「向日為陽」兩種意義來說，大匡山都可稱之為「岷山之陽」。《江油縣誌》（光緒版）云：「郡治之北，有大匡山焉。在唐書，為岷山之陽。」李白說他隱居時，曾被「廣漢太守舉二人以有道」，廣漢是沿用漢代舊名，綿州是漢代廣漢郡的腹心之地，梓潼、涪縣（綿陽）曾是廣漢郡治所在地，因此廣漢太守即綿州刺史，而大匡山正是其管轄範圍之內。這位綿州刺史不可能跑到非他管轄的蜀郡青城山去推舉人才。宋朝的人都說李白曾隱居於匡山。匡山上的《中和大明寺住持碑》敘述了大匡山上的大明寺興建於唐貞觀年間，到「唐第七主玄宗朝翰林學士李白，字太白，少為當縣小吏，後止此山，讀書於喬松滴翠之平有十載」。《謫仙祠堂碑》云：「匡山，唐謫仙之祠堂在焉……杜甫所謂匡山讀書處豈其是耶？其跡顯然，歷歷可考，則匡山遺蹟，能信之可也。」「舊宅碑」也說：「先生舊宅在青蓮鄉，後往縣北戴天山讀書。」《彰明逸事》說：「太白……隱居戴天大匡山……今大匡山猶有讀書台。」戴天山和大匡山上的李白遺蹟有多處，而青城山上無一處李白遺蹟，也無一首李白詠青城山的詩。《青城山志》明確說：「蜀中傳為李白讀書處所在，非只一地，更不得附會李白遺址於此山。」總之，有確鑿的證據證明，李白隱居讀書處在大匡山，不在青城山。

第一節　李白在巴蜀的遺蹟、遊蹤

李白自敘的隱居岷山之陽是不是指三台長平山呢？與他同隱的東岩子是不是趙蕤呢？否。《彰明逸事》說得很清楚：「太白恐棄去，隱居戴天大匡山。往來旁郡，依潼江趙徵君蕤……太白從學歲餘，去遊成都。」隱居大匡山與到三台拜趙蕤為師是分別敘述的兩件事。李白說在岷山之陽與東岩子「巢居數年，不跡城市，養奇禽千計」。他與東岩子並不是師生關係，時間是「數年」而不是「從學歲餘」。綿州長平山是在當時的蜀中第二大城市梓州城附近的一座小山，不可能「不跡城市，養奇禽千計」。綿州刺史（廣漢太守）也不會跑到梓州刺史眼皮底下來推薦李白。長平山距岷山甚遠，是淺丘陵，不能稱之為「岷山之陽」。東岩子是「逸人」，就是從未被皇帝徵召過的隱士，而趙蕤是被皇帝徵召的隱士，故稱「徵君」，李白在寄給趙蕤的詩中就稱之為「趙徵君」，與東岩子顯然是兩個人。從時間來看，李白與東岩子同隱大匡山在去梓州拜趙蕤為師之先。據《唐大詔令集》載，開元四年（七一六）七月下詔「宜令各巡本管內，人有清介獨立，可以標映士林，或文理兼優，可以潤益邦政者，百姓中文儒異等，道極專門，或武力超倫，聲侔敵國者，並精訪，具以名聞」。下這道詔書時，李白已在匡山隱居一年多了。「養奇禽千計，呼皆就掌取食，了無驚猜，廣漢太守聞而異之」，把李白與東岩子看成了「道極專門」的人才，想把他們推薦給皇帝，表演馴鳥絕技。胸懷遠大政治抱負的李白對此推薦當然不屑一顧。後來又才去梓州拜師，學經邦治國之道，那應當是開元六年（七一八）。總之，李白自敘的隱居岷山之陽，不在三台長平山，而是江油大匡山。

北宋樂史編撰的《太平寰宇記》卷八十四「龍州」條下云：「大匡山在州南八十里，高九百丈，陰洞潛穴，氣蒸成川，有飛泉下流，一百里入劍州陰平合白澤水。」宋朝龍州州治在今平武縣南壩鎮，「大匡山在州南八十里」肯定在今江油境內，不是在南面二百多公里的三台長平山，更不是在青城山。

「高九百丈」，應合二千多公尺，與大匡山背靠的戴天山差不多。「陰洞潛穴，氣蒸成川，有飛泉下流」。在大匡山下有白鶴洞，洞中的陰河從洞口流出，形成飛泉，下瀉於老龍潭，老龍潭就是百匯溪的源頭，百匯溪流入平通河（即雍村河）再匯入涪江。不過該條目說：「大匡山在州南八十里……有飛泉下流，一百里入劍州陰平合白澤水。」似應指平武、江油交界的藏王寨，藏王寨在南壩正南三十多公里，大匡山在南壩南偏西約六十公里。北宋的陰平縣在今江油小溪壩、厚壩一帶，潼江有一支流從藏王寨的白陽洞流出，約三十公里在陰平村（即古陰平縣治所在地）附近匯入潼江。也可能李白在來往江油時，曾遊過或在藏王寨住過，《太平寰宇記》認為就是李白隱居的大匡山。其實大匡山與藏王寨相距不遠，可以相互眺望。《大清一統志》、《龍安府志》、《江油縣誌》、《彰明縣誌》等都肯定大匡山在江油縣西（當時縣治在今江油武都鎮），彰明縣之北，雖里程有出入，但方位是肯定的，不能因各種記載的里程小有出入，就根本否認大匡山在江油境內。

李白隱居讀書處除了大匡山還有一個小匡山，《彰明縣誌》云：「小匡山，縣西三十里，亦名讀書台。孤峰秀拔，宛如文筆，李白嘗讀書於此。」《江油縣誌》（光緒版）云：「讀書台有二，一在縣西大匡山，一在縣南點燈山，皆太白讀書處。」小匡山位於青蓮鄉與大匡山之間，李白在往返於老家與大匡山之時，在小匡山小住並讀書，在這裡留下遺蹟和傳說。小匡山之所以又叫點燈山，民間流傳著這樣的故事：李白在小匡山上刻苦讀書，常常挑燈夜讀到天明，周圍幾十里都能看到山上燈火，故把小匡山叫點燈山。早在清乾隆年間就建有紀念李白的太白祠，門上有「古讀書台」匾額一道，正殿塑李白像。光緒年間又重修擴建，有殿宇三重，後殘敗。今存古建築有石塔一座，實際上是化字庫，讀書學子燒廢字紙之處，塔上對聯是：「倒筆寫天，氣貫星斗；舉杯邀月，詩驚鬼神。」這的確是李白精神的寫照。

小匡山上還有李白曬書坪、書箱石等遺蹟。

李白主要隱居讀書處是在大匡山，因而大匡山上李白的遺蹟更多，紀念性建築也更宏大。大匡山在唐貞觀年間由長眉僧駭智興建了一座佛教寺廟大明寺，後因李白曾在此讀書而出名。唐僖宗中和年間「敕賜中和大明寺額」，進行擴建，簡稱中和寺。宋代再次擴建廟宇，並建了太白祠。這時因避趙匡胤之諱，改大匡山為大康山，從此一山有兩名，至今大匡山所在的鄉鎮仍名大康。據北宋末的「祠堂記」稱：「唐謫仙祠堂在焉……山舊有讀書台，其側有僧寺曰大明寺，名存實亡，廢久不治，宣和己亥之仲秋（一一一九），命鳩材作屋四十椽，前敞軒楹，中設繪像，英靈似在，美哉，佳哉！吾鄉盛事，庶幾不泯也。」這說明在北宋末年之前已有謫仙祠，北宋末廢而重建，後明清時期仍在重建、擴建。清光緒年間，龍安知府蔣德鈞在大明寺邊興建匡山書院，築殿三重，前有文昌殿，後有太白殿，中有書院講堂，還有雙桂堂、邀月亭等建築，共九個院落，一百多個房間，常住師生數百人，成為匡山的極盛時期。中國「大煉鋼鐵」時期，匡山樹木伐光，寺廟書院拆毀，成為光禿禿的荒山。一九八〇年代以來封山育林，樹木逐漸成林，在大明寺廢址上又新建一座匡山亭。當地百姓捐資，重建了太白殿，大匡山尚存飼鶴池，為李白吟《別匡山》之處。大匡山的佛爺包之上有太白洞，相傳李白曾在洞中讀書。

李白在匡山隱居期間的主要活動是讀書，創作詩賦，練劍術，不時遊覽名山，求仙學道，往來旁郡，尋師訪友。李白自述：「十五觀奇書，作賦凌相如」（《贈張相鎬》），「十五學神仙，仙遊未曾歇」（《感興》），「十五學劍術，遍干諸侯」（《上韓荊州書》）。「十五」不必拘泥於十五歲那一年，而是指十五歲上匡山後開始的活動。他的這些活動對他一生都產生了重大影響。

李白在匡山以鐵杵磨針的堅韌精神勤奮攻讀，博覽群書。他自己也說：「頗常覽千載，觀百家」，

「常橫經籍書，製作不倦」。

從李白的詩賦中可以看出，他不僅研究了諸子百家的學說，還熟讀了《史記》、《漢書》、《三國志》、《詩經》、《楚辭》、漢魏《樂府》等，對於道教、佛教的經典也很熟悉，真可算得上「讀書破萬卷」。李白勤奮學習的故事，在他的故鄉世代流傳，凡是李白停留過的地方，都有李白刻苦攻讀的傳說。「天才出於勤奮」，李白之所以在詩歌創作上取得輝煌的成就，正是因為在青少年時代勤奮學習，刻苦鍛鍊，打下了堅實的基礎。《千一錄》云：「太白讀書匡山，十年不下山，潯陽獄中猶讀留侯傳。以彼仙才苦心如此，今忽忽白日而嘐嘐古人，是自絆而希千里也。」此話說得很有道理。

「五嶽尋仙不辭遠，一生好入名山遊」。李白的這種思想性格，是在第一次隱居時形成的。李白的青少年時代正是統治者大力提倡道教之時，開元二年，唐玄宗置翰林院招徠隱士，其中就有不少是道教徒。玄宗還採取了許多措施，在政治上、社會上提高道教的地位與聲勢，使道教得以大大發展。李白生長的川北一帶，本來就是道教的發祥地，東漢順帝年間，道教的創始人張陵創立的五斗米道首先流行於川北漢中等地。「陵死，子衡行其道。衡死，魯復行之……魯雄踞巴漢垂三十年」。李白的故里自東漢末，道教一直十分活躍，在風景秀麗的群山之中，散布著一些道觀。李白故居對面的紫雲山，又稱紫山，峰巒俊秀，林木茂盛，位於江油市西南香水鄉的盤江之濱，隔盤江與青蓮遙遙相望，距隴西院十公里，也是江油、安縣、北川的界山，長約十一公里，寬約三公里，面積三十平方公里，主峰海拔一千〇九十九公尺。唐代山上就有一座香火很旺、聞名遐邇、頗具規模的道觀，據宋人魏了翁《紫雲山崇仙觀記》云：「其闕則為之始殿，為黃篆寶宮……古松立於庭者，巉岩老硬，蓋不知年。而其間所謂黃篆寶宮，則世傳為唐開元二十四年神人由他山置於此者也，宮之三十六柱皆檀木，鐵繩隱跡，至今不毀。」李白《題嵩山逸人元丹邱山居》：「家本紫雲山，道風未淪落。」王琦《李太白全集題嵩山逸人元丹邱山居》注云：「紫雲山在綿州彰明縣西南四十里，峰巒環秀，古木樛翠，地理書謂常有紫雲結其上，故名。崗來自北為天倉，為龍洞；其東為風洞，為仙人青龍洞，為露香台；其西為驀頤，為白雲洞；其南為天台，為帝舜洞，為桃源溪，為天生橋。有道宮建其中，名崇仙觀。觀中有黃錄寶宮，世傳為唐開元二十四年神人由他山徙置於此。宮之三十六柱皆檀木，鐵繩隱跡在焉。此山地誌不載，宋魏鶴山作記，載集中。太白生於綿州，所謂『家本紫雲山』者，蓋謂是山歟？」李白曾上此山尋仙訪道。

李白第一次隱居期間就是以匡山為基點，遊覽附近名山，求仙學道。從李白在故鄉留下的詩篇中可以看出李白曾到過戴天山、太華山、竇圌山等地。太華山與大匡山為同一山脈，大匡山在南，太華山在北，兩山緊緊相連。據清道光《龍安府志・山川》卷二：「太華山，在縣西北四十里，三峰奇秀，有似西嶽，上有太華觀。」《龍安府志・人物》卷八：「唐，毛真人在太華山修煉，道成仙去，今太華觀乃其遺蹟。」清光緒《江油縣誌・壇廟》卷十三：「登真觀（即太華觀），在太華山上。有三峰狀如華岳，相傳毛真人修煉處，改名登仙觀。」可見太華山在唐代已經是道教名山，滿山蒼松翠柏，山溪潺潺，飛泉道道，清幽秀麗。太華觀就深藏於林蔭深處，觀後有毛真人洞，幽深莫測。李白隱居大匡山到此山尋仙訪道，寫下了《太華觀》：「石磴層層上太華，白雲深處有人家。道童對月閒吹笛，仙子乘雲遠駕車。怪石堆山如坐虎，老藤纏樹似騰蛇。曾聞玉井今何在，會見蓬萊十丈花。」描繪了太華仙境。李白在這樣的環境中長大，不能不深受薰陶感染，所以他「十五遊神仙，仙遊未曾歇」。

李白在隱居大匡山期間「往來旁郡」，開元六年往梓州長平山拜趙蕤為師，「從學歲餘」，開元八年春拜謁益州長史蘇頲，隨後下渝州，拜訪渝州刺史李邕，後遊峨眉又回匡山隱居。

李白在隱居匡山期間還到過龍州江油郡江油縣，時縣治在今平武縣南壩鎮。從匡山去南壩只能溯涪江而上，在進入涪江峽谷口時曾遊了兩岸的溶洞，至今還流傳著「太白洞對燈籠洞，燈照太白把書誦」的民謠和傳說故事。一百多里的涪江峽谷曾是鄧艾伐蜀經過的陰平古道的一段，以二郎峽為代表的涪江六峽，山高谷深，江流湍急，峭壁摩天，棧道凌雲，李白正是在這段艱苦的行程中，累積了《蜀道難》的素材。李白在江油縣訪了縣尉，留下了《題江油尉廳》：

> 嵐光深院裡，傍砌水泠泠。野燕朝官舍，溪雲入古廳。
> 日斜孤吏過，簾卷亂峰青。五色神仙尉，焚香讀道經。

這首詩展示了人與自然和諧相處的意境，歌頌了縣尉無為而治的道家精神。北宋大書法家米元璋曾書寫此詩並刻於石壁上，後又翻刻成碑，今仍存於江油李白紀念館。該詩中寫的「旁砌水泠泠」，至今泉水猶存，叮噹作響，故名叮噹泉。叮噹泉上有太白讀書台，至今尚存「太白台」古碑一塊，為宋代所刻。

李白經金牛古道遊覽時，途經梓潼五婦山，即古蜀國五丁力士拽蛇，以至「地崩山摧壯士死」之處。其上兩公里即文昌祖庭大廟。

李白肯定到過劍門關，他寫的《送友人王炎入蜀》、《劍閣賦》、《蜀道難》都描寫了劍門關。劍門關是古今聞名的雄關險隘，屬四川省廣元市劍閣縣。關口為大劍山的一個V形山口，扼於川陝公路上。北距廣元城區南五十公里，南距成都三百公里。大劍山倚天如劍，峭壁連綿，橫亙似城。山之中斷處，兩崖相對如門，故名「劍門」。劍門關為歷代軍事要塞。後人為紀念李白、杜甫這兩位偉大詩人都先後遊過劍門關，故在關上曾建過李杜祠、思賢樓等，宋祝穆《方輿勝覽》卷六七《劍門關．樓閣》載：「思賢樓。在水門上。有張孟揚、李太白、杜子美、柳子厚畫像。因以為名。」又卷六六載：「李杜祠堂。按劍門題詩以太白、子美為重，而世未有並祠之者。會從李參預壁得所賜阜陵御書《蜀道難》，又從李左史得趙忠定汝愚大書《劍門》詩，因建祠，刻二詩於前，榜其堂曰『文焰』，取韓退之詩語也。」王象之《輿地紀勝．隆慶府古蹟》、明《大明一統志》卷六八「保寧府」、曹學佺《蜀中廣記》卷二十六都有同樣的記載。

李白還訪過茂州石泉縣（北川縣）的禹穴。漢代學者揚雄在《蜀王本紀》中認定「禹本汶山郡廣柔縣（今北川縣屬之）人也，生於石紐，其地名刳兒坪」。以後魏晉學者也認為禹出生於北川禹穴溝。李白前去探訪，題寫了「禹穴」二字，係楷書，字徑一點八公尺，據《升庵外集》載：「蜀之石泉，禹生之地，有『禹穴』二字，乃李白所書。」《大清一統志》、《龍安府志》、《石泉縣誌》等都有類似記載。題字在禹穴溝金鑼崖峭壁上，筆力遒勁，豪放雄渾，確有李白筆風，刻字至今猶存。禹穴溝口建有太白亭，北川還有太白鄉、太白庵，都是紀念李白的。

李白第一次隱居匡山的期間，正值「開元盛世」，國內政治統一，社會安寧，經濟繁榮，達到了開國以來未有的高峰，文化也有長足的發展和相當成就，中外文化交流出現了空前未有的盛況，真是「海晏天空，萬方來同。雖秦皇與漢武兮，復何足以爭雄！」胸懷大志的李白，處於這樣的時代，當然不甘於老死林泉，十年隱居，勤奮攻讀，為積極入世做好了充分準備；大鵬鳥的羽翼已經長成，將要在無限廣闊的寰宇中翱翔！

開元十二年（七二四），二十四歲的李白，懷著「四方之志」，「仗劍去國，辭親遠遊」。在他辭別家鄉的親人，離開隱居的匡山時，寫了一首《別匡山》：「曉峰如畫參差碧，藤影搖風拂檻垂。野徑來多將犬伴，人間歸晚帶樵隨。看雲客倚啼猿樹，洗鉢僧臨失鶴池。莫怪無心戀清境，已將書劍許明時。」詩中表現了對故鄉依依不捨的情感，也抒發了雄心壯志。雖然故鄉的美景吸引著他，親友們也勸告他、挽留他，他本人在隱居匡山的過程中也曾有過「少年早欲五湖去」，「去合到三清」，遠避塵世的想法，但這一切都壓抑不住他許身報國建功立業的強烈願望。他向親友們說：「莫怪無心戀清境，已將書劍許明時。」大鵬鳥終於飛離了故土。

李白從十五歲辭去昌明縣之職，上匡山隱居，至二十四歲辭親遠遊，這十年黃金般的青春時期並沒有白白度過。在這段時期他勤奮攻讀、尋師訪友、求仙學道，獲得了淵博的知識，為他詩歌創作上的輝煌成就打下了扎扎實實的基礎；他學習劍術，登山涉水，鍛鍊了強健的體魄；他還飽賞了故鄉秀麗的景色，雄奇的竇圌山，巍峨的太華山，清幽的戴天山，廣闊肥沃的川西平原，綠波蕩漾的涪江水……這一切陶冶了詩人豪放的性格，孕育了詩人瑰麗的詩魂，為李白成為偉大詩人打下了堅實基礎。

開元十二年夏，李白離別匡山後，到成都峨眉山等地作過短暫停留，然後乘船沿岷江而下，寫了《峨眉山月歌》：

峨眉山月半輪秋，影入平羌江水流。
夜發清溪向三峽，思君不見下渝州。

詩中表現了遠遊的喜悅和對故鄉親人的深切依戀。應當是寫於從清溪出發，經峨眉山下，向渝州前行的船中。平羌江即岷江下遊，《樂山縣誌》：「平羌江：岷江下遊。自平羌峽至樂山城東四十五里一

第一節　李白在巴蜀的遺蹟、遊蹤

段，舊名平羌江。」這段江也叫青衣江，蘇軾詩云：「慈姥岩前人喚渡，青衣江畔人爭扶。」路游詩云：「瑞草橋邊水亂流，青衣渡口山如畫。」張船山詩云：「平羌江水綠迢遙，夢冷峨眉雪未消。愛看漢嘉山萬重，一山奇處一停橈。」李白詩中的平羌江也指的這一段。清溪是平羌江邊的一個驛站，《樂山縣誌》：「板橋溪出平羌峽口五里，廛居十餘家，高臨大江傍岸。清邑宰迎大僚於此。蓋唐時清溪驛，即宋平羌驛也。」詩中的三峽應指長江三峽。岷江也有從北到南的三峽：犁頭峽、背峨峽、平羌峽。詩云：「夜發清溪向三峽」，說明他已經走過岷江三峽了，清溪在平羌峽下游五里，他從清溪出發當然不是逆水而上，向著岷江三峽，只能是順流而下經渝州，向長江三峽，後人為紀念李白遊平羌江，在平羌峽上面的錦岡山頂建太白亭。

李白出三峽之前曾在萬縣停留約半年，在萬縣留下了太白岩遺蹟。明代曹學佺《萬縣西太白祠堂記》云：「縣西有太白岩，在西山，即絕塵龕也……相傳李太白讀書於此，有『大醉西岩一局棋』之語。」《萬縣誌》（同治版）云：「李白，字太白，彰明人，往來夔州，題詠甚多，萬邑西山名太白岩，相傳太白讀書於此……距岩數里有天仙橋，亦以謫仙曾經得名，後人於岩置祠以祀，明曹學佺有太白祠記。」李白到開元十三年春三月才出三峽，寫了《自巴東舟行經瞿塘峽登巫山最高峰晚還題壁》、《宿巫山下》、《巴女詞》等詩。李白出三峽時，曾經過巫山陽台，相傳為楚王之行宮。李白曾在此題詩：「我到巫山渚，尋古登陽台。」（《古風其五十八》）又有題詞：「山高水長，物象萬千，非有老筆，清壯何窮？十八日上陽台書，太白。」陽台即陽雲台，在巫山縣西約一公里。據《大明一統志》卷七十《夔州府》載：「陽台。在巫山縣西北。南枕大江，宋玉賦云：『楚王遊於陽雲之台，望高唐之觀』即此。」陽台現仍有遺蹟可尋。據《巫山縣誌》卷三十《文物勝蹟》載：「高唐觀遺址，縣西二里許，傳為楚王行宮，始建年代不詳。光緒年間重修，僅存玉皇閣，木結構，單檐硬山式屋頂，抬梁式三桂十七架梁……今為巫山黨校。」

李白《萬憤詞投魏郎中》云：「兄九江兮弟三峽，悲羽化之難齊。」說李白有個弟弟在三峽。據奉節縣的民間傳說李白的弟弟在奉節東三十里的石馬河畔經商。這個弟弟應當是李白攀親所認。李白出蜀時在他弟弟這裡住過一段時間，後來將這裡的一驛站改名青蓮鋪，將青蓮鋪以下的石馬河改名青蓮河，以紀念李白。據清修《奉節縣誌》卷八十八「四疆域」載：「青蓮河距城三十里。」又卷八「水利」載：「青蓮河大堰在治東三十里……農民以河岸為防，蓄水以灌青蓮鋪一帶之田……青蓮河因李青蓮得名。」

李白二十五歲出蜀後，未再回故鄉，雖有學者認為李白在開元二十一年曾歸蜀，逗留過兩年，但證據很不充分。

綜上所述，李白誕生於蜀，二十五歲離開蜀，生命旅程有將近一半是在蜀中度過的，在蜀中留下了三十多處遺蹟。

第二節　李白「少為小吏」考辨

李白曾在十五歲時做過小吏，並對以後的生活道路產生重大影響。然而有不少學者對李白曾為小吏的事，持否定態度，其否定理由是：（一）依據的史料不可靠，《彰明逸事》算不上史料，是不可靠的傳聞；（二）《彰明逸事》記李白續詩是低級趣味的調笑詩篇，絕非李白所作；（三）李白家為富商，沒有必要去做小吏；（四）李白十四五歲的小小年紀，沒有能力去做小吏；（五）李白從小志向遠大，連科舉考試都不屑於參加，更不會去當小吏。

對以上諸多質疑，作如下答辯：

一、《彰明逸事》是可信的史料

把《逸事》視為茶餘飯後隨意編造的事故，排除在史料之外，這是不妥的。唐代著名的史學評論家劉知幾在《史通》中，專門論述過「逸事」：「偏記小說自成一家，而能與正史參行，其所由來尚矣……史氏流別有十焉……三曰逸事……國史之任，記事記言，視聽不該，必有遺逸，於是好奇之士，補其所亡，若和嶠《汲冢紀年》，葛洪《西京雜記》……此謂之逸事者也，街談巷議，時有可觀，小說卮言，猶賢於己，故好事君子，無所棄諸……逸事者皆前史所遺，後人所記，求諸異說，為益實多……故學者有博聞舊事，多識其物，若不窺別錄，不討異書，專治周孔之章句，直守遷固之紀傳，亦何能自致於此乎！」劉知幾對逸事的史料價值評價是很高的，列為史氏流派之一，可以補正史之不足，而且正史本身也採集了不少的「逸事」為史料。被贊為「史家之絕唱」的《史記》也曾「廣采民間逸存，網羅天下放失舊聞」。司馬遷在寫《史記》時，不僅查閱了國家收藏的圖書典籍，各種檔案材料，還多次出遊，採訪遺文逸事，收集民間傳說，才能成書。若僅靠國家收藏的史料，不收民間遺文逸事，《史記》也就寫不出來。司馬光的《資治通鑑》也是「遍閱舊史，旁采小說，抉拾幽隱，薈萃為書」。除正史外，改採雜史多至二百二十二種。他還說「實錄正史未必皆可據，野史小說未必皆無憑」。胡三省給《資治通鑑》作注，也自稱「有異書異人，必就而正焉」。清人王士禎說：「野史奇聞往往存三代之真，反勝穢史曲筆者倍蓰……禮失而求諸野，唯史亦然。」他認為野史比正史的史料價值還高。就以研究李白所依據的史料來說，正史所記未必都是真實，如《舊唐書．李白傳》：「李白，字太白，山東人……父為任城尉，因家焉。」早就被學者否定了。《彰明逸事》也不能因其為野史，就一概否定其史料價值。如果傳聞不算史料，遠古時還沒有文字記載，全靠口頭世代相傳，那時的歷史就會一筆抹掉，變成空白。李白在蜀中的史料本來就少，再把逸事、傳聞、碑碣、方志都排除在史料之外，那就無法研究，或隨自己的主觀意志去推測想像，那就很難恢復歷史本來面目。

劉知幾在《史通．雜述》中也說過，如果「逸事」是「妄者為之，則苟載傳聞，而無詮釋，事是真偽不別，是非相亂」。但楊天惠並非「妄者」。楊天惠是梓州郪縣（今四川三台縣內）人，距李白故里僅幾十公里，後來他又做了彰明縣令，對李白的事跡當然是很感興趣，又很熟悉的。他不僅是一位了解民情的縣官，也是一個實事求是的學者，生平著作很多，據《宋史．藝文志》載有《楊天惠集》六十卷，現存的《彰明附子記》就是他對附子生產深入實際、全面考察之後寫的科學價值很高的著作，他寫《彰明逸事》也絕非胡亂編造。他是「從學士大夫求問遺事」而後寫了《彰明逸事》，家鄉父老對少年李白幹過些什麼事，是最清楚的，家鄉既然出這樣一位聞名天下的偉大詩人，對他少年時代就顯露才華的事，當然會津津樂道，世代傳頌。楊天惠把這些口碑史料收集起來，變成了文字史料。楊天惠說李白當小吏的事，還有宋碑可以印證，早在楊天惠寫《彰明逸事》前三十年，北宋熙寧戊申年（一〇六八），立在大匡山上的《中和大明寺住持記》碑就說「翰林學士李白字太白，少為當縣小吏，後止此山，讀書於喬松滴翠之坪有十載」。這兩者絕非偶然巧合，也不是楊天惠簡單地抄襲碑刻，因為他記的比碑文更詳細，更具體。北宋宣和五年（一一二三）彰明縣令在大匡山立的《謫仙祠堂記》碑也說李白做過小吏，但非簡單地因襲前兩種說法，碑文云：「敕建大匡山李白祠堂記：彰明縣之西數十里，有群山巍然，孤峰秀拔，蓋不減岷峨氣象……考之圖經，詳之地誌，實曰匡山，而唐謫仙之祠堂在焉……觀綿州刺史高梲記之於前，縣令楊遂記之於後，崔令欽之文泛論其出處，楊天惠作石刻於縣廨之西廳，蓋必得其詳矣。」然後才談到李白的簡歷：「嘗為邑小吏，其成立時始從學於潼江，而觀禮於趙蕤，逆旅於成都，而見知於蘇頲。」由此可知，這位北宋宣和年間的彰明縣令在寫這篇碑文時，看過四種材料：（一）「綿州刺史高梲記」，據郁賢浩先生的《唐刺史考》，高梲在中和、光啟年間（八八一至八八八）任綿州刺史，上距李白去世一百二十多年；（二）「楊遂記」，楊遂北宋淳化年間任彰明縣令，上距李白逝世兩百三十多年；（三）「崔令欽文」，崔與李白同時代，與李白還有過交往；（四）「楊天惠石刻」，立於李白曾做過小吏的彰明縣廨之西。總之，《謫仙祠堂記》說李白「嘗為邑小吏」是有充足根據的。曹學佺是明末學者，曾在四川為官，深入各地調查研究，曾寫《蜀中廣記》，他在《萬縣西太白祠堂記》碑文中云：「太白先生，金行之精，隴西帝裔，產於昌明，起家小吏，不習逢迎。」以上這些史料都可相互印證，不能因有相同記載就簡單地說是相互抄襲而予以否定。

有學者說《彰明逸事》所記李白的那些詩是低級趣味的調笑詩篇，不可能是李白所寫，其實這是冤枉了李白，我們再來看看《彰明逸事》的這段記載：「白本邑人，微時募縣小吏，入令臥內，嘗驅牛經堂下，令妻怒，將加詰責。太白亟以詩謝云：『素面倚欄鉤，嬌聲出外頭。若非是織女，何必問牽牛？』令驚異不問。稍親，招引侍硯席，令一日賦山火詩云：『野火燒山後，人歸火不歸』，思軋不屬。太白從旁綴其下句云：『焰隨紅日遠，煙逐暮雲飛。』令慚止。頃之，從令觀漲，有女子溺死江上，令復苦吟云：『二八誰家女，飄來依岸蘆。鳥窺眉上翠，魚弄口旁朱。』太白輒應聲繼之云：『綠髮隨波散，紅顏逐浪無。因何逢伍相？應是想秋胡。』令滋不悅。太白恐，棄去，隱居戴天大匡山。」李白回答縣令妻的詩，信口妙語，寓莊於諧。不能說用了牛郎織女的典故就是「輕薄」或「調戲」，須知唐代是一個開放的社會，婦女經常在外拋頭露面，男女之間交談、開玩笑是常有的事，若真是「調戲」，縣令又怎會「驚異不問」。《觀漲》的前四句為縣令所吟：「二八誰家女，飄來依岸蘆，鳥窺眉上翠，魚弄口旁朱。」身為父母官，對溺死的姑娘並未表示悲憐之情，反而以「鳥窺」、「魚弄」來調戲已死的女子，的確是「只有毫無心肝的人才會這樣做」。李白面對這個毫無人性的糊塗官，義憤填膺，「應聲繼之云：『綠髮隨波散，紅顏逐浪無，因何逢伍相？應是想秋胡。』」前兩句寫「綠髮」、「紅顏」隨波浪而「散」、「無」，把悲慘之狀勾畫了出來，也表達了作者對少女不幸溺死的同情，接著追尋死因，引用「伍相」、「秋胡」兩個典故，說明少女可能是遇上了「秋胡」式的好色之徒的凌辱，才如「伍相」那樣含冤而死。或謂「因何逢伍相」是用典不倫不類，竊以為沒有什麼不當之處，伍子胥含冤被迫自殺後，遺體拋入江水中，此句說少女溺死於水與伍相相逢，暗指少女也與伍相一樣受了冤屈而死。很顯然李白是借「秋胡」來諷刺縣令，秋胡調戲活著的佳人，行為可鄙，縣令戲弄溺死的少女，更為可恨！所以李白的續句使縣令大為惱火，因而「令滋不悅，太白恐，棄去」。從《彰明逸事》所記少年李白做小吏時所吟的詩句，不僅看出他才思敏捷，知識豐富，而且可以看出他富有正義感，敢於諷刺卑劣庸俗的縣官，這與他的任俠性格是一致的。我們不可將縣官吟的調戲溺水女子的詩句，誤會成李白的詩句，更不能以此來否定李白曾做過小吏。

二、李白做小吏是為家庭環境所迫

有學者認為：李白出身富商，不會去做一個政治地位低下的小吏。前面已經論述：李白家庭不是富商，出身寒微。「富商說」是近代人的推測，並無史料依據。而「小吏說」是有史料依據的，不能以沒有史料依據的「富商說」去推翻「小吏說」，而應以有史料依據的「小吏說」去否定「富商說」。李白「少為小吏」是家庭環境所迫。王琦說過：「李白詩絕無思親之句，疑其遷化已久。」在李白故里有李白胞妹李月圓墓，而無父母之墓，說明李白之妹死於李白出名之後，愛兄及妹，其墓能保存下來。李白之父死於李白出名之前，因出身寒微，在青蓮只是「孤門細族」，無祖塋歸葬，默默去世，草草埋葬，後世也就無墓可尋。據當地民間傳說李白做小吏是因家庭發生變故，父親去世，不得不應募去做小吏以維持生計。李白的家庭環境是他直接碰到的、既定的、無法擺脫的條件，是這些條件決定了去做小吏，李白雖從小心懷大志，「心雄萬夫」，但也不能全憑主觀願望選擇幹什麼，不幹什麼。

李白做小吏的時間應當是十五歲，他自述「十五好劍術，遍干諸侯」，這含有當小吏而與地方官打交道的意思。有學者認為李白才十四五歲，小小年紀何能去當小吏。其實十五歲的李白已經很成熟了，他讀書很早，「五歲誦六甲，十歲觀百家」，「十五觀奇書，作賦凌相如」，他的學識已足夠應付小吏的差使。《新唐書．百官志》載：「上縣有司戶、司法而已。」李白當小吏就是做司戶或司法，處理文案的具體工作，對他並無多大難度，只是在處理人際關係上當然不如官場老吏，所以他從春到夏干了大約半年時間的小吏，得罪了縣令，只得上匡山隱居。

三、李白曾為小吏是不走科舉道路的原因之一

有學者認為李白從小心懷大志，想「一鳴驚人，一飛沖天」，對科舉不屑一顧，也不願求小官，怎麼會去當地位低賤的小吏？這是把因果關係顛倒了。李白從小心懷大志，勤奮學習，很想有一番作為，後來不得已當了小吏，他看到縣令這類小官的昏庸無能，不屑於當小官，自負其才，想平步青雲，走非常之路，做帝王之師，從另一方面來說正因為他當過小吏沒有資格參加科舉考試，也很難求得小官。據《新唐書．選舉志》：「唐取士之科……大要有三：由學館者曰生徒，由州縣者曰鄉貢……其天子自詔者曰制舉，所以待非常之才焉……每歲仲冬，州縣館監舉其成者，送之尚書省，而舉拔不由館學者，謂之鄉貢，皆懷牒自列於州縣。」李白不是郡縣學館的生徒，學館不會推薦他；鄉貢更不行，因為本州縣都知道他出身寒微當過小吏，不能推薦他去參加科舉考試。據《新唐書．選舉志》載：「其嘗坐法及為州縣小吏，雖藝文可舉，勿舉。」《唐會要．貢舉》中也有同樣的內容，《舊唐書．憲宗紀》載，元和二年（八〇七）重申「曾為官司科罰，曾任州縣小吏，雖有辭藝，長吏不得選送，違者選官停任，考官貶黜」。這說明中唐以後，屢次發生違犯貢舉對出身限制的事，因而重申禁令，事實上也有一些當過小吏的人衝破禁令，參加科舉考試，但當發現之後，則要遭到詰責，受到侮辱。唐人王定保撰的《唐摭言》載：「許棠，宣州涇縣人，早修業舉，鄉人汪遵者，幼為小吏，洎棠應二十餘舉，遵猶在胥徒；然善為詩歌，而深晦密。一旦辭役就貢，會棠送客至灞滻間，忽遇遵於途中，棠訊之曰：『汪都（原註：都者吏之呼也），何事至京？』遵對曰：『此來就貢。』棠怒曰：『小吏無理！』而與棠同硯席，棠甚侮之。」如果李白進入考場也會受到汪遵那樣的侮辱。在唐代也有從流外入流，憑自己的才幹由小吏一

步一步爬到相位的，如像唐玄宗的宰相牛仙客。如果李白在做小吏時碰到的上司也如牛仙客所遇到的縣令傅文靜、河西節度使王君那樣不計出身寒微，尊重人才，委以重任，使牛仙客步步高陞，李白也可能走牛仙客的道路。然而李白所遇到的縣令卻是一個無才又嫉才的昏官，對李白顯露的才華不僅未給予重視，反而很不高興，當然不會提拔李白。唐代的選官制度本身又對流外入流加以限制，雖然唐代已打破士族地主壟斷政治的局面，也重用了一些寒族出身的官，但並未完全跳出從魏晉以來形成的重視出身門第和仕途清濁之分的窠臼，官吏仍然有流內流外之分，一至九品為流內官，不入九品的吏員為流外，流外要進入流內必經六至十年的時間和六至十次的考核，流外入流後的升遷也要受到嚴格的限制，頂多得到流內最低品級的官，很難晉升到八品以上，擔任清要之職。即使有少數才能出眾的縣吏，被提升為高官，也是備受歧視的，當時的風氣就是瞧不起那些流外入流的官。李白由於出身寒族，又當過小吏，要做一個流內卑品位的小官也很難，他只有另尋出路了。對於才華橫溢，胸懷大志的李白來說，只有走以「非常之才」，待「天子自詔」這條非常的道路了。走這條路是十分艱險的，他需要比走一般的科舉考試的道路加倍努力。李白放棄小吏的職務後，為排除塵世的干擾，選擇了清幽的大匡山，刻苦學習，為「一鳴驚人，一飛沖天」儲備充足的力量。在隱居匡山期間，因他「養奇禽千計，呼皆就掌取食，了無驚猜，廣漢太守聞而異之，詣廬親睹，因舉二人以有道，並不起」。這裡說的「舉有道」是推薦有某種特殊技藝的人才，並非開元二十九年（七四一）才開始設置的「道舉」。據《唐大詔令集》載開元四年（七一六）七月的詔令：「宜令各巡本管內，人有清介獨立，可以標映士林，或文理兼優，可以潤益邦政者；百姓中文儒異等，道極專門，或武力超倫，聲侔敵國者，並精訪，具以名聞。」下這道詔令時，李白十六歲，正是與東岩子隱於岷山之陽（指匡山），根據這個詔令，綿州（漢屬廣漢）太守將李白看成「道極專門」的人才，予以推薦，但這種「養奇禽」的「道術」再加上他的小吏出身，即使應了舉，也不會有多大前途，充其量為統治者表演呼喚小鳥「就掌取食」的絕技以供消遣。李白對此當然是不屑一顧的。此後李白師從趙蕤，學「王霸之略」，謁見蘇頲，大受讚賞，更增強了為「帝王師」的信心和「一鳴驚人，一飛沖天」的決心。不過李白縱有天大的本事，在本地是無法施展的，他只有「仗劍去國，辭親遠遊」，漫遊各地，以詩會友，「干謁諸侯」，「歷抵卿相」，與李唐宗室攀親，同故相的孫女結親……這一切努力都是想提高知名度，得到地方官的賞識和舉薦，以進入仕途。在當時門閥觀念比較濃的情況下他絕口不談「少為當縣小吏」的事，所以魏萬、李陽冰等也未說過李白曾為小吏。李白謊稱「世為右姓」，又與李唐皇室攀親，但他遠離本籍，又無譜牒可憑，而唐代規定被舉薦的要「懷牒自列於州縣」，開元十九年敕：「諸州貢舉皆於本貫籍分信明者。」這就給李白帶來了麻煩，他拿不出證明他的高貴家族世系的譜牒，更不能說出他小吏的經歷，再加上他那恃才傲物的作風，他的干謁活動當然不能取得成效。不過李白畢竟是「非常之才」，他在詩文方面顯露的才華，終於使他譽滿海內，「名動京師」被詔入京，似乎他所選擇的以其「非常之才」受「天子自詔」的道路走通了，所以他曾一度狂喜，「仰天大笑出門去」，去施展他宏偉的政治抱負。但唐玄宗並未重用他，不久被「賜金放還」，逐出京師，這其中的原因很多，已有不少學者論及，竊以為李白當過小吏，出身寒微，也是原因之一。唐玄宗賞識牛仙客的才幹，要提為宰相，因其做過小吏而遭許多人的反對。唐玄宗賞識李白的文才，曾「許中書舍人」，「嘗三欲命李白官，卒為宮中所捍而止」，高力士、張垍等權貴對李白的讒毀，必然要說李白出身微賤，不是當官的材料。在這些讒言的包圍下，唐玄宗也說李白「固窮相」，「非廊廟器」，這與高力士說的「仙客本胥吏，非宰相器」是一個腔調，都是對出身微賤者的鄙視。

李白一生始終未得到官位，唐代宗登基之後「蒐羅俊逸，拜公左拾遺，制下於彤庭，禮降於玄壤，生不及祿，沒而稱官」，其實這個左拾遺也不過是「從八品上」，比「七品芝麻官」還低。不過對於一個做過小吏的人，能夠得到這樣一個流內卑品位的官，也算是對李白靈魂的安慰。

要之，李白出身於寒族，當過小吏，這是因；不走科舉道路，未從流外入流，從小官一步步向上爬，這是果。李白持「非常之才」，走「非常之路」，待天子直接詔見的生活軌跡，也反過來證明了李白出身寒微，曾為小吏。

第三節　李白第一次隱居地點考辨

——《李白與青城山》等文質疑。

李白《上安州裴長史書》云：「昔與逸人東岩子隱於岷山之陽，白巢居數年不跡城市，養奇禽千計，呼皆就掌取食，了無驚猜。廣漢太守聞而異之，詣廬親睹。因舉二人以有道，並不起。」他在隱居期間寫了《訪戴天山道士不遇》。杜甫在懷念《李白的不見》云：「匡山讀書處，頭白好歸來。」上面提到的「岷山之陽」、「戴天山」、「匡山」三者關係怎樣？前面已論證了岷山之陽就是指江油的匡山，匡山是戴天山腳下的一座小山。劉友竹先生的《李白與青城山》、《「匡山讀書處」與別匡山析疑》、《「偽碑」仍偽，「確證」不確》等文（以下簡稱「劉文」）堅持認為「岷山之陽」指青城山，戴天山在青城山，匡山指廬山，筆者不同意這種看法。現將理由系統闡述於下：

岷山從古至今都是指延綿於甘肅東南部至川西平原西北邊緣的山脈。《尚書・禹貢》云：「岷山導江，東別為沱。」《山海經．中山經》云：「岷山，江水出焉，東北流於海。」中國在徐霞客之前，人們把長江正源看成是岷江，岷江的發源地就是岷山。唐代張守節的《史記正義》引《括地誌》：「岷山在岷州溢樂縣（今甘肅岷縣）南一里，連綿至蜀二千里皆名岷山。」五代杜光庭在《青城山記》云：「蜀之近江源者通謂之岷山，連峰接岫，千里不絕。」北宋薛季宣說：「蜀西之山皆岷山也，自岷、洮、松、疊以南，其大山峻嶺斑斑可考者，皆岷山之隨地易名者耳！」南宋路游云：「蓋自蜀境之西，大山廣谷，岈起復，西南走蠻菁中，皆岷山也。」由上所知，在唐宋時人看來川西北的匡山、青城山都屬於岷山山脈包括的兩座山。匡山、青城山與岷山山脈是部分與整體的關係，承認青城山是岷山山脈的一部分，當然也不能排斥匡山是岷山山脈的一部分。若以去岷山山脈主峰雪寶頂的距離而言，匡山比青城山近得多，匡山與岷山主峰連峰接岫，僅百餘公里，中無平原、大川阻隔，毫無疑問它是「岷山之隨地易名者」，並非「劉文」所述「遠離岷山山脈數百里」。「劉文」還說「匡山在昌明境內，屬於涪江流域，涪江是嘉陵江支流，該地與岷山絕對不沾邊」。此說屬於地理常識的錯誤，涪江發源於岷山主峰雪包頂，從岷山山脈中奔騰而下，怎麼能說「與岷山絕對不沾邊」，只要查一下地圖就不會說「不沾邊」的話。《新唐書．李白傳》與曾鞏《李太白文集後序》直稱「李白隱於岷山」，就是隱於岷山之一部分的匡山。

「劉文」說：「岷山作為青城山的同義專用名詞早已約定俗成。」把岷山與青城山這兩個概念弄成同一關係，這在邏輯上是說不通的，也違背史籍的記載。唐代杜佑《通典．州郡》在「彭州」條下有岷山，「蜀州唐安郡」條下有青城山。李吉甫的《元和郡縣圖志》「茂州汶山縣」條下云：「汶山，即岷山也，南去青城山百里。」

《新唐書．地理志》：「劍南道……其名山：岷、峨、青城、鶴鳴。」在「岷州」、「汶川」、「彭州」條下都列有岷山，在蜀州條下列有青城山。

可見在唐人的習慣上並沒有把青城山稱為岷山，更沒把岷山作為青城山的同義專用名詞。

「山之陽」有兩種含義，一是位置在山的南面，如《華陽國志》把位於華山南面的整個梁州稱為「華陽」；二是山的向陽的南坡，如《山海經．中山經》：「陽華之山，其陽金玉，其陰多青、雄黃。」《周禮．考工記》賈公彥疏：「向日為陽。」杜甫《秦州雜詩》：「陽坡可種瓜。」不論哪一種意思，江油大匡山都可以稱為「岷山之陽」。岷山主峰是雪寶頂，在松潘與平武交界處，高五千五百八十八公尺。岷山主脈向南蜿蜒，縱貫平武、北川縣境。江油大匡山緊鄰北川縣，海拔約八百公尺，它與岷山主脈相連，位於主峰之南偏東，當然可稱為岷山之陽。李白隱居的中和大明寺（當地簡稱中和寺），坐落在匡山的東南坡，西北背靠岷山諸峰，東南面向江彰平原，從山坡向陽的意思來說也可稱岷山之陽。《江油縣誌》云：「郡治之北有大匡山焉，於分野，當井鬼之次；在唐書，為岷山之陽。」「劉文」也說「山南為陽」，「岷山之南就是岷山之陽」，但又說：「大匡山遠離岷山山脈南端數百里，也不得稱之為岷山之陽」，這豈不是自相矛盾嗎？

從邏輯上說，「岷山之陽」是普遍概念，青城山、大匡山是單獨概念，後者與前者是從屬關係，前者為屬概念，後兩者為種概念。青城山與大匡山的關係是在同一屬概念下的並列關係，承認青城山為岷山之陽，不能否定大匡山也是岷山之陽。那麼究竟李白隱居於哪一個岷山之陽呢？可以肯定地說李白隱居於江油大匡山而不是青城山，理由如下：

（一）李白本人說他與東岩子隱於岷山之陽，曾被廣漢太守「舉二人以有道」。這說明這個岷山之陽是在「廣漢太守」管轄之下。這個廣漢並非現在距青城山較近的廣漢市，而是沿用漢代廣漢郡之名，綿州曾是廣漢郡的一部分，而且一度是郡治所在地，李白說的廣漢太守顯然是指唐代的綿州巴西郡太守，而匡山正是在這位太守管轄範圍之內，青城山從漢至唐都不屬廣漢郡。《新唐書．選舉志》云：「唐制取士之科……由學館者曰生徒，由州縣者曰鄉貢，皆升於有司而進退之。」《通典．選舉典》云：「大唐貢士之法，多循隋制，上郡貢三人，中郡二人，下郡一人，有才能者無常數。」綿州巴西郡屬上郡，每歲向朝廷至少要推薦三個人才。這是州刺史的職責。「詣廬親睹，因舉二人以有道」。正是在履行州刺史的職責。綿州刺史跑到非他所管的青城山去推舉人才，豈不是越權嗎？「劉文」說：「無論兩漢或蜀漢，廣漢郡均治雒縣，廣漢太守即駐該地。按雒縣即今四川廣漢市，在唐代為漢州治所。因此，李白所說『廣漢太守』必指漢州刺史。綿州雖屬廣漢舊境，但從來就不是廣漢太守駐地，與龍、劍、梓、遂等州刺史一樣，均不得稱『廣漢太守』。」這段話與史實大有出入。據《漢書．地理志》載：「廣漢郡……高帝置，莽曰就都，屬益州……有工官，縣十三：梓潼……莽曰子同。」按該志排列慣例，郡治所在地的縣排為第一。廣漢郡治所設工官，是官營手工業作坊，王莽統治時稱子同工官，在王莽始建國五年的漆器銘文上就明白寫著「子同工官」，這件出土文物是廣漢郡治在梓潼的鐵證。任乃強先生在《四川上古史新探》一書中說：「廣漢郡……郡治不在平原沃野，而在山瘠水淺的紅土丘陵內之梓潼縣，後漢才徙郡治到新都……梓潼是一個民族聚居地，族大人眾，歷史悠久……族性頑強，不可能以武力征服，只可以高度的經濟文化去撫綏他們，使之逐步融合，所以秦漢必須在這個民族核心的故國都邑，加強示範領導。」任先生把梓潼設郡治的理由說得很清楚。

《華陽國志》說廣漢郡治的具體地點在繩鄉，《梓潼縣誌》（一九九九年版）已詳實地考證了繩鄉在今梓潼縣城北的連枝壩，有歷史文物為證，否定了《華陽國志》的註解中說的在今廣漢之北之說。漢

第三節　李白第一次隱居地點考辨

高祖分蜀郡北部為廣漢郡，當然是要把郡治設在廣漢郡的腹心之地，而雒城（今廣漢市）與成都相距不到百里，在這裡設郡治布局顯然不合理。從西漢初至東漢前期廣漢郡治一直在今梓潼連枝壩，東漢後期，羌民大起義，西元一一五年攻陷陰平、漢中、巴西、廣漢等地，廣漢郡治才遷到涪縣城（即今綿陽市），東漢王朝與羌民起義軍在川西北形成長期拉鋸戰的態勢，再後來才不得不又遷到雒城（即今廣漢市）。漢代的廣漢太守絕大部分時間駐在梓潼、涪縣，只有少部分時間駐雒城。李白將唐代的綿州刺史（當時管轄梓潼縣）稱之為廣漢太守是情理中事。「劉文」將李白說的廣漢太守換成漢州刺史，並說他到非管轄地的青城山去薦舉人才也合理，舉出了李邕、蘇頲、韓荊州等都有資格舉薦李白，其實這是兩碼事。廣漢太守去他的轄區舉薦本郡人才，是他應盡職責，執行詔書。而後者是李白前去干謁，請求他們推薦自己。總之，從「廣漢太守……詣廬親睹」這件事只能證明岷山之陽指江油匡山。

（一）青城山在唐代是很有名的道教聖地，唐玄宗還下詔書保護道教在青城山的權益。《新唐書．地理志》把青城山與岷山、峨眉山、鶴鳴山並列為劍南四大名山。如果李白確曾隱居於青城山，他可以直呼其名，何須轉一個彎稱之為「岷山之陽」？倒是因為匡山在當時還無多大名氣，於是就抬出一個赫赫有名的岷山來。

（二）匡山有確鑿的大量的李白遺蹟可尋。李贄說：「李白生時無所容入，死而百餘年，慕而爭者無時而已……死之處亦榮，生之處亦榮，流之處亦榮，囚之處亦榮。」（《焚書》卷五）因匡山是李白讀書處，故引來了無數人的瞻仰憑弔。五代杜光庭曾在江油住過一段時間，寫了《竇圌山記》，竇圌山與匡山遙遙相對，他望見匡山，懷念李白，寫了：「山中猶有讀書台，風掃晴嵐畫障開。華月冰壺依舊在，青蓮居士幾時來？」據現存的北宋宣和年間立的《讁仙祠堂記》碑可知，在立此碑之前早就有了讁仙祠，後經歷代重建擴建，至清代時規模已經相當大了，共有九個院落，龍安知府還在此地設了匡山書院。歷代詩人墨客在匡山留下了大量詩文，在《綿州志》、《龍安府志》、《江油縣誌》、《彰明縣誌》以及歷代保留至今的匡山碑刻上俯拾皆是，僅《江油縣誌》上就有三七首，其內容都是懷念李白。如明代進士戴仁《匡山》詩云：「青蓮居士讀書堂，萬古山名重大匡。故宅已非唐土地，殘碑猶有宋文章。蟬鳴遠樹宮袍爛，蜂釀寒泉鬥酒香。白髮蕭蕭歸未得，空餘猿鳴怨淒涼。」又如郭文涓《遊大匡山讀書台》：「詞客西遊訪謫仙，風流遺像儼依然。調高和寡真堪慟，大才難容更可憐。」從宋代以來的碑刻、地方志上，已經確認江油大匡山是李白的隱居處。

反觀青城山，找不到一處李白隱居讀書的遺蹟，李白遺留下來的上千首詩，無一首是詠青城山的，歷代詩人墨客遊過青城山的，寫過不少的詩，僅《青城山志》（王文才撰）上收集的就有八十八首，其中無一首提到李白。杜甫上青城遊覽，寫了好幾首詩，無一句提到李白。若李白真的在青城隱居過，杜甫一定會去瞻仰摯友的故居，寫詩懷念，然而沒有，這只能證明李白未隱居過青城。杜光庭的《讀書台》也不是寫的青城山，《青城山志》專門作了考辨：「按舊志誤題路游《讀書台》詩，不見於《劍南稿》中，實是杜光庭作，見《全唐詩》卷八五四，詩云：『猶有讀書台』，『依舊在』，乃言『青蓮居士』之故台，非光庭之台甚明。詩亦不言台在青城，蜀中傳為李白讀書處所在，非只一地，更不得附會李白遺址於此山。」劉友竹先生在《青城山志．畫目》中找到一句話：「李蕃，成都人，工畫……翻天王二壁於青蓮院」，說「此宋代道觀中之青蓮院，當為紀念李白而建修」，李白號青蓮居士，但青蓮與李白不能畫等號。青蓮在佛書中比譬眼目，也借指僧寺，李白詩中有「怡然青蓮宮，永願恣遊眺」（《與元丹丘方城寺談玄作》）。李白自己詩中的青蓮宮絕不是紀念他的。宋之問《宿雲門寺》：「龕緣綠筱岸，遂得青蓮宮。」宋之問寫此詩時，李白還沒出名，因此不能一見到青蓮院或宮就說紀念李白。《別匡山》、《不見》是李白隱居匡山的確證北寧熙寧元年（一〇六八）立在大匡山上的《敕賜中和大明寺住持記》碑，記載了該寺的歷史，談到了李白在山上讀書的情況及《別匡山》詩。碑文如下：

> 太白舊山，大明古寺，靠戴天之山……地連獸目，名茶雅載於陸經，往來多好鳥珍獸，下生台兮略無悚惕……掛薜蘿之老檜參天，瀉瀑布之寒泓浴日，唐而興建，魚鼓喧闐，迄我宋而葺修，鐘梵響，僅五百載星霜歷七八代焚點住持，古碑昔貞觀中，始祖師法雲，不知姓氏，號長眉僧駭智，識以孤高，卜基創止宅，此喬林跨谷憑危界成梵苑，蹶當時之德望，為護法之宗師，歲之後，唐第七主玄宗朝，翰林學士李白字太白，少為當縣小吏，後止此山，讀書於喬松滴翠之平有十載詔鑾殿殊榮，脫白衣而入翰林，草檄蕃而喧紫禁。厥初，有題是寺詩云：「曉峰如畫參差碧，藤影搖風拂檻垂。野徑來多將犬伴，人間歸晚帶樵隨。看雲客依啼猿樹，洗鉢僧臨失心戀清境，已將書劍許明時。」丁醜中（九七七）內翰太原公禹稱嘗有謫仙序曰：「觀謫仙之容，態秀恣清，融融春露，曉濯金莖。謫仙之奇，才俊氣清，冷冷碧江，下寢秋石。」……中和三年（八八三）癸卯僖皇在蜀，邑人何宗敏詣闕進狀，稱當寺有觀音泉，江流不斷，迦葉蓋足以長存……敕賜中和大明寺額……大宋乾德六年戊辰（九六八）十二月三日釋迦大象放光慶喜……戊申熙寧改元，漸及縱之歲又鑄蒲牢一架，創立璇琰一廳……時熙寧元祀龍集戊申（一〇六八）十月十日立謹記。

此碑文乃研究匡山歷史的第一手資料，其中很清楚地記載了匡山創建寺廟的時間是唐貞觀年間，創建者是長眉僧駭智，唐玄宗開元年間，李白上山讀書，唐末中和年間逃到四川的僖宗「敕賜中和大明寺額」，北宋時又經幾次擴建，至立碑時上距寺廟創建已有五百年歷史了。

「劉文」說：「這裡有一個明顯的破綻：大明寺乃在唐僖宗中和年間敕賜興建，早在一百二十年前就已經去世的李白怎麼會到寺裡來題詩呢？」很可能是劉先生沒有讀過「住持碑」的全文，如果讀過碑文，絕不會提出這種質疑。碑文上明明寫著建寺在唐太宗時，而李白在該寺讀書是唐玄宗時，有何破綻？怎麼能把僖宗題寺額看成該寺興建之時呢？《別匡山》是否為李白所寫？碑文中也說得很清楚。先敘述李白少年當小吏，再談上山讀書，再說李白入翰林，草和蕃書，然後說：「厥初有題是寺詩云。」厥者，其也，是個代詞，指代誰呢？當然是指李白告別匡山，出蜀之初。絕非劉先生理解的「先前就有了這首詩」，試問「先前」又是誰題這首詩呢？難道寺內的和尚能題得這首有遠大政治抱負的詩嗎？劉先生給這首詩安了一個題目：《題敕賜中和大明寺》，這就有些題不對文了，詩中毫未談到皇帝賜寺名的事，而且賜寺名是在唐末，距興建該寺已二百多年了，怎麼會是「厥初」呢？

在大匡山上還有一塊北宋碑，也很明確地指出是李白題《別匡山》。北宋宣和五年癸卯（一一二三）彰明知縣立了《謫仙祠堂記》，正面敘述了匡山的歷史：

敕建大匡山李太白祠堂記。彰明縣之西北數十里，群山巍峨，孤峰秀拔，蓋不減岷峨氣象意其英靈秀行，氣蟠郁於此，考之《圖經》，詳之地誌，實曰匡山，而唐謫仙祠堂在焉，其然乎，其不然乎？杜甫所謂匡山讀書處豈其是耶？或謂謫仙實李唐宗室，以罪徙西域，後遁還，生於巴西。……初觀綿州刺史高記之於前，縣令楊遂記之於後崔令欽之文泛論其出處，楊天惠作石刻於縣廨之西廳，蓋必得其詳矣……在彰明之舊第，其跡顯然，歷歷可考，則匡山之遺蹟，能信之可也。山舊有讀書台，其側有僧寺曰大明寺，名存實亡，廢久不治，宣和己亥之仲秋……命鳩材作屋四十椽，前敞軒楹，中設繪像，英靈似在，美哉，佳哉！吾鄉盛事，庶幾不泯也。

此碑背面碑文是：

曉峰如畫參差碧，藤影搖風拂檻垂。來多將犬伴，人間歸晚待樵隨。看雲客依啼猿樹，洗鉢僧臨失鷺池。莫怪無心戀清境，已將書劍許明時。觀太白辭匡山時，詠此其感賦何為哉！今但有空山故跡令人想嘆。僧道寂將結亭大檜下，刻詩於石，遂寧楊世芳為之書，簡池劉伯熊跋。癸卯孟夏。

此碑是李白讀書於匡山的明證，也肯定了李白離山時寫了《別匡山》。「劉文」說：「李白生平不喜作七律，而這首七律問題頗多……格調平庸，不類太白手筆。」李白平生不喜作七律，並不等於沒有作過七律，現存的一千多首李白詩中有十幾首七律。李白學詩還是從律詩入手的，據《彰明逸事》云：「時太白齒方少，英氣溢發，諸為詩文，微類宮中行樂詞體。今邑人所藏百篇，大抵皆格律也。雖頗體弱，然短羽褵褷，已有鳳雛態。」李白的青少年時期正是「沈宋」體律詩流行之時，他不能不受當時文風的影響，因而少作「大體皆格律也」。這首《別匡山》是七律，恰好證明是李白早期作品。這首詩格調絕非平庸，而是氣勢非凡。詩的前幾句給我們展現了一幅雄奇而幽美的匡山美景，從中透露出詩人對匡山的一片深情，但匡山雖美，卻無心留戀，因為詩人已下決心把自己的文才武藝奉獻給偉大的時代。「莫怪無心戀清境，已將書劍許明時」，表現了李白遠大的政治抱負和強烈的獻身熱忱，與《上安州裴長史書》所說的「大丈夫必有四方之志」的思想情感是完全一致的，李白的一生既酷愛大自然，又充滿政治熱情，這首詩恰好表現了這種性格，可以說不是李白就寫不出這首詩。若要從這首詩個別地方挑剔一點平仄對仗不工來否定它是李白的作品，不過是捨本逐末。何況個別字在流傳過程中出現一些差異也不足為奇，如「劉文」說詩中有「兩個晚字反覆」，按北宋《謫仙祠堂記》碑為「曉峰如畫參差碧……人間歸晚待樵隨」，從早晨寫到黃昏，沒有兩晚字反覆的問題。

「劉文」說《全唐詩》、《李太白文集》均未收，李調元、史炳沒有說李白有詠匡山的詩，因此《別匡山》非李白作品。如果說前人沒有發現的就不允許後人再發現，那麼歷史就不會前進，學術也不會發展了。前人沒有將《別匡山》收入李白詩集，今天我們發現並證明了確為李白作品，為李白集增添新的內容，又有何不可！安旗、薛天緯先生編的《李詩咀華》不是把《別匡山》列為該書的第一首嗎？其實《別匡山》詩宋人早就發現了，王象之撰寫，李調元補記的《蜀碑記補》卷六就指出：「匡山碑，鐫李白出山詩。」後來的《四川通志》也提到了李白的出山詩。總之，《別匡山》絕對是李白所作，也是他隱居於匡山的確證。

杜甫的《不見》也是李白隱居讀書於匡山的證據。詩中云：「匡山讀書處，頭白好歸來。」這個匡山究竟在哪裡，歷來有所爭議。「劉文」引了一些否認匡山在江油的說法，其實主張匡山在江油的還大有人在。早在宋代的《綿州圖經》、《能改齋漫錄》、《彰明逸事》、《方輿勝覽》、《蜀碑補記》、《九家集注杜詩》等書都認為匡山在蜀，非匡廬。其後，明代的楊慎、曹學佺，清代的楊倫，現代的郭沫若、肖滌非、安旗、郁賢浩、鄧魁英、徐放……諸位先生都認定杜詩中的匡山在蜀，他們都有精闢的論證。「劉文」中說仇兆鰲認為匡山指廬山，那是誤解，查《杜詩詳註》卷十，仇兆鰲在《不見》下注云：「此懷李白而作也，敏捷千篇，見才可憐，飄零縱酒，見狂可哀，歸老匡山，蓋憫其放逐而望其生還，始終是哀憐意……太白蜀人，而公亦在蜀，故雲歸來。《丹鉛錄》謂指彰明縣南之匡山，若以為匡廬，太白非九江人，何得言歸來乎！」這段話明明是仇兆鰲本人的意思。為了諸說並存，又在其後的「附考」中引用了洪邁《客齋三筆》轉引的吳曾《能改齋漫錄》，杜田《杜詩補遺》等的看法：「匡山在蜀，非廬山也。」最後才列了黃鶴的看法：匡山指廬山。我們怎能把黃鶴的看法強加在仇兆鰲的頭上呢？「劉文」還引用了姚寬《西溪叢語》：「杜詩云：『匡山讀書處，頭白好歸來。』李太白青州人，多遊匡廬，故謂之匡山。《綿州圖經》云：『戴天山在縣北五十里，有大明寺，開元中李白讀書於此寺，又名大康山，即杜甫所謂康山讀書處也。』恐《圖經》之妄。」「劉文」接著說：「姚寬本意在指出《綿州圖經》是胡說八道。」其實這明明是姚寬見解謬誤，他相信了《舊唐書》的說法，認李白為青州（山東境）人，在這一錯誤前提下否定《綿州圖經》，豈不謬哉！

「劉文」據杜詩錢謙益和仇兆鰲注本中的「好一雲始」，把「頭白好歸來」改為「頭白始歸來」，又說杜甫寫《不見》是「他此次（上元元年）重上廬山，杜甫是知道的」。因此才說「『匡山讀書處，頭白始歸來』，即李白已經回到匡（廬）山了」。這麼一改把《不見》弄得面目全非了，直接違背了詩人本意。《不見》的註明明寫著「近無李白消息」，怎麼能說杜甫知道李白重返廬山呢？此時杜甫正在李白故鄉，希望李白「葉落歸根」，回到故鄉來與之見面，乃人之常情。「劉文」硬說「李白這時不想歸蜀」，「他怎麼會產生要李白歸蜀的不情之請呢？」「劉文」中列舉的李白不想歸蜀的理由是：（一）長流夜郎遇赦後未回故里；（二）「西蜀士大夫階層」「皆欲殺」李白，杜甫不會「貿然敦勸李白回到危機四伏的故鄉來」。此兩點理由都站不住腳。李白遇赦東下距杜甫寫《不見》已經三年多了，初遇赦時他的政治雄心尚未泯滅，在《自漢陽病酒歸，寄王明府》中云：「今年敕放巫山陽，蛟龍筆翰生輝光。聖主還聽《子虛賦》，相如卻欲論文章。」他未回故鄉，而去江夏一帶，是想得到韋良宰等人的推薦，得到皇帝的重用，施展他的政治抱負，與他的「莫怪無心戀清境，已將書劍許明時」的思想情感是一致的。這不能說他不留戀故鄉。李白思蜀、頌蜀之詩有三十餘首，在他去世前一二年，貧病交加，窮愁潦倒，自感報國無門時，對故鄉的思念就更為強烈，他在寶應元年暮春寫的《宣城見杜鵑花》：「蜀國曾聞子規鳥，宣城還見杜鵑花。一叫一迴腸一斷，三春三月憶三巴。」其思鄉之情何等強烈！如果當時他的健康情況和經濟條件允許的話，肯定他會回故鄉來的，這首詩與杜甫的「匡山讀書處，頭白好歸來」可以說是心心相印。再說「世人皆欲殺」也不能理解為「西蜀士大夫想殺李白」，「世人」明明是指長著世俗的勢利眼之人，這種人在李白晚年流浪處又何嘗沒有？而李白故鄉的百姓卻是和杜甫的心情一樣，歡迎李白回鄉安度晚年。遠離塵世干擾的清幽的匡山，絕非「危機四伏」的險地。

這裡還要特別指出的《廬山志》並沒有將「匡山讀書處」爭到廬山，而是客觀地說：「杜子美詩云：『匡山讀書處，頭白好歸來』，此言匡山乃彰明之大匡山，非潯陽廬江郡之匡廬山……杜公之詩或祝其生於斯者歸於斯，又或以己之客望客之歸。」

「劉文」說，「綿州昌明縣大匡山，唐代未見著錄」，此話不確。如上所述，最早提出匡山之名的就是唐人杜甫。他曾幾次路過綿州，還住過大半年，曾登綿州越王樓，在那裡能清楚地看到西北方向的戴天山、大匡山，對他親密朋友的讀書處當然是有所了解。到北宋初期為避趙匡胤之諱，才改大匡山為大康山。在《住持記》碑文中又稱「太白舊山」，此又與李白詩《冬日歸舊山》相符合，可見匡山有三個名，康山之名在後，從改「匡」為「康」就已經說明早在趙匡胤之前就有匡山之名了。到了北宋末年，距趙匡胤的時代已經很遠了，才重提匡山之名，如《謫仙祠堂記》碑。南宋高宗時吳曾《能改齋漫錄》和孝宗時的郭知達《九家集注杜詩》都引用了杜田的《杜詩補遺》：「范傳正李白新墓碑云：『白本宗室子，厥先避仇，客居蜀之彰明，太白生焉。』彰明，綿州之屬，邑有大、小匡山，白讀書於大匡山，有讀書堂尚存，其宅在清廉鄉，後廢為僧房，號隴西院，蓋以太白得名，院有太白像及綿州刺史高柷及崔令欽記。」王琦說：「當塗所刊太白集，其首載新墓碑，宣、歙、池等州觀察使范傳正撰，凡千五百字，初無補遺所記七十餘言，豈非好事者偽為此書。」「劉文」又據王琦的意思說杜田偽造「范碑」，這實在是枉冤了杜田。細讀杜田的「七十餘言」只有前十餘字來自「范碑」，雖未引原文，而意思是一致的。從「彰明」以後乃是他自己調查得來，並非「范碑」上的。這段話與《謫仙祠堂記》碑文及楊天惠的《彰明逸事》有共同之處，三者都提到了唐綿州刺史高柷，說他在李白故里立有碑記。高柷實有其人，據《桂苑筆耕集》卷四《謝弟兄柷再刺綿州刺史狀》所載他是唐末中和、光啟年間任綿州刺史，他在李白故里立碑是完全可能的。《杜詩補遺》和《謫仙祠堂記》都提到「崔令欽記」，崔令欽與李白同時，他曾到西蜀，在李白故里寫碑記也是可能的，可惜這兩通唐人碑記現在還沒找到，不過宋代楊遂的《舊宅記》和楊天惠的《彰明逸事》還在，可與杜田的說法相印證，不應輕易貶為偽造。

戴天山、匡山都是客觀存在，誰也偽造不了，否認不了。從宋代的《綿州圖經》到明清時的《四川省志》、《綿州志》、《龍安府志》、《江油縣誌》、《彰明縣誌》等都記載了戴天山、匡山上的李白遺蹟。不過對於戴天山與匡山是否是同一座山有不同的提法，實際情況是匡山是戴天山腳下的一座小山頭，從匡山到戴天山主峰約五十華裡，戴天山與匡山都是岷山山脈中大小不同而又緊密聯結的兩座山，所以楊遂《舊宅碑》說：「先生舊宅在清廉鄉，後往縣北戴天山讀書。」只說戴天山而未說大匡山，不過指出位置在「縣北」，《彰明逸事》稱「戴天大匡山」，《四川通志》說「大匡山又名戴天山」，《綿州志》（同治版）：「大匡山避諱作康山，其山顛名戴天山，李白讀書匡山，有訪戴天山道士不遇詩。」《江油縣誌》：「戴天山，在大匡山頂，上有飼鶴池故跡，即李白訪道士不遇處，瓦礫纍纍皆是，其為當日寺觀可知。」《彰明縣誌》：「大匡山治北三十里，宋楊天惠避諱作康山，其山巔名戴天山，李太白讀書匡山有《訪戴天山道士不遇》詩，杜子美『匡山讀書處，頭白好歸來』俱指此，今入江油。」《綿州志》、《江油縣誌》和《彰明縣誌》的記載是符合實際的。筆者從小生活在匡山之麓，多次遊匡山，曾專程考察戴天山，二者位置已經弄清。

匡山是指大明寺所在地的那座山。山腰有幾十畝寬的一塊平地，即「住持碑」上說的「李白……讀書於喬松滴翠之平」。也就是大明寺、匡山書院的遺址所在地，背靠佛爺包，面向江彰平原，左右各有一座較矮的山梁，左邊叫鳳凰嶺，右邊叫桃子山，這三座山恰似一把巨大的椅子，大明寺正好坐落在椅子上。《名勝志》云：「高聳亭亭，形如匡字」，又一說「山形如筐」。總之，匡山之名從山的形狀得來。匡山又名舊山，「住持碑」云：「太白舊山，大明古寺，靠戴天之山」，這說得很確切。匡山只不過是戴天山前一座小山，海拔約八百公尺，匡山背後連峰接岫，一峰更比一峰高，從匡山大明寺遺蹟往上爬，到魏門關，海拔一千五百多公尺，過魏門關進入吳家後山的範圍，今屬江油市大康鎮旱豐村九組，上有七十四戶人家，大多數姓吳，是清初大移民時從陝西省遷來，才將此處取名吳家後山，吳家後山由許多山峰山巒組成，其中最高峰至今仍名戴天山，又叫尖包頂、掛寶山、蓋天山，頂峰達兩千一百公尺。在頂峰之南面有一塊約兩百平方公尺的平地，原有房基，周圍箭竹根不能竄入，只長矮草，有層積的灶灰，厚六十多公分。其位置與《江油縣誌》記載相符合，應是舊日道觀遺址。一九九一年道教徒根據他們的祖師的啟示，披荊斬棘找到這處遺址，重建了一座道教小廟，內供太白星君。據住此廟的王道士、張道士說：「唐代此處已有道觀，李白曾在此求仙尋道。李白乃太白星君下凡，所以要供奉他的像。」此廟坐北向南，正對峹華山和乾元山金光洞，峹華山相傳為峹華老祖修煉之地，金光洞相傳為太乙真人修煉之處，唐宋已有道教徒居住，金光洞內至今仍存有數十尊宋代道教石刻造像。每年都有海內外的道教信徒前來朝拜，可見此地自唐宋以來一千餘年，「道風未淪落」。從大匡山至戴天山需半天路程，沿途瀑布飛泉，爛漫山花、翠竹、青松、碧峰、翠巒，與《訪戴天山道士不遇》描寫的風光可以一一對應。「劉文」說：「一九八四年春節專程往江油考察，親自攀登了大、小匡山……此山乃石頭山，只有很薄的零星的風化土，山腰以上沒有樹木，也不大可能生長樹木，這是一個單調的禿頭山，沒有碧峰，沒有飛泉，也沒有水池——連痕跡也沒有。我認為，這樣的大匡山絕不可能是戴天山。」這些記敘只是反映了大匡山一個短暫的時期，一個片段的情況。這種情況絕不是一九五八年大煉鋼鐵，大砍森林之前的情況，也不是改革開放，封山育林以來，今日大匡山的情況。「劉文」僅僅記敘了登上八百公尺高的大匡山看到的情況，大匡山後，連峰接岫，山路險峻，一直到海拔兩千多公尺的戴天山，這沿途風光，劉先生還未涉足，怎能輕易判斷「絕不可能是戴天山」。

「劉文」否定了戴天山在江油，又將它搬到青城山。其依據是《山海經．大荒北經》上的一句話：「大荒之中有山名曰成都載天。」「劉文」認為逸事、傳說、碑碣、方志都算不得史料，不可作為依據，而又將《山海經》奉為典經，其實《山海經》也不過是周秦至漢代的一些人偽托禹、益，收集、整理的古代神話、民間傳說，其中的貫胸國、小人國、三首國、奇肱國、人面雞、九尾狐、三足龜、無口羊……夸父追日、精衛填海等，當然不是歷史真實。硬要在這本古代神話集中找出一句話，證明戴天山在青城山，實在是沒有多大說服力。《山海經》也反映了古代歷史、地理、物產等情況，但也不能證明李白訪道的戴天山就是青城山。《大荒北經》記的顯然不在西蜀範圍。「劉文」引用的那句話的前後文是：「東北海之外，大荒之間，附禺之山……大荒之中，有山曰不咸，有肅慎氏之國……有北齊之國，姜姓……大荒之中，有山名先檻大逢之山，河濟所入，海北注焉，其西有山，名曰禹所積石……大荒之中有山名成都載天，有人珥兩黃蛇，把兩黃蛇，名曰夸父……夸父不量力，欲追日景，將飲海而不足也，將至大澤，未至死於此。」其中能查到的「肅慎氏之國」為滿族祖先，在黑龍江中下遊，積石山在黃河上遊，河、濟都在北方，「大澤」，據畢沅註解指瀚海，在今蒙古人民共和國，與四川相距萬里，「劉文」將《大荒北經》中的成都載天山搬到四川來，搬得也太遠了。在《山海經．中山經》中記載有四川的山，如「岷山，江水出焉，東北流注入海」。在記四川的《中山經》裡卻找不出成都載天山。這說明《大荒北經》裡的「成都載天山」根本就不在四川。再說「載」與「戴」，形音義都不同，也不是那麼隨便就可通假的。「劉文」在成都載天山、成都山、青城山、戴天山之間隨意畫上等號，是沒有可靠依據的。「劉文」引用的北宋張俞詩句「元真戴天坐，執印朝軒轅」，硬要解釋成元真坐在戴天山上，其實這句話意思很明白，元真頂天而坐，說明他高大。「劉文」又引《全唐文》徐太亨《青城山丈人祠廟碑》：五嶽丈人「服朱光之袍，戴蓋天之冠，佩三庭之印」也與戴天山有關，這就是很明顯的牽強附會了，這個「戴」明明是個動詞，「戴冠」怎麼扯到「戴天山」呢？「劉文」一方面說，宋代以後的人寫的都不可靠，「根據後代的圖經、方志，說『江油有個戴天山』，這是繼續傳訛」，另一方面自己又在引用宋人的詩，甚至是現代人寫《道教論稿》、《青城山志》，來證明「青城山又名戴天山」，這不是自相矛盾嗎？再說《青城山志》也有幾種，王文才先生寫的《青城山志》就對李白未隱青城作了考辨（引文前見），結論是「不得附會李白遺址於此山」，王先生結論是有充分依據的。「劉文」引用的王純五主編的《青城山志》雖認為「大面山支脈古稱『成都載天山』」，但並未說李白曾隱於青城山，在「古遺蹟」這一節中，隻字未提李白。王家佑先生的《道教論稿》，兩次提到江油境內道教名山代天山，特別在一處說：「江油有天倉山……有代天山（大匡山頂），與青城的成都代天山同名。」「劉文」只承認青城山有戴天山，而否定江油有戴天山，這是違背了王家佑先生的原意。

總之，李白隱居的岷山之陽就是江油大匡山，戴天山就在大匡山的後面。

第四節　李白蜀中詩作

李白在蜀中生活了二十五年，詩作肯定不少，據《彰明逸事》載：「時太白齒方少，英氣溢發，諸為詩文甚多，微類《宮中行樂詞》體。今邑人所藏百篇，大抵皆格律也。雖頗體弱，然短羽褵褷，已有鳳雛態。淳化中，縣令楊遂為之引，謂是少作是也。」可見在北宋初，李白少作尚存留百篇。後來晁公武《郡齋讀書志》說：「蜀本太白集，附人左綿邑人所裒白隱處少年所作詩六十篇，尤為淺俗。」王琦在編《李太白全集》後附《年譜》中，確定為蜀中所作的有《蟾蜍薄太清》、《訪戴天山道士不遇》、《登峨眉山》、《登錦城散花樓》、《大獵賦》、《明堂賦》等六篇，在《詩文補遺》中收入《贈江油尉》、《題竇圌山》、《春感》、《謝令妻》、《山火續句》、《觀漲續句》等，可能為蜀中所作的有《初月》、《雨後望月》、《對雨》、《曉晴》、《望夫石》、《冬日歸舊山》等六首，還有一首《題峰頂寺》，在注中引用《太倉稊米集》說這首詩是「李白在襁褓中」作「上樓詩」，總共詩十四首，賦二篇，題句或續句三則。此外還有兩則雜題：《題上陽台》：「山高水長，物象千萬，非有老筆，清壯何窮？」陽台在巫山，應是出蜀時所題。「夜來月下臥醒，花影零亂，滿人衿袖，疑如濯魄於冰壺也」。據《方輿勝覽》記載是李白在眉州彭山縣象耳山所題。

清代的《彰明縣誌》收李白在故鄉詩作有《題普照寺》、《贈竇主簿》、《訪戴天山道士不遇》、

《太華觀》、《題江油縣尉廳》、《冬日歸舊山》、《別匡山》等七首。《江油縣誌》（光緒版）與《彰明縣誌》小有出入，無《題普照寺》、《冬日歸舊山》，增加了《題竇圌山》，共六首。《龍安府志》（道光版）收有《贈竇主簿》、《訪戴天山道士不遇》、《別匡山》、《太華觀》、《題江油尉廳》等五首。地方志比《李太白全集》多了《別匡山》和《太華觀》兩首。《題普照寺》很明顯是題浙江天台山普照寺，江油雖有普照寺，但是明代所建，顯然李白不會在此題詩。《贈竇主簿》是李白在安徽敬亭山所寫，也不是蜀中少年之作。

安旗先生主編《李白全集編年註釋》確定為李白蜀中詩作有：《初月》、《雨後望月》、《對雨》、《晚晴》、《望夫石》、《題竇圌山》、《訪戴天山道士不遇》、《贈江油尉》、《尋雍尊師隱居》、《登錦城散花樓》、《春感》、《上李邕》、《酬宇文少府見贈桃竹書筒》、《登峨眉山》、《冬日歸舊山》、《別匡山》、《峨眉山月歌》、《巴女詞》、《自巴東舟行經瞿塘峽登巫山最高峰晚還題壁》、《宿巫山下》等二十首，《擬恨賦》、《明堂賦》、《大獵賦》等三篇。收集比較全面，但也還有需補充論述的。

李白少作在故鄉一直流傳，有些已選入李白集或收入地方志，大部分失傳，還有一部分保留在青蓮場蕭吉洲老人的手抄本上，其中有李白少作《石牛詩》、《螢火蟲》、《上樓詩》等，還有作這幾首詩的傳說故事。

《石牛詩》又名《詠石牛》：

此石巍巍活像牛，埋藏是地數千秋。
風吹遍體無毛動，雨滴渾身似汗流。

芳草齊眉難入口，牧童扳角不回頭。
白來鼻上無繩索，天地為欄夜不收。

這首詩各李白詩集上都沒有，一直在民間流傳。李白所詠的石牛的確存在，《彰明縣誌》載：「石牛溝，其石狀如牛，每作祟踐食田苗，為世人窺見擊損，今石尚存。」石牛溝在青蓮鎮武家坡西南二華裡，有一頭在天然長成的基礎上加以人工刻飾的石牛，考古專家鑒定為唐代雕刻風格，粗獷質樸，列為一級文物，陳列在李白紀念館。李白的這首詩天真自然，語言清新，表現了詩人追求自由的理想。這首詩大約作於十歲左右，同時期還有一首《螢火蟲》：

雨打燈難滅，風吹色更明。
若飛天上去，好作月邊星。

這首詩從一個兒童的眼光和心態觀察世界，抓住了螢火蟲的特點，並天真地幻想要到天邊去陪伴明月。這首詩在一般的詩集中都未收集，而在英國翟理斯教授編的《漢詩英譯》中卻收了李白的這首詩，只是詩題叫《螢火》，第四句為「定作月邊星」，僅一字之差，詩後註明：「李白十歲時即席作。」這與青蓮民間傳說相符，李白十歲時隨父參加友人宴會，大家要考一下這位神童的詩才，命題作詩，即席吟得。

在《漢詩英譯》中還有一首註明為李白十歲時即席作的五言詩《即景》，丁稚鴻先生還原成漢詩：

龜棲蓮葉上，鳥築荻花洲。
桂棹誰家女，漁歌逐水流。

據丁稚鴻先生考證，這首詩從風格上看，屬李白少作，後人在編《李白集》時，將這首詩稍加改動，抄成了《姑熟十詠》中之《丹陽湖》的後四句。《丹陽湖》：「湖與元氣連，風波浩難止。天外賈客歸，雲間片帆起。龜遊蓮葉上，鳥宿蘆花裡。少女棹輕舟，歌聲逐流水。」前四句氣勢恢宏，風格豪放，又是一首完整的五言絕句，是李白的成熟之作。而後四句實寫小景，語言淺近，顯係少作。

傳說李白少作的還有一首《上樓詩》：

危樓高百尺，手可摘星辰。
不敢高聲語，恐驚天上人。

據周紫芝《太倉稊米集》卷三十四：「唐人載：李白襁褓中，其家人攜之上樓，問頗能詩否？即應聲作絕句一首。」按這種說法，這首《上樓詩》應是李白最早的創作，「襁褓中」即能作詩未免誇大了李白的天才，不盡合情理。據青蓮民間傳說，《上樓詩》與《螢火蟲》同樣是李白隨父赴宴時所作，有一定可信度。詩中表現了兒童的天真與大膽想像，與《螢火蟲》風格一致。邵博《邵氏聞見後錄》卷十八：「舒州峰頂寺有李太白題詩：『夜宿峰頂寺，舉手捫星辰。不敢高聲語，恐驚天上人。』曾子山始見之，不出於集中，恐少作耳。」此外趙德麟《侯鯖錄》又說是：「曾阜為蘄州黃梅縣令，有峰頂寺，去城百餘里，在亂山群峰間，人跡所不到。阜按田偶至其上，梁間小榜，流塵昏晦，乃李白所題詩也。其字亦豪放可愛。」詩與邵博記載相同。蘄州黃梅縣與舒州相鄰，峰頂寺可能屬舒州管轄，故邵博說是舒州峰頂寺。此詩與《上樓詩》第一句不同，很可能是李白少年時作《上樓詩》，後遊峰頂寺，見景生情，將少作改了一句，題於寺中。

《石牛詩》、《螢火蟲》、《即景》、《上樓詩》應是李白十歲左右的詩作，語言淺直，未用典故，自然天真，且帶有兒童式的幻想。

王琦注《李太白文集》的《詩文拾遺》中錄自《文苑英華》有五首，認為是李白少作。

初月

玉蟾離海上，白露濕花時。
雲畔風生爪，沙頭水浸眉。
樂哉絃管客，愁殺戰征兒。
因絕西園賞，臨風一詠詩。

雨後望月

四郊陰靄散，開戶半蟾生。
萬里舒霜合，一條江練橫。
出時山眼白，高後海心明。
為惜如團扇，長吟到五更。

晚晴

野涼疏雨歇，春色偏萋萋。
魚躍青池滿，鶯吟綠樹低。
野花妝面濕，山草紐斜齊。
零落殘雲片，風吹掛竹溪。

對雨
捲簾聊舉目，露濕草綿綿。
古岫披雲毳，空庭織碎煙。
水紅愁不起，風線重難牽。
盡日扶犁叟，往來江樹前。

望夫石
彷彿古容儀，含愁帶曙輝。
露如今日淚，苔似昔日衣。
有恨同湘女，無言類楚妃。
寂然芳靄內，猶若待夫歸。

宋代晁公武在蜀中做官時，寫了《郡齋讀書志》，其中說：「蜀本太白集附入左綿邑人所裒白隱處少年所作詩六十篇，尤為淺俗。」這說明他曾看到過李白故鄉人為李白少作編的詩集，但這本集子已失傳。王琦說：「今蜀本李集亦不可見，疑《文苑英華》所載五律數首或即是歟？」對於《初月》等五首律詩是否為李白少作，歷來有爭議。晁公武對李白少作是否出自李白之手錶示懷疑，其主要理由是說這些詩「淺俗」，「白天才英麗，其辭逸蕩雋偉，飄然有超世之心，非常人所及。讀者自可別其真偽也」。這種看法是不妥的，他忽略了詩人的成長過程，似乎李白天生下來作的詩就不淺俗，就具有「逸蕩雋偉，飄然有超世之心」的風格，否則就不是李白作的詩。這不是以變化發展的觀點看問題。魯迅先生說：「即使天才，在生下來的時候的第一聲啼哭，也和平常的兒童的一樣，絕不會就是一首好詩。」（《未有天才之前》）正因為它「淺俗」，說明它是李白少年的不成熟之作。其實楊天惠的評價是公允的，一方面說李白少作「雖頗體弱，短羽褵褷」，即羽毛初長，尚未成熟，但另一方面是「已有鳳雛態」。《初月》等五首律詩正有這些特點：（一）語言平直，不夠雋永；（二）造句有人工雕琢痕跡，明顯看出是少年習作；（三）開始用典故，如「玉蟾」、「西園」、「湘女」、「楚妃」這是說明他已經讀了不少書，與他前一階段的《螢火蟲》、《詠石牛》、《上樓詩》不同；（四）直接寫景，而且景物形象重複率很高，看不出詩人情感活動，沒有做到情景交融；（五）都是五言律詩，合符楊天惠說的李白少作「大抵皆格律也」；唐人學詩，律詩是必修課，李白也不會例外。如學書法，先學楷書，循規蹈矩，「戴著鐐銬跳舞」，而後才可能「隨心所欲不踰矩」。這五篇都是五律，也可證明為少作，不能因為後來李白不喜歡寫律詩，就說李白少年也未寫過律詩。（六）清新流暢，不乏佳句，「已有鳳雛態」。如「萬里舒霜合，一條江練橫」，「魚躍青池滿，鶯吟綠樹低」，「零落殘雲片，風吹掛竹溪」。

安旗主編《李白全集編年註釋》將這五首詩係於開元三年（七一五）李白十五歲時，有一定道理。當然也不必看為全都是那一年所作，大約在十五歲前十二年，還未離開青蓮鄉時。從詩中描寫的景色看，與青蓮鄉環境相符合，如「一條江練橫」應指盤江，「古岫披雲毳」指遠望大匡山、戴天山、紫雲山上的薄霧雲紗。「盡日扶犁叟，往來江樹前」描寫盤江之濱，青蓮壩的農民。

李白十五歲做小吏，有《謝令妻》、《山火續句》、《觀漲續句》，已如前述，當小吏僅半年，到匡山隱居，不時尋仙訪道，創作詩歌。其中最有名的是《訪戴天山道士不遇》：

> 犬吠水聲中，桃花帶露濃。
> 樹深時見鹿，溪午不聞鐘。

野竹分青靄，飛泉掛碧峰。
無人知所去，愁依兩三松。

這是一首工整的五言律詩，透過景色的變換寫山行的過程，以清新明麗的筆調，展開了一幅清幽秀麗的山水畫卷。全詩合律，對仗工整，而又是信手寫來，不露斧鑿雕飾之痕，寫作造詣已達很高水平，因此許多李白詩選，幾乎都把這首詩選為李白早期創作的第一首。

在李白寫《訪戴天山道士不遇》的同一時期還寫了《尋雍尊師隱居》：

群峭碧摩天，逍遙不記年。
撥雲尋古道，倚樹聽流泉。
花暖青牛臥，松高白鶴眠。
語來江色暮，獨自下寒煙。

蘇仲翔先生的《李杜詩選》認為這首詩與《訪戴天山道士不遇》「皆李白早年作品，自然淡泊，不著痕跡，已非後來面目」是很有見地的。兩首詩內容相近，都是寫當天的見聞，寫山林美景。兩詩意境相同，以求師訪友為中心，而尋訪的人物都未出場，著力渲染有聲有色，有動有靜的山水花木，峭壁飛泉。幽美絢麗的景色烘托出淡淡的愁思與悵然。兩首詩都是五律，對仗工整，格律嚴謹，與《彰明逸事》所說，李白少作，「大抵皆格律也」相合。兩首詩寫的地點相近，《尋雍尊師隱居》應當是與戴天山相鄰的太華山，詩中的景色與太華山完全相同，太華山上唐宋時有道觀。《龍安府志》云：「太華山在縣西北四十里，山峰奇秀，有似西嶽，上有太華觀。」太華山下平通河邊有雍村，歷來是雍姓所居，《江油縣誌》云：「雍村在縣西北，宋進士雍繁孫所居。」至今這裡的雍姓還是大姓。李白去雍村上面的太華山訪問一位姓雍的尊師，完全符合情理。也有學者說這首詩作於開元十年，中有「撥雲尋古道」，「撥雲：山峰名。今浙江新昌縣，天姥山最高峰為撥雲尖……此句疑指此峰。古道：指由謝靈運所開的山路。如今翻越天姥山時仍可看到這一陡峭的羊腸小道。」筆者認為此種看法不妥。因為李白從未上過天姥山，更不用說去爬頂峰撥雲尖。天寶五載他寫的《夢遊天姥吟留別》：「越人語天姥，雲霞明滅或可睹。」其後寫的是夢境，而不是實遊，開元年間李白哪裡上過天姥山呢？《尋雍尊師隱居》所寫之山景也與天姥山不同，天姥山上並無「群峭碧摩天」，山下也無「江色暮」。「撥雲」在詩句中顯然是動詞，而非名詞，與下句「倚樹」才能相對。李白少年時從學律詩人手，對仗工整，不可能以名詞對動詞。「撥雲」與「撥雲尖」不過偶然巧合而已，「古道」不一定是謝靈運開的道才叫古道。總之，《訪戴天山道士不遇》與《尋雍尊師隱居》都是在李白十七八歲隱居大匡山，尋仙訪道時所作，同時期還作有一首《太華觀》：

石磴層層上太華，白雲深處有人家。
道童對月閒吹笛，仙子乘雲遠駕車。
怪石堆山如坐虎，老藤纏樹似騰蛇。
曾聞玉井今何在，會見蓬萊十丈花。

此詩在《龍安府志》、《彰明縣誌》、《江油縣誌》（光緒版）都收錄了。《龍安府志．人物誌》載：「唐，毛真人，在太華山修煉，道成仙去，今太華觀乃其遺蹟。」大匡山與太華山乃同一山脈，緊緊相依，從大匡山大明寺逶迤西北上，走十餘里即到太華觀。好仙遊的李白不僅與隱居於太華山中的雍尊師有來往，與太華觀中修煉的道士也常有來往，《太華觀》就是寫訪拜太華觀道士的見聞，展現了古樸清幽的山中景色，描寫了深山月下，笛聲悠揚，仙子乘雲的神仙境界，暗示觀主外出雲遊，訪仙未遇。「玉井」在太華觀，井水甘美清冽，傳說從井水中可照見前身和來世。這首七律詩格律嚴謹，對仗工整，應屬李白的早期詩作。李白在隱居匡山期間還作過賦，《擬恨賦》是模仿前人之作，王琦說：「古《恨賦》，齊梁間江淹所作，為古人志願未遂，抱恨而死者致慨，太白此篇，段落句法，蓋全擬之，無少差異。」李白此賦，雖屬模擬前人的習作，但卻獨具特色，高出江賦一籌。《明堂賦》作於開元五年（七一七）之前，因玄宗開元五年將明堂拆改為乾元殿。《大獵賦》當作於開元八年（七二〇）後，因這年十月玄宗獵於下邽，與該賦序中說「以孟冬十月大獵於秦」相符。李白的賦繼承了司馬相如、揚雄諸賦的風格，透過祭明堂、獵渭濱，把大唐的繁榮、強大寫得有聲有色，氣勢豪邁，想像豐富，語句典雅，表現了少年李白才華橫溢，「作賦凌相如」之言不虛。

開元八年春，李白帶上自己創作的《明堂賦》、《擬恨賦》、《春感》去見蘇頲，得到蘇頲好評，「天才英麗，下筆不休，雖風力未成，且見專車之骨，若廣之以學，可以相如比肩也」。李白此次遊成都還寫了一首《登錦城散花樓》：

日照錦城頭，朝光散花樓。
金窗夾繡戶，珠箔懸銀鉤。
飛梯綠雲中，極目散我憂。
暮雨向三峽，春江繞雙流。
今來一登望，如上九天遊。

詩中描寫了散花樓氣勢雄偉，建築精美，還寫了樓上看到的美景，表達了詩人心曠神怡的愉悅之情。散花樓是隋代蜀王楊秀所建，《輿地紀勝》：「散花樓隋開皇建，乃天女散花之處。」其位置應在成都東部，原為東城樓。此樓在明代尚存，明曹學佺《蜀中廣記》卷二《成都府》：「東門之勝：禹廟、大慈寺、散花樓、合江亭、薛濤井、海雲寺……東城樓即散花樓也。李白有《登錦城散花樓》詩。」後毀於明末戰火，已無遺蹟可尋。

《白頭吟》很可能是此次遊成都，瞻仰「相如台」有感而作。

李白此次遊成都雖受到蘇頲的誇獎，但未被重用，繼續南遊，在眉山象耳山曾作短期停留，留下了「李白讀書台」遺蹟和《夜來月下臥醒》題句，再順江而下，去渝州，拜訪李邕，干謁失敗，寫了《上李邕》：

大鵬一日同風起，摶搖直上九萬里。
假令風歇下來時，猶能簸卻滄溟水。
時人見我恆殊調，見余大言皆冷笑。
宣父猶能畏後生，丈夫未可輕年少。

李邕曾在開元六年至九年間任渝州刺史，在當時文壇上很有名聲，故李白前去拜訪，但干謁失敗，詩中表現了少年氣盛，懷才不遇的心情。《酬宇文少府見贈桃竹書筒》也是作於此時。

桃竹書筒綺繡文，良工巧妙稱絕群。
靈心圓映三江月，彩質疊成五色雲。
中藏寶訣峨眉去，千里提攜長憶君。

桃竹，乃巴渝特產，宇文少府當為渝州縣尉。詩中透露出李白將上峨眉山的訊息。

李白從渝州返迴遊峨眉山，有《登峨眉山》：

蜀國多仙山，峨眉邈難匹。
周流試登覽，絕怪安可悉？
青冥倚天開，彩錯疑畫出。
泠然紫霞賞，果得錦囊術。
雲間鳴瓊簫，石上弄寶瑟。
平生有微尚，歡笑自此畢。
煙容如在顏，塵累忽相失。
儻逢騎羊子，攜手凌白日。

詩中突出了峨眉山雄偉秀麗的特色，展現了遠絕塵囂的神仙境界，表達了詩人好道求仙，是李白早期創作中的優秀詩篇。峨眉山萬年寺傳說是李白聽蜀僧頙彈琴處。池中有蛙，鳴聲如琴，傳說是從蜀僧和李白那裡學得的琴技。這個美麗的傳說表現了人們對李白的敬慕。不過李白詩《聽蜀僧濬彈琴》中說：「蜀僧抱綠綺，西下峨眉峰」，可見彈琴處不在峨眉，詹鍈將此詩係於天寶十二載，可從。

開元八年冬，李白干謁失敗，遊完峨眉山，又回到匡山，寫過一首《冬日歸舊山》：

未洗染塵纓，歸來芳草坪。
一條藤徑綠，萬點雪峰晴。
地冷葉先盡，谷寒雲不行。
嫩篁侵舍密，古樹倒江橫。

白犬離村吠，蒼苔上壁生。
穿廚狐雉過，臨屋舊猿鳴。
木落禽巢在，籬疏獸路成。
拂床蒼鼠走，倒篋素魚驚。
洗硯修良策，敲松擬素貞。
此時重一去，去合到三清。

此詩最早收錄在《文苑英華》中，《李太白全集》、《彰明縣誌》也有記載。舊山就是匡山，在「住持碑」中有：「太白舊山大明古寺，靠戴天之山。」詩中所描寫的景色也非大匡山莫屬，李白以後定居的安陸、任城都無這種景色。這首詩的寫作時間應當是在開元八年（七二〇）冬，他在這一年出遊成都、渝州，干謁蘇頲、李邕未得重用，重返隱居處，詩中描寫冬日舊居一片蕭索、荒涼、破敗的景象，透露出未受重用的不愉快心情。不過他並沒有灰心喪氣，他在十分艱苦的環境中，振作精神，「洗硯修良策，敲松擬素貞」，他要像挺拔的青松，不畏風寒，堅忍不拔，繼續追求自己的理想世界。李白隱居匡山時期經陰平道到江油縣城（今平武南壩）訪江油縣尉，寫了《題江油尉廳》，至今尚保留有北宋米元章手書此詩的石刻。

李白在大匡山的最後一首詩是《別匡山》：

曉峰如畫參差碧，藤影搖風拂檻垂。
野徑來多將犬伴，人間歸晚帶樵隨。
看雲客依啼猿樹，洗鉢僧臨失鶴池。
莫怪無心戀清境，已將書劍許明時。

這首詩最早見於北宋「住持碑」，繼後「祠堂碑」的碑陰也刻有這首詩，並在附記中明確說：「太白辭山時詠此。」在《龍安府志》、《彰明縣誌》、《江油縣誌》中都錄了這首詩並加了詩題：《別匡山》。王琦編的《李太白全集》未收此詩，可能出於政治原因，當時文字獄非常厲害，「莫怪無心戀清境，已將書劍許明時」。可以曲解為借李白之口反清復明，「清風不識字，何故亂翻書」就遭來殺頭之禍，何況這兩句乎！我們不能因王琦未收錄就否定為李白所作。這首七律描寫了匡山的雄奇、秀麗、清幽的美景，表達了對匡山的依戀之情和報效國家的雄心壯志，表現了李白既熱愛大自然，熱愛故鄉又有宏偉的政治抱負的心態。現在絕大多數學者都認定這是李白早期詩作。詹鍈主編的《李白全集校注匯釋集評》與安旗主編的《李白全集編年註釋》都收錄了此詩，並係於開元十二年，李白離開匡山時所作。

開元十二年夏，曾到成都、峨眉山等地停留，秋天離開峨眉山，寫了著名的《峨眉山月歌》，後在萬縣停留。《蟾蜍薄太清》應寫於這年的下半年，詩中諷唐玄宗廢王皇后事，《舊唐書》載：「開元十二年秋七月壬申月食，既。己卯，廢皇后王氏為庶人。」開元十三年春，離開萬縣，出峽東遊，寫了《自巴東舟行經瞿塘峽登最高峰晚還題壁》、《宿巫山下》、《巴女詞》，還題了《上陽台》。還有一些詩，如《蜀道難》、《送袁明府任長江》等，有學者認為是蜀中之作，但證據不足，不好確定。《蜀道難》的素材是在李白遊金牛道、陰平道時累積的，最後完成是離開西蜀之後。

總計，李白二十五歲以前在蜀中創作，流傳至今的，有詩二十八首，賦三篇，題句、續句五則。

第五節　李白與趙蕤

李白在蜀中交遊最深，受影響最大的是趙蕤，他們既是師生關係又是摯友，在研究李白時，不能不對李白與趙蕤的交往情況及趙蕤對李白的影響認真加以探討。

一、關於趙蕤的生平及與李白的交往

關於趙蕤的生平事跡的史料甚少，玆排比於下：

《長短經．序》自稱：「梓州郪縣長平山安昌岩草莽臣。」

《新唐書．藝文志》：「趙蕤，《長短要術》十卷。字太賓，梓州人。開元中，召之不赴。」

《北夢瑣言》（五代、北宋初孫光憲撰）：「趙蕤者，梓州鹽亭縣人也。博學韜鈐，長於經世，夫婦俱有節操，不受交辟。撰《長短經》十卷，王霸之道，見行於世。」

《唐詩紀事》引北宋楊天惠《彰明逸事》：「太白……隱居戴天大匡山。往來旁郡，依潼江趙徵君蕤，蕤亦節士，任俠有氣，善為縱橫學，著書號《長短經》。太白從學歲餘，去遊成都。」

《蜀中廣記》（明代曹學佺撰）：「趙蕤鹽亭人，好學不仕，著書屬文，隱於梓州長平山。」《三台縣誌》（清乾隆時修纂）除引用《北夢瑣言》關於趙蕤的記載外，還對趙蕤隱居處作了記載：「長平山在州北，崗巒延袤而平廣，因名。」「安昌岩在北壩千佛洞之左，為趙蕤隱居之所」。錄有陳謙趙蕤故址詩：「奇士棲幽處，青山空復青。高蹤來吊望，遺址並飄零。王霸天人學，縱橫長短經。呼之當欲出，慨想此精靈。」「濯筆溪在縣西，即今九曲河是也，相傳為唐趙徵君習書處」。據筆者實地考察，長平山在今三台縣城北，涪水西岸，是一座長而頂平的小山。北周刺州安昌公在這裡創建安昌寺，唐代改名惠義寺，後名琴泉寺。寺旁有洞窟，其中有唐代雕刻的上千軀佛像，故名千佛洞，此洞旁又有一洞穴，題名趙岩洞，至今字跡尚存，趙蕤逝世後，後人為紀念他，曾在此洞外樹有「趙處士碑」，民國初年，在此修建有趙徵君祠，後被毀，山下濯筆溪至今猶存。

《鹽亭縣誌》（清乾隆時修纂）：「趙蕤字太賓，又字雲卿，號東岩子，漢儒趙賓之後。」

《光緒鹽亭縣誌續編．逸行》：「蕤，字太賓，鹽亭人。後徙居郪，居長平山安昌岩。開元中三詔召之不起。」

《四川總志》：「蕤，鹽亭人，隱於郪縣長平山安昌岩，博考六經諸家異同，著《長短經》，又注《關朗易傳》。明皇屢徵不起。李白嘗造廬以請。」

清同治年間鹽亭縣令郭爾建撰《東關書院記》云：「金雞場諸君子……合資修建書院，其址即唐賢趙蕤別業也。」在鹽亭金雞場嫘祖山嫘祖宮有趙蕤撰寫的《嫘祖聖地碑》，其中說：「學優則仕，於我如浮雲，高臥長平，撫琴弄鶴，漱石枕流，樂在其中矣！」其後有「趙蕤謹題，大唐開元二年二月」。

在鹽亭永泰鄉三岔村發現清道光十三年修的《趙氏族譜》，追溯先祖始於萬定、黃金。下夾註：趙芬、趙蕤屬萬定宗支，「芬公居北宕渠郡，即今鹽亭縣治；蕤公居縣南二十里趙村」。趙村亦稱趙家壩，在今鹽亭縣兩河鎮，潼江在此流過，與楊天惠說的「潼江趙蕤」相符合。

綜合以上史料可知，趙蕤是梓州鹽亭縣兩河鄉人，在金雞場（今鹽亭南部）置有別業，可見家庭比較富裕。後來隱居在梓州（今三台縣）長平山安昌岩。趙蕤正是在這裡寫了《長短經》，李白也是在這裡拜趙蕤為師，從學歲餘。趙蕤是典型的隱士，雖有淵博的學問而不願為官，幾次徵召不赴，樂意過

第五節　李白與趙蕤

「撫琴弄鶴、漱石枕流」的隱居生活。

趙蕤的生卒年不詳，從他寫作《長短經》和為《關朗易傳》作注來看，應當生於武則天執政時期，去世於「安史之亂」平定後，年齡應在八十左右。趙蕤在《長短經．三國權》云：「自隋開皇十年庚戌歲滅陳，至今開元四年丙辰歲凡一百二十六年。」可見開元四年（七一六）正是寫《長短經》時。李白拜趙蕤為師應是開元七年初，「從學歲餘，去遊成都」是開元八年春夏之交，這時蘇頲入川作益州大都督府長史，李白前去拜謁。蘇頲在《薦西蜀人才疏》中，提到「趙蕤術數，李白文章」。此後唐玄宗下詔征辟趙蕤做官，趙蕤不就，故有「徵君」之稱。李白與趙蕤師友情誼很深，出蜀後曾寫《淮南臥病書懷，寄蜀中趙徵君蕤》，表達了深切的思念之情，這大約是開元十五年秋。趙蕤撰寫的《螺祖聖地》碑，後署時間是「大唐開元二年二月」，「二」字後缺兩字，肯定不是開元二年，而是二十幾年，這時趙蕤住鹽亭東關別業。趙蕤在完成《長短經》後又開始研究《易經》，為《關朗易傳》作注，他在《注》序中云：「蕤非聖人，五十安知天命，然從事於《易》。雖亂離中未曾釋卷。」這段話應解讀為，五十歲時還勤奮研讀《易》，開始為《關朗易傳》作注，一直到離亂中——安史之亂，他仍然堅持《易經》研究。梓州一帶髮生戰亂是「安史之亂」後期，西元七六一年四月，東川節度使兼梓州刺史段子璋發動叛亂，攻打綿州、遂州等地，戰禍波及川西北。趙蕤此時應當是年近八旬了。有學者將《關朗易傳》注序解讀為作注時為五十歲，時值「安史之亂」，那麼作《長短經》時才幾歲，因而推論，為《關朗易傳》作注的是另外一人，這是對「注序」的誤解。再說《關朗易傳》注的基本觀點是「一必有二」，與充滿辯證法的《長短經》的觀點一致，應當是出於一人之手。

二、趙蕤對李白的深遠影響

李白拜趙蕤為師是十七八歲時，正是一個人的世界觀、人生觀、價值觀、倫理觀以及創作風格定型之時，定型後不容易有大的改變。因此趙蕤對李白的影響是十分深遠的，而且具有決定性的意義。

（一）趙蕤對李白人生理想和生活道路的影響

趙蕤是一個「高臥長平」，視富貴如浮雲的隱士，但並非脫離現實、漠視民間疾苦的世外超人，而是一個關心國家命運，關注現實社會的進步思想家。從《長短經》就可以看出他憂國憂民的一片赤誠之心，在書中的自序說：「大旨在乎寧固根蒂，革易時弊，興亡治亂，具載諸篇，為沿襲之遠圖，作經濟之至道，非欲矯世誇俗，希聲慕名。」他寫這本書就是為了探討治國濟民的道理，使國家根基得到鞏固，社稷長治久安。在書中展現了從上古以來至隋幾千年歷史，盡情地謳歌了為國家富強，為民眾造福，品德高尚的足智多謀的傑出人物。在《品目篇》中，集中歌頌了一批俊傑，「德行高妙，容止可法，是謂清節延陵，晏嬰是也；建法立志，強國富人，是謂法孚，管仲、商鞅是也；思通道化，策謀奇妙，是謂術家，范蠡、張良是也；其德足以厲風俗，其法足以正天下，其術足以謀廟勝，是謂國體，伊尹、呂望是也；其德足以率一國，其治法足以正鄉邑，其術足以權事宜，是謂器能，子產、西門豹是也；……能文著述，是謂文章，司馬遷、班固是也；……膽力絕眾，材略過人，是謂驍雄，白起、韓信是也。」《長短經》中還多次稱頌傳說、屈原、魯仲連、諸葛亮、謝安等傑出人物。這對於李白確立人生理想，起了決定性作用，李白把這些歷史上的英雄人物，作為崇拜的偶像，學習的楷模，希望自己也能成為品德高尚，為蒼生社稷建功立業的人。他曾自述其宏偉的理想：「申管、晏之談，謀帝王之術，奮其智慧，願為輔弼，使寰區大定，海縣清一。」（《代壽山答孟少府移文書》）在他的詩中，多次以管仲、諸葛亮、魯仲連、謝安等人自況，如：「自言管葛竟誰許，長吁莫錯還閉關」（《駕去溫泉宮後贈楊山人》）；「武侯立岷蜀，壯志吞咸京，……余亦草間人，頗懷拯物情」（《讀諸葛武侯傳書懷》）；「齊有倜儻生，魯連特高妙……吾亦淡蕩人，拂衣可同調」（《古風》其十）；「嘗高謝太傅，攜妓東山門……暫因蒼生起，談笑安黎元。余亦愛此人，丹霄冀飛翻」（《書情贈蔡舍人雄》）；「余亦南陽子，時為《梁父吟》，願一佐明主，功成還自林」（《留別王司馬嵩》）。儘管李白有時也表達出想做隱士、當神仙的消極出世思想，但占主導地位的，貫穿一生的人生理想仍是積極奉獻，建功立業。雖多次受挫折，仍然「一朝復一朝，發白心不改」。李白即使在冤獄之中，還在讀《留侯傳》，勉勵前來探監的張秀才，在國家多事之秋，像張良那樣建功立業。在流放途中他還想「何時入宣室，更問洛陽才」（《放後遇恩不沾》），希望能像賈誼那樣，流放後還能被皇帝徵召。

流放遇赦之後，貧病交加，年過花甲，但報國熱情未減，「中夜四五嘆，常為大國憂，安得羿善射，一箭落旄頭」，希望得到韋良宰的引薦，「君登鳳池去，勿棄賈生才」（《經亂離後天恩流夜郎憶舊遊書懷贈江夏韋太守良宰》）。當他聽說李光弼出征，立即去投軍，「恨無左車略，多愧魯連生。拂劍照嚴霜，雕戈鬘胡纓。願雪會稽恥，將期報恩榮」（《聞李太尉大舉秦兵百萬出征東南懦夫請纓冀申一割之用半道病還留別金陵崔侍御十九》）。李白在臨終前一年，還是以李左車、魯仲連等英雄人物為榜樣，以天下國家為己任，建功立業之心終生不渝。

李白為國建功立業的積極入世的人生觀的樹立，除受歷史上的英雄人物鼓舞外，還受到趙蕤的命運觀的影響。《長短經》在《命運》篇中，以唯物的觀點論述了人不應當消極地靠天，聽任命運的擺布。命運是由人事決定的，君子應自強不息，修身立德，爭取好的命運。他說：「《傳》曰：『禍福無門，唯人自招』，謂立事以應休咎，故曰人事。」意思是說怎樣為人處世，就會有怎樣的命運，所以說命運在於人為。他還引證了《易經》及荀子、墨子、尉繚子、司馬遷等人的話，作出了「吉凶禍福在於人」的結論。「言興亡，長短必於德矣……命也者，天之授也，德也者，命之本也……若德循於曩，則命之於今，然則今之命，皆曩之德也。明夫命之在德，則吉凶禍福不由天也，命之於今則賢聖鬼神不能遷也。故君子盡心焉，盡力焉，以邀命也，此運命之至矣。《易》曰：『窮理盡性以致於命』此之謂也。」也就是說不靠上天，不靠鬼神，要自己修身立德，竭盡自己的力量和心智，去爭取好的命運。李白樹立以天下社稷為己任的人生理想，屢經挫折而初衷不改，正是他牢牢地記住了趙蕤的教導：「君子盡心焉，盡力焉，以邀命也。」

李白的生活道路也深受趙蕤的影響，在《長短經》中講了許多歷史上出身微賤的傑出人物，當他們的才華得到帝王賞識後，一步登天，成為宰輔，建立殊勛。如奴隸出身的傅說、百里奚，屠夫出身的姜太公等。在《七雄略》中，詳細講述了蘇秦、張儀如何遊說諸侯，取得信任，以布衣而卿相。在《釣情》中講述了遊說君主的技巧，列舉了許多先秦的縱橫之士，如何試探君主的好惡——「釣情」，達到遊說成功、受到重用的目的。李白從《長短經》上學到的這些，使他不以自己出身寒微而自卑，決心走一條不同於一般知識分子的生活道路，不參加科舉考試，而是「遍干諸侯，歷抵卿相」，結交群雄，顯示才華，最終得到皇帝的賞識和重用。他「常欲一鳴驚人，一飛沖天」，「不求小官，以當世之務自負」。在《鞠歌行》中說：「聽曲知寧戚，夷吾因小妻，秦穆五羊皮，買死百里奚。洗拂青雲上，當時賤如泥。

朝歌鼓刀手，虎變蟠溪中，一舉釣六合，遂荒營丘中，平生渭水曲，誰識此老翁。」他所歌頌的人物都是小人物，逢時虎變，一步登天，成為匡扶社稷的重臣。李白正是以他們作為自己生活道路的樣板。

（二）趙蕤的學術思想對李白的影響

巴蜀文化在學術思想方面的顯著特點是不拘泥於正統思想，兼收並蓄，博採眾家之長。趙蕤在學術思想方面也體現了這一特點。《長短經》對先秦諸子如儒、道、法、墨、兵、農、名、雜、陰陽、縱橫等家的學說以及漢晉以來司馬遷、班固、荀悅、范曄等史學家的觀點，都在引用，以「一必有二」的觀點加以評論。可以說是兼容並包，他並不偏愛某一家，而是超脫於各家之上，取其所長，避其所短，反對拘泥於一家，否定另一家。他在《適變》篇中說：「治天下者，有王霸焉，有黃老焉，有孔墨焉，有申商焉，此其所以異也。雖經緯殊制，救弊不同，然康濟群生，皆有以矣！今議者或引長代之法，詰救弊之言，或引帝王之風，譏霸者之政，不論時變，而務以飾說，故是非之論紛然作矣。言偽而辯，順非而澤，此罪人也，故君子禁之。」接著他在《正論》篇中，引用了《漢書．藝文志》對儒、道、墨、法、陰陽、縱橫、雜、農等八家的長處與弊端的評論，然後他說：「數子之言，當世失得，皆悉究矣。然多謬通方之訓，好申一隅之說。貴清淨者，以席上為腐議，束名實者，以柱下為誕辭，或推前王之風，可行於當年，有引救弊之規，宜流於長世，稽之篤論，將為弊矣。由此言之，故知有法無法，因時為業，時止則止，時行則行，動不失其時，其道光明，非至精者孰能通於變哉！」趙蕤認為各家學說都有長處和短處，不能一概肯定或否定，應當全面研究各派學說，根據現實情況變通取捨。

趙蕤博採眾家之長，兼容並包的學術思想，對李白影響是很深的。李白少年時，在父親教導下，博覽群書，「五歲讀六甲，十歲觀百家，軒轅以來，頗得聞矣」。在拜趙蕤為師後，讀了《長短經》這部奇書，又進一步打開了眼界，不是束縛在正統的儒家思想中，也不是完全沉迷在某一個宗教中，而是對各家各派學說都進行了研究，對佛教、道教都感興趣，與三教九流的人都有交往，形成了李白兼收並蓄的開放型的思想體系。

（三）趙蕤的政治思想對李白的影響

趙蕤的政治思想博採眾家之長，針對「時弊」，提出了自己的主張。

（一）以民為本。《孟子．盡心下篇》：「民為貴，社稷次之，君為輕。是故得乎丘民而為天子。」《呂氏春秋．貴公》有云：「天下非一人之天下也，天下之天下也。……萬民之主，不阿一人。」秦始皇建立了封建君主專制制度後，皇帝擁有無上權威，天下臣民絕對服從君主，天下財富歸皇帝一傢俬有。西漢董仲舒改造發展儒學，納入法家、陰陽家觀點，鼓吹「君權神授」、「三綱五常」，君尊臣卑成了天經地義。趙蕤繼承先秦諸子的優秀思想遺產，否定君權神授，反對君主把天下作為自己的私產，堅持以民為本的主張，認為只有為民造福的人，才有資格當君主。他說：「古之立帝王者非以養奉其欲也，為天下之人強掩弱，詐欺愚，故立天子以齊一之，謂一人之明不能偏照海內，故立三公九卿以輔翼之，為絕國殊俗不得被澤，故立諸侯以教誨之。」（《懼戒》）帝王並非上天所派，而是社會需要而立，天子並非萬能，而需君臣輔佐。《長短經》中反覆講：「天下者非一人之天下也，天下人之天下。」他還說：「取天下若逐野獸，得之而天下皆有分肉。若同舟而濟，皆同其利，舟敗，皆同其害，然則皆有啟之，無有閉之者矣。……與天下同利者，得天下；擅天下之利者，失天下。」（《懼戒》）趙蕤的思想較之荀子更為進步，荀子說：「君者，舟也，庶人者，水也，水則載舟，水則覆舟。」君民關係還是壓迫與被壓迫關係，壓迫過度，人民就要反抗。而趙蕤把君民看成共坐一條船上的旅客，共在一起打獵的伴夥，沒有什麼尊卑貴賤，而是利害相同、休戚與共的平等關係。天下之利不能君主獨占，而是天下之人共享，君主要能統治天下，就要使天下人民都得到利益。「治國有常，而利人為本」，「政之所行，在順人心，政之所廢，在逆人心」（《政體》）。若危害百姓，必遭百姓唾棄，「君不可以無德，無德則臣叛」；「易姓改代，天命無常」（《懼戒》）。以民為本，重民、利民思想在《長短經》表達得十分鮮明、充分。

（二）選賢任能。歷史上凡是進步思想家都主張尚賢，如墨子就提倡「尚賢」，趙蕤進一步發揮了尚賢思想，特別強調選賢任能的重要性，在《長短經》的第一卷就講的君主如何使用人才，識別人才。他說：「料才任能，治世之要」，「君以能用人為能」，「得人則興，失士則崩」（《論士》）。他總結秦至隋興亡的歷史教訓，指出「大抵得之者，皆因得賢豪，為人興利除弊，其失之也，莫不因任用群小，奢汰無度」（《霸圖》）。趙蕤認為要做到任賢，必須有一個賢明的君主，「非賢者莫能用賢」（《量才》）。君主要能得到賢者的輔佐，首先要尊重賢才，把賢才當做師友。「上主以師為佐，中主以友為佐，下主以吏為佐，危亡之主以隸為佐」（《量才》）。也就是說，明主把人才尊重為老師，昏君只能使用奴才。趙蕤一再強調賢明的君主要禮賢下士，他引用《戰國策》的故事：「齊宣王見顏斶曰：『斶前。』斶亦曰：『王前。』議曰：『夫斶前為慕勢，王前為趨士，與使斶為慕勢，不若使王為趨士。』宣王作色曰：『王者貴乎？士者貴乎？』對曰：『昔秦攻齊，令曰：有能得齊王頭者封萬戶侯，賜金千鎰。由是言之，生王之頭，曾不如死士之隴。』宣王竟師之。」（《論士》）趙蕤對君臣關係的論述顯然突破了「君為臣綱」的正統觀念。他認為君臣只是分工不同，責任不同，而不是尊卑不同。君主首先要尊重賢才，才能得到賢才的輔佐。在《傲禮》篇，專門講了古人以傲為禮，侯生對信陵君，王生對張釋之，汲黯對衛青故意傲慢，而對方能禮賢下士，尊重人才。以此說明君臣之間，大官與小官之間，官與平民之間，人格是平等的，不應當有森嚴的尊卑等級。人才得到尊重，各種人才的長處得以發揮，天下才能治理好。

（三）足衣食，教禮儀，明刑堂，慎甲兵。《長短經．適變》云：「夫王道之治，先除人害，而足其衣食，然後教以禮儀，而威刑誅，使知好惡去就。」要足衣食就必須重視農業生產，「積於不涸之倉，務五穀也，藏於不竭之府，養桑麻，育六畜也」（《政體》）。重本抑末，提倡節儉，他引用漢景帝的話：「農天下之本也，黃金珠玉饑不可食，寒不可衣。」「雕文刻鏤，傷農事也，錦繡纂組，害女紅也，農事傷則饑之本也，女紅害，則寒之原也，夫饑寒並至而能毋為非者寡矣！」（《政體》）在教化與刑罰的問題上，趙蕤兼采儒、法兩家主張，兩者並重，他說：「夫仁義禮智者，法之本也，法令刑罰者，治之末也。無本者不立，無末者不成。何則？夫禮教之法，先之以仁義，示之以禮讓，使之遷善，日用而不知。儒者見其如此，因為治國不須刑法。不知刑法承於下，而後仁義興於上也。法令者，賞善禁淫，居理之要，商韓見其如此，因曰治國不待仁義為體，故法令行於下也。故有刑法而無仁義則人怨，怨則怒也。有仁義而無刑法則人慢，慢則奸起也。本之以仁，成之以法，使兩道而無偏重，則治之至也。」（《政體》）他主張賞罰必須分明，「當賞者不賞，而當罰者不罰，則為善者失其本，望而疑其所行；為惡者輕於國法，而恬其所守」（《政體》）。趙蕤主張慎甲兵，反對窮兵黷武，加重人民負擔，他說：「夫兵者，凶器也。戰者，危事也。兵戰之場，立屍之所，帝王不得已而用之矣！」但他並不是反對一切戰爭，他說：「救亂誅暴，謂之義兵，兵義者王；敵加於己，不得已而用之，謂之應兵，兵應者勝……利人土地寶貨者，謂之貪兵，兵貪者破；恃國之大，矜人之眾，欲見威於敵，謂之驕兵，兵驕者滅。是知聖人之用兵也，非好樂之，將以誅暴討亂矣。」（《出軍》）他把戰爭分為兩大類，除亂誅暴，抵禦侵略的正義戰爭必須要打，而且必然取得勝利，而掠奪性的戰爭必然失敗。《長短經》第九卷專門討論兵法，論述了從出軍、練兵、布陣到還師的全過程。

趙蕤總結他的政治措施是：「明版籍、審什伍、限夫田、定刑名、立君長、急農桑、去末作、敦學教、核才藝、簡精悍、修武備、嚴禁令、信賞罰、糾遊戲、察苛尅，此十五者，雖聖人復起，必此言也。」（《政體》）趙蕤的政治思想對李白影響很深。他從《長短經》學到一整套經國濟世之學，增強了當一個傑出政治家的自信心。他常自詡「懷經濟之策」，「報國有長策」。雖然他並未實現當政治家的理想，也沒有提出過一套完整的政治主張，但可以從他的詩文中看出他的政治思想。其來源很雜，有儒家的、道家的、法家的，而其直接來源就是《長短經》。

李白希望的帝王是能夠以民為本，選賢任能，禮賢下士的有道明君。他自己願意做有道明君的師友，輔佐帝王治理天下。他具體希望皇帝「下明詔，班舊章。賑窮乏，散敖倉，毀玉沉珠，卑宮頹牆。使山澤無間，往來相望。帝躬耕乎天田，後親於郊桑。棄末反本，人和時康」（《明堂賦》）。「使天人晏如，草木繁殖。六宮斥其珠玉，百姓樂於耕織，寢鄭衛之聲，卻靡曼之色」（《大獵賦》）。他希望地方官能做到「寬猛相濟，弦韋適中，一之歲肅而教之，二之歲惠而安之，三之歲富而樂之。然後青衿向訓，黃髮履禮。耒耜就役，農無遊手之夫；杼軸和鳴，機罕蛾之女。物不知化，陶然自春。權貴鋤縱暴之心，黠吏返淳和之性。行者讓於道路，任者並於輕重，扶老攜幼，尊尊親親，千載百年，再復魯道」（《任城縣廳壁記》）。李白的這些政治主張基本上來自《長短經》。李白對戰爭的態度與趙蕤也是相同的，《戰城南》：「乃知兵者是凶器，聖人不得已而用之。」這一句詩則是《長短經·出軍》第一句話的翻版。李白對唐王朝窮兵黷武，對周邊民族發動不義戰爭嚴厲譴責，如《古風》十四、三十四，就是譴責對西南少數民族用兵。李白對於反擊異族入侵，平定安史之亂的戰爭，即趙蕤所謂的「應兵」、「義兵」，不僅頌揚，而且願意親自參加。

唐玄宗在後期不再是勵精圖治、尊重賢才的英明君主，而是沉湎於享樂，將政務交給李林甫、楊國忠等奸臣，忠臣賢士橫遭迫害，按《長短經》對帝王的分類屬於「亡主」：「親用讒邪，放逐忠賢，縱橫逞欲，不顧禮度，出入遊放，不拘儀禁，賞賜行私，以越公用，忿怒施罰，以逾法理，遂非文過，而不知改，忠言壅塞，直諫誅戮，是謂亡主……亡主必亡而已矣。」李白發現他寄予莫大希望的皇帝，竟是「亡主」，滿懷悲憤，寫詩揭發是非顛倒、賢愚莫辨的黑暗現實。《長短經》云：「夫既朽之木不雕，衰世之朝難佐。若欲輔難佐之朝，雕朽敗之木，猶逆坂走丸，迎流縱棹，豈雲易哉！……故智者不為暗主謀。」（《懼戒》）李白根據這一教導，認為玄宗也是「弱植不足援」的昏君，只得請求還山，離開宮廷。

（四）李白從政的失敗與《長短經》

李白學了《長短經》自認為有經世濟民的本領，可以做帝王之師，但他從政卻失敗了。他「遍干諸侯，歷抵卿相」，到四十二歲才入宮，不到二年被「賜金還山」。後從李璘不到二月就被捕，又長流夜郎，他向趙蕤學的那一套「經濟之才」未得施展，這是為什麼？

首先我們要看趙蕤的政治思想是否適合當時的統治者的需要？趙蕤繼承先秦諸子的優秀思想遺產，

否定君權神授，批判君主獨裁專制，強調士的重要作用，要求君主禮賢下士，以賢士為師友，與賢士共治天下，他說：「夫獨行之賢，不足以成化；獨能之事，不足以周務，出群之辨，不可為戶說；絕眾之勇，不可與征陣。凡此四者，亂之所由生也……故所貴聖人之理，不貴其獨治，貴其能與眾共治也。」（《卑政》）趙蕤反對君主專制獨裁的思想無疑是進步的，可以說是一種超前意識，他的這種思想到封建社會衰落時期，在傑出的思想家黃宗羲那裡，得到進一步發展，成為民主主義的先驅。但趙蕤所處的時代是封建專制主義高度成熟時期，皇權至高無上，只能是皇帝獨治，而不是共治。皇帝需要的是忠順的奴才，而不是指手畫腳的老師。封建社會君尊臣卑，等級森嚴，絕對不允許臣下的傲氣。而趙蕤認為士可以傲視君王，可以師友的身分與君主共治天下，這是當時的統治者絕對不能接受的。趙蕤之所以三次徵召而不應，就是自知自己的這套主張太高超了，不可能為當時統治者所接受。

李白建功立業的心太切，總想把《長短經》的這種高超理論付諸實施。他又深受趙蕤的「以傲為禮」的影響，以帝王之師自居，傲氣十足，「戲萬乘若僚友，視儔列為草芥」，使貴妃捧硯、力士脫靴的傳說，姑且不論是否真實，也的確反映了李白的傲氣，在等級森嚴的封建社會，只能是處處碰壁。

李白從政失敗還不能完全歸咎於《長短經》理論太高超，也還有李白對《長短經》學習不夠，運用不好的地方。《長短經》很重要的思想是「講時宜」，根據形勢的變化，採取不同對策，不可執一守舊。在序言中就講「通於時變」，引管子的話：「聖人能輔時，不能違時，智者善謀，過則舍之。」在《時宜篇》引證了許多歷史事件，說明決策要從實際出發，「夫立策決勝之術，其要有三：一曰形，二曰勢，三曰情。形者，言其大體得失之數也。勢者，言其臨時之勢，進退之機也。情者，言其心志可否之實也。故策同事者，三術不同也。……此情與形勢之異者也，隨時變通，不可執一矣。」又說：「權不可預設，變不可先圖，與時遷移，應物變化，計策之機也。」一切決策要從客觀實際和主觀條件出發，這種思想無疑是符合唯物辯證法的。然而李白對此領會不夠。從大的形勢看，李白學成後，急於建功立業之時，唐玄宗統治已經鞏固，四海晏然，天下太平，正是「開元全盛日」，選拔人才的一套辦法已經規範化。而李白想學的那些逢時虎變，諸侯們為擴大勢力，激烈地爭奪人才，只要適合自己需要，立即得到重用。《長短經．序》云：「匠成輿者，憂人不貴；作箭者，恐人不傷……馳騖之曹，書讀縱橫，則思諸侯之變，藝長奇正，則念風塵之會。」也就是縱橫家、兵家，希望在天下大亂時施展本領。而李白要在天下太平之時來學縱橫之士，這就是最大的不合時宜。

李白經過漫長的曲折的道路，終於「名動京師」，被召入京，本來這是他施展政治抱負的很好的機會，但他對當時的「形」與「勢」認識不足，對玄宗企望太高，自己又傲氣十足，終不為所用。若是一個成功的政治家，他會對朝廷中的各派力量作冷靜分析，團結一切可團結的力量，使自己站穩腳跟後，縱橫捭闔於各派之間，逐個地收拾自己的政敵，實現自己的政治主張，李白缺乏的就是這一套政治家的本事，他為人太「方」，性情直率，近於天真，不會韜光養晦，從他供奉翰林期間所寫的一些詩來看，公開諷刺皇帝，抨擊權臣，還給同事傳看，雖說明李白為人正直，有叛逆精神，終不免被人抓住把柄，讒言陷害，被逐出京。「安史之亂」爆發，李白說，「此乃猛士奮劍之秋，謀臣運籌之日」，應當是李白學的縱橫之術施展之時，但李白對形、勢、情的認識還是錯誤的，提出的計策也就不能用。李白雖然自比諸葛亮，只能說憂國憂民之心可比，但政治才能無法相比。諸葛亮對劉備再三觀察、考驗，才決定出山輔佐，結成了魚水般的君臣關係，還未出茅廬就對天下形勢作出了的分析，提出了《隆中對》，以後按預定策略行事，形成三國鼎立。而李白對李璘認識不夠，據《新唐書．李璘傳》載：「璘生宮中，於事不通曉，見富且強，遂有窺江左意……其子襄成王偒，剛鷙乏謀，亦樂亂。」李璘父子，生長宮中，不知世事之艱難，缺乏政治遠見，只知爭權奪利，李白卻貿然從之，違背了趙蕤的「智者不為暗主謀」的教誨。李白從璘後沒有明確地看到他獻的策，不過從《永王東巡歌》中可以看出，他要永王以「龍蟠虎踞帝王州」的金陵作為帝業之基，把永王比為東晉偏安王朝的皇帝，把自己比為謝安，這只能鼓動永王的野心，促進與肅宗的分裂。後來李白《為宋中丞請都金陵表》中，要求肅宗遷都金陵，必然將北方放棄給叛軍，形成南北朝那樣的分裂混亂局面，他的錯誤決策出於對形勢的錯誤分析，比之諸葛亮對形勢的分析並提出正確的策略決策，真是有天壤之別。

或許說李白本來是有政治才能的，只是未遇明主，生不逢時，無法施展，未成政治家。此說也不妥，與李白同時代的李泌，也是幼小時即顯現才華橫溢，曾被玄宗看重，待詔翰林，供奉東宮，後因寫詩譏諷楊國忠、安祿山，被逐出宮廷，這些經歷與李白有驚人的相似。安史亂起，李泌主動去靈武投奔肅宗，為平定「安史之亂」，貢獻出了許多很好的謀略。李泌經歷了玄宗、肅宗、代宗、德宗四朝，儘管君王並非明主，也遭奸佞嫉恨，但他卻能在複雜的政治環境中，縱橫捭闔，進退自如，用智術避免禍患，為國家屢建奇勛。《新唐書．李泌傳》：「贊曰：泌之為人也，異哉！其謀事近忠，其輕去近高，其自全近智，卒而建上宰近立功立名者。」而李白從政，其理想脫離現實，性格又很高傲，有為國為民建功立業的良好動機，而缺乏合於時宜的見識和謀略，他的確不能稱為政治家。不過正因為他從政的失敗，使他成為一位偉大的詩人。若他真的成為傑出的政治家，就不會寫出那麼多的好詩。裴斐先生在《文學原理》中說過：「詩與世俗功利不可兼得……屈原、李白、杜甫在功利追求中都不是強者，而他們成為詩人又正是從遭疏，被放逐和淪落開始。」這正是歷史的辯證法。

（五）趙蕤對李白詩歌散文創作的影響

《長短經》雖然講的是經國濟世之學，沒有講詩歌創作，但對李白詩歌散文的思想內容及藝術風格的影響仍然是不可忽視的。「詩言志」，李白在趙蕤的教導下，樹立了遠大的志向，積極的人生追求，濟世安民的宏偉抱負，因而在詩歌中表現出強烈的愛國主義精神，充滿著憂國憂民的積極健康的內容。趙蕤的重民、利民，以民為本的思想，對專制獨裁的批判深深地影響著李白，加之李白出身寒微，當過小吏，廣泛接觸下層社會，看到了人民的苦難，看透了統治者的腐敗，因而在他的詩歌中有很明顯的平民性。筆者從李白一千多篇詩文中統計：他與三百八十八人有過交往，這些人中，縣令以下的官吏一百五十一人，占百分之三十九；未當官吏的平民百姓一百八十四人，占百分之四十八；五品以上的官員僅五十三人，約占百分之十三。從這些數字看出，李白接觸的社會下層的人士遠遠超過社會上層人士。他對生活在社會下層的人充滿了真摯的情感。如對五松山下的農民老大娘荀媼，善釀酒的紀叟，秋浦的冶煉工，拖船的縴夫，刈蒲的老農，採蓮的少女，普通士兵的妻子等，充滿了愛心，寫詩讚揚他們心靈和外形的美，歌頌他們勤勞純樸的品質。李白與流外的吏和流內的卑品官，交往很多，情感也深厚，而對身居高位而又禍國殃民的權貴敢於藐視，大膽地揭露他們的腐敗，咒罵他們是「蹇驢」、「青蠅」、「葹綠」（毒草），表現出鮮明的愛憎情感，對封建禮教的大膽叛逆精神。李白詩歌憂國憂民的積極健康的內容，掃盡梁陳頹風。正是他的創作實踐，完成了陳子昂開創的詩歌革新運動，「陳拾遺橫制頹波，天下質文翕然一變，至今朝詩體，尚有梁陳宮掖之風，至公大變，掃地並盡」。

在李白的詩歌中，有相當篇幅是借寫歷史人物、歷史事件來抒發自己的情感、抱負的，而李白吟詠的這些歷史人物和事件幾乎在《長短經》中都論述過。如在李白詩中多次歌頌的姜太公、管仲、魯仲連、諸葛亮、謝安等傑出人物，在《長短經》中多次講他們的事跡，引用他們的言論，可以說《長短經》大大充實了李白詩歌的內容。

《長短經》繼承了先秦諸子散文的優良文風。《四庫全書總目提要》說：「此書辨析事勢，其源蓋出於縱橫家，故以《長短》為名。」《長短經》的整個框架以謀略為經，歷史為緯，交錯縱橫，氣勢恢宏。或引經據典，滔滔雄辯；或陳述史實，引出結論；或雙方爭論，唇槍舌劍。結構謹嚴，議論精闢，語言生動，很富於鼓動性和說服力，的確具有縱橫家、雄辯家的風範。李白的詩歌散文，豪邁、奔放、雄渾、高昂，就是深受《長短經》文風之影響。李白的《與韓荊州書》、《為宋中丞請都金陵表》等，就有很濃的縱橫家之書的味道。「太白之詩，超然飛騰，不愧仙才，是為縱橫家之詩」。元人範德機說，李白詩「如兵家之陣，方以為正，又復為奇，方以為奇，忽復是正，奇正出入，變化不可紀極」。《長短經》六十四篇中有二十四篇是專講兵法的，這對李白文風當然是有影響的。

總之，李白的人生態度、生活道路、學術思想、政治主張以及創作的內容和風格都深受趙蕤的影響。

第六節　李白蜀中交遊雜考

從李白詩文和方志記載中，李白蜀中交遊的人，指得出姓名的，除趙蕤外，還有蘇頲、李邕、吳指南。無確切姓名的有東岩子、戴天山道士、雍尊師、太華山道士、江油縣尉、彰明縣令等，其中信道教的多。李白自稱「十五遊神仙，仙遊未曾歇」。這是因為川西北本來就是道教的發祥地，「道風未淪落」。李白青少年時期與道教人士交往，對他的思想和生活道路，產生了重大影響。李白在蜀中與遊俠之士交往甚密，情義很深。他自己說：「憶昔少年時，結交趙與燕」（《留別廣陵諸公》）；「結髮未識事，所交盡豪雄」（《贈從兄襄陽少府皓》）。「魏序」和劉全白《唐故翰林學士李君碣記》都說李白「少任俠」。「范碑」說，李白「少以俠自任，而門多長者車」。這些遊俠之士如浮萍，往來無常，且多隱名埋姓，很難考證李白與他們交往的實情。李白一生疏財仗義，好打抱不平，同情受壓迫的弱者，就是受這些豪俠之士的影響。李白出蜀的路費，應當是這些俠義之士的資助，吳指南很可能是這些豪俠朋友之一。李白在《上安州裴長史書》中說：「昔與蜀中友人吳指南同遊於楚，指南死於洞庭之上，白禫服慟哭，若喪天倫，炎月伏屍，泣盡而繼之以血，行路聞者，悉皆傷心。猛虎前臨，堅守不動。遂權殯於湖側，便之金陵，數年來觀，筋肉尚在。白雪泣持刃，躬身洗削，裹骨徒步，負之而趨，寢興攜持，無輟身手。遂丐貸營葬於鄂城之東。故鄉路遙，魂魄無主，禮以遷窆，式昭朋情。此則是白存交重義也。」從這段敘述來看，李白與吳指南可謂生死之交，義重如山，很可能李白與他在蜀中一起行俠仗義，同生死，共患難，所以吳指南死後，李白那麼的悲痛，又以蜀中少數民族的葬法，給予遷葬。

《大唐第一古惑仔李白實錄》對吳指南另有說法：「吳指南怎麼死的？我猜測，根據李白的行事風格，恐怕是兩群古惑仔群毆致死的。強龍不壓地頭蛇，你四川的一群古惑仔，跑到湖南橫行霸道，那是沒有好下場的。」他又從李白《敘舊贈江陽宰陸調》詩中推論：「從這首詩來看，吳指南很可能是和李白組織了一群四川的古惑仔，到了湖南，碰到當地的流氓，兩組人為了鬥雞，或者為了搶美女，發生火拚，結果吳指南被打死了。」此說使人愕然！李白說得很清楚，吳指南是在剛出蜀不久死於洞庭湖邊的。《敘舊贈江陽宰陸調》一詩中關於「北門受厄」事件是這樣說的：「我昔鬥雞徒，連延五陵豪。邀遮相組織，呵嚇來煎熬。君開萬叢人，鞍馬皆辟易。告急清憲台，脫余北門厄。」此事發生的時間是李白三十歲第一次入長安，地點是在長安北門即玄武門。李白行俠仗義，「路見不平一聲吼」，與鬥雞走狗的「五陵豪」，即一群長安惡少發生衝突，得到陸調的援救，最後清憲台即御史台的官兵出面，才解救了李白。此事與吳指南毫不相干，因為他已死了五年。把時間、地點都不同的事硬拉扯在一起，又無中生有的硬說吳指南和李白「組織了一群四川的古惑仔」。這種「猜測」實在是太不可靠了。

李白蜀中的交遊，史料有限，詳情難知，有的學者作了些考證，如葛景春先生考證李白曾去渝州拜見過李邕，寫有《上李邕》，考證依據充分，可從。郁賢浩先生考證過，李白在峨眉山可能與元丹丘相結識，此種說法也可從，不過還需發掘更有力的證據。關於李白蜀中交遊，除前面已論證趙蕤與東岩子是兩人外，再補充考證一個問題：竇主簿與竇子明是兩個人。

李白在隱居大匡山時，多次遊過竇圌山。竇圌山在江油市武都鎮東北十里，與大匡山遙遙相對，山勢雄偉奇特，三峰鼎立，壁立千仞，僅一峰有路可通，其他二峰有索橋聯結。根據《蜀中廣記．高僧傳》載，早在南朝梁大同年間（五三五至五四五）山上就建有神祠，並有竹索橋架在東西二峰間。唐末杜光庭《錄異記．竇圌山記》云：「竇圌山，真人竇子明修道之所也。……其頂有天尊古殿，不知始建年月。」《方輿勝覽》云：「竇圌山在江油縣，竇名圌，字子石，隱此山故名。李白送竇主簿詩即此。」《龍安府志》云：「竇子明，名圌，江油人，為彰明主簿，後棄官修道於此山，故名竇圌山。李白有送竇主簿詩即此。」在《彰明縣誌》、《江油縣誌》中有同樣記載，並收錄有《贈竇主簿》詩，此詩在宋刻《李太白文集》及其他李白集中皆作《登敬亭山南望懷古贈竇主簿》，那麼這個「竇主簿」是不是在竇圌山上隱居的竇子明呢？否！最早見「竇圌山」之名在唐武則天長壽三年（六九四）陳子昂寫的《陳該石人銘》中已經出現，其中云：「陳該去世於天授二年（六九一），歸葬於竇圌山之陽。」若以竇圌字子明這位真人命名其隱居之山，竇子明就應是唐高宗時的人。民間傳說他生於江油竇坪壩（九河灣），曾任彰明主簿，後棄官隱居於竇圌山，創建鐵索橋，因負債無力償還，跳岩升天，後人為紀念其苦行，以其名命山。在此之前竇圌山有猿門山、豆子山、豆圌山之稱，此後一直稱竇圌山。在山峰上建有竇真殿，內奉竇真人（子明）及夫人之像，至今仍存。在竇圌山命名時，李白尚未出世，因此李白寫的《登敬亭山南望懷古贈竇主簿》顯係另外一人。清代江油知縣桂星在《竇圌山前說》：「按《陳子昂集·陳該石人銘》已有竇圌山之名，陳子昂者，唐高宗時進士，卒於武周聖歷年間。而謂竇子明與李太白同時，太白則開元、天寶人，何以《太白全集》亦有竇圌山之名？即謂子明已仙，而竇圌山待何以不及子明？況余讀太白集有贈竇主簿者，《登敬亭山》詩也。太白開元十三年離隴西出遊襄漢，時年二十五，天寶十二年，由梁園至敬亭，年五十餘。夫以相去數十年，相屆數千里，而日主簿，且贈以詩所謂子明者，其果仙乎？非仙乎？既仙何以詩贈？既仙於隴西，何贈詩於敬亭？」他認為李白詩《贈竇主簿》不是贈給曾隱居於圌山的竇子明，詩也不是在家鄉所寫。詹鍈《李白詩文系年》將此詩系於天寶十二載（七五三），可從。因詩中說「百歲落半途」，也就說已年過半百，時在宣城，登敬亭山時寫的這首詩。詩中說的竇主簿據詹鍈說：可能是《溧陽瀨水貞義女碑銘》中的主簿扶風竇嘉賓。「子明」據《水經注》云：「昔縣人陽子明釣得白龍，後三年，龍迎子明上陵陽山……後百餘年，呼山下人令上山半，與語溪中。」這個「子明」並不姓竇，是傳說中的神仙，與彰明竇主簿無關。另據《一統志》：「丹台在陵陽山中峰之半，平夷可容數人，相傳竇子明嘗煉丹其上。」這個「子明」雖姓竇，但事跡與隱居竇圌山的竇子明也大不相同。總之《贈竇主簿》不是李白青少年時在家鄉寫的詩，不過李白的確遊過竇圌山，並留下題句：「樵夫與耕者，出入畫屏中」，《方輿勝覽》已收入此題句，後又收入《李太白全集》中。這兩句題詩淺近明快，對竇圌山雄奇秀麗的景色作了高度概括，的確是畫龍點睛之筆！

第四章　李白與巴蜀文化

李白生長於蜀，長達二十五年，整個青少年時期是在蜀中度過的，巴蜀文化強烈地影響著李白的一生，塑造著他的世界觀、人生觀、性格、思維方式以及文學創作的風格，而李白又為巴蜀文化增添異彩，對以後的發展產生深遠影響。

第一節　巴蜀文化的形成及其特徵

巴蜀是指以四川盆地為中心兼及周邊的山地以及漢中盆地、滇東北、黔西北、鄂西南等「與巴蜀同俗」的區域，是中華文明的重要起源地之一，是長江上遊的古代文明中心。在這一地域形成的文化稱巴蜀文化，是多元一體的中華文化的重要的有機組成部分。

巴蜀文化是在特殊的地理環境中經長時期歷史發展形成的。四川盆地古稱「天府之國」，四周由高原和山脈環抱，盆地中間的平原與丘陵土地肥美，水利發達，氣候溫和，比起同緯度的華東，夏天較涼爽而冬天較暖和，雨量充沛，有良好的生態環境，很適於人類居住。

早在人類起源的兩百多萬年前，就有巫山人出現。在十萬年前的舊石器時代，有資陽人出現。到新石器時代，在距李白故居青蓮不遠的綿陽邊堆山，有距今五千至四千五百年前的人類居住的遺蹟。在李白訪問道士的戴天山上大水洞中，有距今四千五百年前的人類活動遺址，與在成都平原的以六座古城遺址為代表的「寶墩文化」屬於同一時期。特別是距今三千多年前的廣漢三星堆和成都金沙遺址的發現，展示了獨放異彩的青銅文明，可以與中原的殷周時期的文明並駕齊驅。遠古傳說「巴蜀同囿，肇於人皇」，之後又有古蜀國五祖：蠶叢、柏灌、魚鳧、杜宇、開明的傳說，這些傳說與地下考古發掘可一一印證。

第一節　巴蜀文化的形成及其特徵

西元前三一六年，秦併巴蜀後，中原文化強烈地影響著巴蜀。秦始皇統一中國，實行中央集權專制主義，中華文化的共性駕馭在地域文化的個性之上，但巴蜀文化仍然延續了一個時期。至漢代，中國出現了穩定的大一統局面，巴蜀文化逐漸與中華文化融為一體，但共性不可能代替個性，巴蜀文化從思想意識、心理素質、思維方式、風習民俗等方面，顯示出鮮明的個性特徵。故古人說到巴蜀，總是視為「別一世界」，「人情物態，別是一方」，從西晉裴度的《圖經》到唐代杜甫的蜀中紀行詩，直到十九世紀末法國人古德爾孟的《四川遊記》都一致認為巴蜀是「異俗差可怪」的「另一世界」。

關於巴蜀文化的特徵已有不少學者論述。蒙文通先生在《巴蜀文化的問題》關於「巴蜀文化的特徵」論述中指出：「詞賦、黃老和卜筮、曆數，這才是巴蜀古文化的特點。」又說：「自西漢末年直到晉代，師承不絕，都是以黃老災異見長，共有三十餘人，這在兩漢最為突出。」這給我們很大啟示，現將巴蜀文化幾個側面的特色加以探索。

巴蜀文化具有開放性和兼容性，從學術思想方面表現出「雜」的特色。

由於巴蜀為崇山峻嶺所封鎖，其獨特的地理環境，形成相對獨立、自具特色的文化區域，自古被稱為「四塞之國」。李白驚嘆：「爾來四萬八千歲，不與秦塞通人煙。」但巴蜀文化並非封閉型的。由於巴蜀據長江上遊，四川盆地水路交通方便，沿長江谷地可進行東西文化交流，沿岷江河谷可進行南北文化交流。透過南方絲綢之路可與南亞、中亞與西亞連繫。巴蜀不僅農業發達，工商業也發達，很早就有發達的「貨賄山積」的工商業城市，具有開拓、開放性因素，有一種衝破盆地的束縛，拓展市場，求得新知的慾望。「從大的文化背景看，四川盆地處於長江、黃河兩大文明之間，介於西南、西北民族交匯，東亞與南亞文化交流的走廊之上。各種文化的交融，使盆地就像一個水庫一樣，接納各方文明『來水』」，或者說四川盆地猶如聚寶盆，使巴蜀文化成為南北文化和東西文化交匯、集結的「多層次、多維度的文化複合體」。

早在巴蜀文化的初生時期，就與外域文化相交流，顯示出開放性。考古發現，巴人的祖先是從鄂西清水流域遷入川東。蜀族中的蠶叢氏是從岷江上遊，魚鳧氏是從長江中遊，杜宇氏是從今雲南北部，開明氏是從荊楚之地，先後遷徙來到川西，與當地土著結合繁衍的。「禹興於西羌」，夏禹文化興於西蜀而流播於中原及至東部吳越。三星堆文化一二期出土的銅牌飾與二里頭夏文化相同，與夏禹文化的西興東漸說可以印證。三星堆和金沙遺址的玉琮、牙璋與東方的良渚文化相似，表明東西部不同區域文化的特徵交流和集結很早。三星堆青銅尊、罍等酒器和食器和中原殷墟是一致的，這說明它吸納中原文化並與之交流。它的開放性還體現在很早它就是著名的「南方絲綢之路」傳輸的集散中心，三星堆遺址的海貝、金杖，表明與中亞、西亞及海洋文明有連繫，這些都證明古代的巴蜀文化的開放性、複合性。

春秋戰國時期，巴蜀與中原、荊楚的連繫進一步加強。西元前三一六年，秦惠王伐取巴蜀之後，多次從北方向巴蜀移民。秦始皇統一六國後，將原六國的富商大賈遷徙入巴蜀。東漢末，避難入蜀者數萬，其中有不少士人。《三國志．蜀志》中入列傳者，外籍人士三十四人，而本籍才十七人。西晉惠帝時期，甘肅的略陽、天水有不少的人躲避戰亂，舉家南移，先至漢中，而後入蜀，這些移民後來都融合到巴蜀原住民中。

大量移民進入巴蜀，使巴蜀能兼容各種文化，博採眾家之長，顯示出雜交型、複合型的特色。從學術思想來看，巴蜀雖不似中原那樣產生著名的思想家，但有博採眾家之長的雜家。《鶡冠子》是戰國時期巴蜀人所著。陸佃在該書加寫的序言中說：「初本黃老，而末流迪於刑名」。《四庫全書總目提要》說該書「頗雜刑名，而大旨原本於道德」，將其歸之於「雜家類」。在《風俗通義》中說該書作者是人，也就是嘉陵江一帶的巴人，後巴為楚所滅，故《漢書·藝文志》稱其為楚人。總之，可以說這本書是巴蜀地區的產物。屍佼曾為商鞅之師，協助商鞅變法，「商鞅被刑，佼恐並誅，乃亡入蜀，自為此二十篇書，凡六萬言」。此書既有儒家思想，又有法家思想，《漢書·藝文志》將其歸於「雜家者流」。從戰國晚期開始，巴蜀又是秦漢移民之地，這些移民帶來了北方文化，使巴蜀文化顯得更為博雜。秦王政執政，呂不韋獲罪，勒令「其與家屬遷處蜀……文信侯（呂不韋）飲鴆死，竊葬，其舍人臨者皆逐遷之」。《華陽國志》載：「秦始皇徙呂不韋舍人萬家於房陵（當時屬於巴）。」這些被遷入巴蜀的舍人必定有參與《呂氏春秋》撰寫的，該書是雜家的代表作，《四庫全書總目提要》說「是書裒合群言，大抵據儒書者十之八九，參以道家墨家之近理者十之一二」。這種雜家思想隨呂不韋門客之遷入巴蜀，必然在巴蜀流傳，對巴蜀的學術思想產生深遠影響。在漢初黃老之術又傳入西蜀。黃老之術形成於戰國初期，它的思想特點是「因陰陽之大順，采儒墨之善，撮名法之要，與時遷移，應物變化，無所不宜」。這也是博採眾家之長。

儒家思想傳入巴蜀的時間較晚。漢景帝至武帝時，文翁在蜀首創地方官學，「遣雋士張叔等十八人東詣博士受七經，還以教授，學徒鱗萃，蜀學比於齊魯」。漢武帝以儒家思想為中國統治思想，巴蜀也不例外。不過儒學在巴蜀並無深厚的傳統，也無著名的經學大師。在巴蜀缺少一整套為專制主義中央集權統治服務的倫理道德觀。《漢書·地理志》云：「景武間，文翁為蜀守，教民讀書法令，不能篤信道德，反以好文刺譏。」在《漢書·儒林傳》所列二十七人中均無蜀人。西漢著名的蜀中思想家並未局限於儒學，而是善取各家之長，形成自己的思想體系，如嚴君平，融合道儒兩家，「專精大《易》，耽

第四章　李白與巴蜀文化

於《老》、《莊》。常卜築於市，假著龜以教，與人子卜，教以孝，與人弟卜，教以悌，與人臣卜，教以忠，於是移風易俗，上下茲和」。他既精通儒家經典《易》，又深鑽道家經典《老子》、《莊子》，教人以儒家經典提倡的倫理道德，這就是融合儒道。嚴君平的弟子揚雄，思想總體上說是以儒家為主，但也並不局限於儒家，「不為章句，詞詁通而已。博覽無所不見」，遍涉各家學說，把道家的宇宙觀與儒家的倫理思想相結合，對諸子百家既有所取，又有所不取，既有所肯定，又有所批評。揚雄雖被後世稱為「大儒」，而實際上他非單純的儒家，而是雜采了各家之長。東漢時期巴蜀有幾個儒者上了《後漢書．儒林傳》，但他們也顯示了巴蜀學術思想「博雜」的特點，如楊統及其子楊厚、任安、景鸞、段翳等，都是將當時流行的今文經、讖緯之學與巴蜀傳統的黃老之術、卜巫、天文推步之術相結合，而形成頗具蜀地特色的地方之學。

唐代巴蜀傑出的思想家趙蕤是典型的雜家，《新唐書．藝文志》和《四庫全書總目提要》都將趙蕤的著作《長短經》歸為「雜家類」，謂其書「其源出於縱橫家，主於因時制變，綜核事功，不免於雜霸之學」。書中縱論諸子百家之長短，反對偏好某一種學說，主張全面研究各派學說，根據實際情況的需要變通取捨。在《長短經》中包容了儒、道、法、墨、兵、陰陽、縱橫等各家之說，是名副其實的雜家。趙蕤是李白的老師，他對李白的思想產生了重大影響。

從政治上看，獨立性、分散性、叛逆性很強。因其遠離統治中心，中央政權鞭長莫及，又有既富且險的特殊自然條件，經濟發達，可自給自足，地勢險要，可憑險拒守，地方偏遠，受正統思想之束縛較少，非正統化傾向明顯。在政治上往往表現出自為中心、自成體系，「周失綱紀，蜀先稱王。七國皆王，蜀又稱帝。是以蠶叢自王，杜宇自帝」。巴蜀在歷史上多次成為稱雄割據者的安身立命之所，或農民起義的據點。《華陽國志・序志》：「西土險固，襟帶易守，世亂先違，道治後服，固逋逃必萃，奸雄窺覦。」在南北朝時期就有「蜀人貪亂樂禍」的說法。《通典》曰：「巴蜀之人，少愁苦而輕易淫佚……土肥沃，少凶歲，山重複，四塞險固。王政微缺，跋扈先起。」又有「蜀中斗絕，易動難安」的說法。明人高岱的《鴻猷錄》說：「蜀地與中原隔絕。昔人謂其先天下而亂，亦後天下而平。」明末清初歐陽直的《蜀警錄》說：「天下未亂蜀先亂，天下已治蜀後治。」郭沫若說：「亂是什麼？就是革命……（四川人）先亂是說革命性豐富……地方偏僻則離統治力量的中樞較遠，中樞力量鞭長莫及，故能先天下而發難。物產豐富則能閉關自守，支持長久消耗，故可後天下而太平。」

從巴蜀的知識分子來看，素以出不遵禮法，蔑視權貴，豪放不羈，傲氣十足，特立獨行，憤世嫉俗，離經叛道的人物而著稱。《漢書・地理志》說巴蜀文人「未能篤信道德，反以好文刺譏」。《隋書・地理志》說「薄於情理」，也即是說受封建傳統禮教的束縛少，保持獨立的人格，不願做帝王的奴才。如司馬相如敢於衝破封建禮教，偕自己心愛的卓文君私奔，後來又開起了酒店，卓文君當壚，司馬相如跑堂，這都是驚世駭俗之舉。司馬相如被召入京後，不願與東方朔、枚皋一樣當成徘優畜之，「其進仕宦，未嘗肯與公卿國家之事，稱病閒居，不慕官職」，與漢武帝保持不即不離關係。嚴君平一輩子不願做官，不與統治者合作，可以說是漢代的莊子。揚雄「不汲汲於富貴，不戚戚於貧賤」，閉門著書，白守清貧，不與當權者同流合汙。梓潼士人李業面臨白帝公孫述的徵聘書和毒酒，他說：「名可成不可毀，身可殺不可辱」，毅然飲毒酒身亡，拒絕徵聘。江原士人王皓、王嘉也是情願自殺而不應公孫述徵聘。李白之師趙蕤為保持自己的獨立人格和政治主張而多次拒絕唐玄宗征辟，在他的《長短經》中公然否定封建專制主義和「君權神授」的正統觀念。總之，特殊的自然環境和歷史條件造成巴蜀人蔑視官府，不願做皇帝的順民，富有反抗的精神。

從思維方式看，具有神祕詭異、浪漫奇特、想像豐富的特點。巴山蜀水，雄奇幽麗，奇峰峻嶺，鬼斧神工，溶洞幽深，神祕莫測，雲海佛光，虛幻縹緲，充滿著原始的野性的神奇和詭祕，很容易聯想起神仙鬼怪，令人產生敬畏之心，因而宗教氣氛較濃。《漢書．地理志》：「（楚）信巫鬼，重淫祀……與巴蜀同俗。」劉師培《南北文學不同論》說：「大抵北方之地，土厚水深，民生其間，多尚實際。南方之地，水勢浩洋，民生其間，多尚虛無。」范文瀾說中國古代北方為「史官文化」，「史重人事，長於事實」，南方為「巫官文化」，「巫事鬼神，富於想像」。幾千年來，在神奇的巴山蜀水流傳著許許多多仙與鬼的民間傳說。這些神話傳說多被保留在《山海經》、《蜀王本紀》、《華陽國志》等書中。其中有大禹出生和治水、古蜀帝王蠶叢與魚鳧、望帝化為杜鵑、鱉靈死而復生、五丁開道、李冰治水、二郎擒孽龍、萇弘之血化碧、彭祖、王喬成仙、廩君與鹽水神女、巫山神女瑤姬等傳說。在考古發掘中，出土了大量與神話故事相輝映的想像非常豐富，十分誇張的青銅器、陶器、玉器，特別是三星堆、金沙遺址的文物。如半人半神的青銅造像十分奇特怪異，有的眼球突出幾十公分，有的耳朵特別大，有的鼻上飾雲雷紋，還有戴冠鳥足人像、人身鳥爪。最大的一尊青銅人高二點六公尺，一雙誇大的手握有法器，說明他有通天的本領。四公尺高的神樹，歇著太陽鳥，與《山海經》上說的「上通於天」，「溝通神靈」的「建木」可以相互印證。還有金沙遺址中的太陽神鳥金箔，中心為旋轉的雲氣，周圍是四只飛行的神鳥。這些有非常的想像力和驚人的創造力的青銅器，與中原造型凝重、寫實的青銅器風格顯然大不相同。這些考古發掘也證明了巴蜀地區自古巫術流行，巫風彌漫。三星堆出土的大型青銅雕像群、黃金面罩、金杖，各種青銅動物、植物、怪獸群像，以及大量象牙、玉器，均與降神、通神、祈神降福的巫術儀式和巫歌、巫舞有關，也足以顯示出巴蜀巫風之盛。延及秦漢，巴蜀「巫鬼」崇拜盛而不衰。譚繼和先生說：「古蜀文化的內涵是重仙的文化，這是與中原不相同的。中原文化重禮化，它的文化元典是《詩經》。南方文化重巫，它的元典是《楚辭》。南方文化又可以分為若干區域，其中的楚重巫化，蜀重仙化，巴重鬼化，這是幾種不同的文化想像力與不同的思維方式的體現。」

巴蜀人神祕詭異的思維產生了原始巫教。西漢初期黃老思想傳入巴蜀。東漢順帝時，沛國（今江蘇）人張道陵在西蜀的鶴鳴山、青城山修道。《神仙傳》記載：「初，（張）天師值中國紛亂，在位者多危……方退身修道，十年間已成道矣。聞蜀民樸素可教化，且多名山，乃將弟子入蜀，於鶴鳴山隱居……先時蜀中鬼魔數萬，白晝為市，擅行疫癘，生久罹其害。自六天大魔摧伏之後，陵斥其鬼眾，散居西北不毛之地，與之誓曰：『人主於晝，鬼行於夜，各有司存，違者正一有法，必加誅戮。』於是幽冥異域，人鬼殊途。今西蜀青城山有鬼市並天師誓鬼碑石。」張道陵一方面改造巴蜀的原始巫教，收服巫教信眾，吸收巴人重鬼、蜀人重仙的思想，同時又吸取陰陽五行、黃老思想，以《道德經》為經典，自撰《老子想爾注》，刪損《道德經》，將老子神化，尊其為「太上老君」，奉之為教主，完成了從哲學的道家到宗教的轉化，創建了原始道教，在巴蜀及漢中設立二十四治（教區），入教者需出五斗米，因此又稱五斗米教，教徒尊張道陵為天師，又稱天師道，巴蜀成為道教的發源地。經過張道陵、張衡、張魯祖孫三代的傳教，道教在巴蜀、漢中有了很大的發展，特別是張魯建立了政教合一的漢中政權，廢除官吏，以祭酒為治；廢除嚴刑峻法；設立義舍，備有米、肉，供行旅之人免費住、吃。張魯統治漢中近三十年，政局安定，受到漢族和少數民族的擁護，史稱「民夷便樂之」，其勢力十分強大，影響深遠。在漢魏之際，巴蜀的天師道成為中國道教的主幹，而在道教的發祥地更是道風千年未淪落。直到李白生活的唐代，李唐統治者為神化其統治地位，攀附老子為其先祖。特別是唐玄宗對道教特別尊崇，蜀中的道風更盛。唐人寫的《隋書．地理志》說，巴蜀「崇重道教，猶有張魯之風焉」。

道教信奉「自然、無為、重視生命的修煉和永恆」。崇尚玄學，放浪形骸，不拘禮法，自由不羈，張揚個性，提倡及時行樂，追求空靈飄逸。這些道教的思想理論深刻影響了巴蜀人的思想和生活方式，成為巴蜀文化的重要內容和突出特色。可以說巴蜀的雄奇秀麗的山水和歷史、文化孕育了道教的產生，而道教也豐富了巴蜀的地域文化。

巴蜀人富於想像的思維方式與道教的思想深深地影響著巴蜀的文學藝術，造就了想像奇特、誇張、虛構的浪漫主義的表現風格。前述巴蜀的神話傳說就是原始的浪漫主義的文學作品。到漢代，巴蜀誕生了中國一流的文學家、辭賦家，領導文壇數百年。蘇軾說：「文章之風，唯漢為盛，為貴顯暴著者，蜀人為多。蓋相如唱其前而王褒繼其後，峨冠曳佩，大車駟馬，徜徉乎鄉閭之中，而蜀人始有為文之意，絃歌之聲，與鄒、魯比。」（《謝范舍人書》）西漢的司馬相如、王褒、揚雄，東漢的李尤都是蜀中著名的辭賦家。可以說巴蜀是中國詞賦文化孕育的聖地。司馬相如說，辭賦「合纂組以成文，列錦繡而為質，一經一緯，一宮一商，此作賦之跡也。賦家之心，包括宇宙，總覽人物，斯乃得之於內，不可得其傳」（《答盛覽問作賦》）。辭賦鋪張揚厲，文采瑰麗，想像奇特，氣勢豪放，成功地應用了誇張虛構的浪漫主義的創作手法，這也影響了以後的巴蜀文學家。巴蜀文化孕育出許多傑出的文學家、詩人，明代何宇度在《益部談資》中說，「蜀之文人才士，每出皆表儀一代，領袖百家」，可見對中國文學產生的深遠的影響。

第二節　李白接受巴蜀文化的影響

李白生於巴蜀，二十五歲才離開巴蜀，他的青少年時期是在巴蜀渡過的。佛洛伊德曾提出一個著名的論點：「兒童期經驗是成人個性區別的根本來源。」郭沫若說：「一個人在年輕時可塑性最大，一個人要成為什麼，主要就在年輕時的教育。」青少年時期是一個人的世界觀、人生觀、性格、氣質基本形成的時期，青少年時期接受的影響是終身難以改變的。李白自小就接受巴蜀文化的薰陶，他的思想、個性、氣質和詩歌創作風格，都深深地打上了巴蜀文化的烙印。

李白的思想博而雜，顯然是受兼容性、開放性很強的巴蜀文化的影響。如上述，巴蜀文化在學術思想方面的顯著特點就是「雜」，也就是兼收並蓄、雜采眾家之長。這對李白產生了很深的影響，他學習的內容十分博雜，「五歲誦六甲，十歲觀百家，軒轅以來，頗得聞矣」（《上安州裴長史書》）；「十五觀奇書，作賦凌相如」（《贈張相鎬》）；「十五學神仙，仙遊未曾歇」（《感興》）；「十五好劍術」，可見李白少年時代並不像北方士族的子弟那樣專攻儒家經典，而是縱覽黃帝以來的數千年歷史，橫觀諸子百家的學說，既學文，又練武，「六甲」可能是道教書中的「奇門遁甲」之類，「奇書」應當是趙蕤的雜采群言，融匯百家的《長短經》，李白「依潼江趙徵君蕤……從學歲餘」。《長短經》成書於開元四年，此時李白十五六歲，拜趙蕤為師，其教科書也就是這本剛寫好的《長短經》，也可能還有其他的「奇書」，但絕不會是正統的儒家經典。正因為李白從小接受的教育不拘於一家，而是廣泛涉獵各家學說，因而形成他思想的博雜。關於李白思想究竟屬哪一家？爭論很大，有法家說，有儒家說，有道家說，有內儒外道說等，郭沫若在《李白與杜甫》一書中說：「李的思想……基本上是儒、釋、道三家的混合物。」葛景春說：「李白思想有個顯著的特點——雜。」「各種思想在他上互相融合，互相滲透」。筆者贊成這種看法。李白思想「雜」的特點其形成原因，正是因為他從小就生活在複合型、雜交型的巴蜀文化氛圍之中，所受的教育就具有「雜」的特點。這種「雜」使他能吸收各家之長，開闊眼界，解放思想，在詩歌創作上取得輝煌成就。

李白富於叛逆的人文性格，正是受了巴蜀文化的影響。李白以司馬相如、揚雄為楷模，特別是受他的老師趙蕤影響很深，而這些人都是不遵禮法，蔑視權貴，豪放不羈，特立獨行，離經叛道之人，在這些人思想的影響下李白形成輕慢禮法，蔑視權貴，「戲萬乘若僚友，視儔列如草芥」的性格。他希望做帝王之師，而不願「摧眉折腰事權貴」，不願意做皇帝和當權者的奴才。他要求保持獨立的人格，少年時寫的《詠石牛》「自來鼻上無繩索，天地為欄夜不收」。後來他又自稱「不屈己，不干人」。「出則以平交王侯，遁則以俯視巢許」。與他同時代的任華說他「平生傲岸，其志不可測，數十年為客，未嘗一日低顏色」。唐代人傳說：「李白不能屈身，以腰間有傲骨」。他敢於抨擊和譏笑當時的最高統治者——皇帝，對於炙手可熱的宦官大頭目高力士敢於讓其脫靴，更不把貴妃王公貴族放在眼裡。

風景如畫的李白故里，是道教的發祥地，有許多道觀和修煉的道士。道教崇尚自然，道觀大多選擇在風景秀麗的群山之中。在李白家對門有座紫雲山，他自述：「家本紫雲山，道風未淪落。」（《題嵩山逸人元丹邱山居》）紫雲山又稱紫山，因峰巒俊秀，林木茂盛，常有紫色雲彩郁聚其上，故有此名。唐代時山上有道觀，香火很旺，是聞名遐邇的道教聖地。李白隱居讀書的大匡山、小匡山、戴天山、太華山都有道觀。太華山有三峰狀如華岳，與大匡山為同一山脈，兩山緊緊相連，在唐代也是道教名山。據《龍安府志．人物》云：「唐，毛真人在太華山修煉，道成仙去，今太華觀乃其遺蹟。」在戴天山南面有乾元山金光洞，唐宋時期是道教聖地，至今尚遺存著幾十尊宋代的道教石雕神像。與大匡山遙遙相望的竇圌山，早在南朝梁時就有道觀。據五代杜光庭《竇圌山記》：「綿州昌明縣竇圌山真人竇子明修道之所也。西接長岡猶可通車馬；東臨峭壁，陡絕一隅。自西壁至東峰，石筍如圌，兩崖中斷，相去百餘丈，躋攀絕險，人所不到。其頂有天尊古宮，不知始建年月。」距李白故居僅二十多公里的綿州西山仙雲觀、玉女泉，隋唐時期也是道教聖地，至今尚保留著隋唐的道教摩崖石刻，也是中國最早的道教造像。與江油相鄰的梓潼七曲山大廟是著名的道教神祇文昌的祖庭。

李白生長於道風一直很盛的道教發祥地，從小就受道風的薰陶。他自稱「十五學神仙，仙遊未曾歇」。少年李白就經常到道教聖地，遊道觀、訪道士，沉浸在道風之中。紫雲山就在他家對面，他肯定在年少之時就上紫雲山拜道教的神靈。後來他隱居大匡山，與既是隱士也是道士的東岩子「巢居數年，不跡城市，養奇禽千計」。他還不止一次上戴天山尋仙訪道，寫下了膾炙人口的《訪戴天山道士不遇》。李白曾到與大匡山相鄰的太華山尋仙訪道，寫下了《尋雍尊師隱居》、《太華觀》。《方輿勝覽》記載：「李白《題竇圌山》：『樵夫與耕者，出入畫屏中。』又《送竇主簿》詩：『願隨子明去，煉火燒金丹。』竇子明名圌，隱此山，故名。」李白與竇圌山的道士交往很深。此外，李白年輕時「往來旁郡」，尋仙訪道。如江油（今在平武南壩）的縣尉是「焚香讀道經」的好道者，李白跋涉百多里前去訪問，寫了《贈江油縣尉》。唐代的峨眉山還不是佛教道場，而是道教名山，至今峨眉山上還保存著一通唐玄宗下詔保護山中道教的碑刻。唐代著名的道士、醫藥學家孫思邈就曾在峨眉山中煉丹，至今還有藥王洞遺蹟。青年李白上峨眉山尋仙訪道，寫了《登峨眉山》，展示了遠絕塵寰的神仙境界，表達了「倘逢騎羊子，攜手凌白雲」的成仙得道的願望。

第四章　李白與巴蜀文化

由於李白從小受道風很盛的巴蜀文化之影響，與道教有了密不可分的機緣。道教深深地影響著他的精神氣質、生活道路和詩歌創作風格。李白出蜀後，在江陵遇到當時最有名的道士司馬承禎，誇獎他「有仙風道骨，可與神遊八極之表」（《大鵬賦．序》），後來賀知章第一個稱他為「謫仙人」。他的精神特質以曠達、風流、灑脫的道家風範著稱。這與他從小就受道風的薰陶是分不開的。道教崇尚自然，提倡及時行樂，追求超凡脫俗，空靈飄逸。李白的生活道路也深受道教影響，他不同於當時知識分子走科舉之路，而是走入大自然，在道教名山尋仙訪道，廣泛地與道士交朋友，利用道教的關係網，打通從政之路。後來終於透過道士吳筠、玉真公主的推薦，以「素蓄道義」之名聲，被玄宗召入皇宮。入京後，他發現玄宗已經昏庸，不可能實現其政治理想，毅然放棄，出京後不久，在山東接受道籙，成為正式的道士，再一次過著閒雲野鶴般的道士生活。

道教深深影響著李白的詩歌創作風格。道教中那些神奇浪漫的故事，飄逸的瑰麗的仙境，正好為李白提供了浪漫主義的文學素材。李白的詩歌豪放飄逸，「壯浪縱自態，擺去拘束」，「飄然而來，忽然而去……自有天馬行空，不可羈勒之勢」，充滿了神仙之氣，故號為「詩仙」。

在研究道教對李白影響很深的原因時，不僅要看到李唐統治者特別是唐玄宗大力提倡道教，還必須注意到李白從小生長在道風特盛的道教發源地。否則就無法解釋為什麼同時代的杜甫受儒家影響很深，王維受佛教影響很深。這只能從他們所受地域文化影響的不同來尋找原因。

巴蜀的文學前輩的生活道路與文學創作也深深地影響著李白。詞賦是古巴蜀文化的特點之一，西漢時期巴蜀出了三大漢賦家：司馬相如、揚雄、王褒，他們創作的漢賦成功地運用了誇張、想像、虛構的浪漫主義的表現手法。李白從小就仰慕司馬相如、揚雄，在他的詩中提到司馬相如的有十八處，提到揚雄的有十二處，他說：「余少時大人令誦《子虛賦》，私心慕之。」（《秋於敬亭送從侄遊廬山序》）到十五歲時已經能「作賦凌相如」了。《擬恨賦》、《明堂賦》、《大獵賦》就是他在蜀中創作的，這些賦對司馬相如、揚雄的賦既有繼承也有發展。當時的名人蘇頲讀了他的詩賦，誇獎鼓勵他「天才英麗，下筆不休，雖風力未成，且見專車之骨，若廣之以學，可以相如比肩也」（《上安州裴長史書》）。這使他更加奮發地向本地文學前輩學習，繼承和發揚他們的浪漫主義手法，充分汲取漢賦鋪張揚厲、氣勢恢宏的特點，而成為傑出的浪漫主義詩人。

司馬相如、揚雄都是憑著自己的辭賦名聞天下，感動人主而被召入京，受到皇帝的信任。他們的成功之路深深地影響了李白。他不願按部就班走科舉之路，而是要像自己的前代同鄉那樣「一鳴驚人，一飛沖天」，憑自己的才華和錦繡文章被天子破格任用，一步登天。他向唐玄宗獻賦，就是學的司馬相如、揚雄以賦得到天子的重視。他說：「昔獻長楊賦，天開雲雨歡。當時待詔承明裡，皆道揚雄才可觀。」（《答杜秀才五松山見贈》）他還以司馬相如、揚雄自比，如「聖主還聽子虛賦，相如卻欲論文章」（《自漢陽病酒歸寄王明府》），可見受司馬相如、揚雄影響之深。

李白從思想意識、性格、文學創作風格等方面受鄉人陳子昂影響甚深。陳子昂，射洪人，射洪與綿州相鄰，李白與陳子昂的故居相距約一百公里。陳子昂在西元七〇〇年去世於射洪，第二年李白出生於江油。他們都受同一地域文化的熏染，有許多驚人的相似之處。陳子昂出身豪族，其父「瑰瑋倜儻」，「以豪俠聞」，「山棲餌術」，「究覽墳籍，居家園以術其志」（盧藏用《陳氏別傳》）。可見是一位行俠仗義，頗有文化修養的隱士，與李白之父「高臥雲林，不求祿仕」非常相似。陳子昂與李白都不專攻儒家經典。陳子昂「少好三皇五帝霸王之經」（《諫政理書》），「經史百家，罔不該覽。尤善屬文，雅有相如、子雲之風」（盧藏用《陳氏別傳》）；而李白「五歲誦六甲，十歲觀百家」（《上安州裴長史書》）。他們都受道教影響很深。陳子昂「家世好服食，昔常餌之」（《觀荊玉篇序》），「平生白雲志，早愛赤松遊」（《答洛陽主人》）。他們都曾學縱橫之術，任俠仗義，輕財好施，喜歡擊劍，放蕩不羈。陳子昂說：「赤丸殺公使，白刃報私仇」（《感遇》三十四）；而李白也是「少以俠自任」，「脫身白刃裡，殺人紅塵中」。陳子昂「好施輕財而不求報」（《舊唐書・陳子昂傳》），而李白也曾「不逾一年，散金三十萬，有落魄公子，悉皆濟之」（《上安州裴長史書》）。李白對同鄉前輩陳子昂很崇拜，他說：「梁有湯惠休，常從鮑照浮。峨眉史懷一，獨映陳公出。卓絕二道人，結交鳳與麟。」（《贈僧行融》）他把陳子昂比為卓爾不群的鳳凰與麒麟，可見十分的敬慕景仰。朱熹說：「李太白詩……《古風》兩卷，多效陳子昂，亦有全用其句處。太白去子昂不遠，其尊慕之如此。」（《朱子語類》）陳子昂是唐代詩歌革新的先驅者，他秉承了巴蜀人不師故轍、敢於創新的思維方式。當時流行在詩壇上的仍然是形式主義的衰靡文風，「逶迤頹靡，風雅不作」（《修竹篇序》）。他大加抨擊，以「復古」為旗號，繼承「風雅興寄」、「漢魏風骨」的傳統，主張詩歌要發揚批判現實的作用，要有高尚充沛的思想感情，剛健充實的現實內容，強調詩歌的教化功能。他又以自己的詩歌創作實踐體現他的革新主張，從而奠定了盛唐詩歌的堅實基礎。李白則是承傳了陳子昂的詩歌革新的主張，並加以發揚光大，高舉詩歌革新的大旗，盡掃梁、陳衰靡之風。正如李陽冰所說：「陳拾遺（陳子昂）橫制頹波，天下質文翕然一變，至今朝詩體，尚有梁陳宮掖之風。至公大變，掃地並盡。今古文集，遏而不行。唯公文章，橫被六合，可謂力敵造化歟！」（《草堂集序》）兩位巴蜀文化孕育出來的詩人，前後相繼，進行盛唐的詩歌革新，迎來了中國詩史上的黃金時代。

第三節　李白為巴蜀文化增添了光彩，深深影響巴蜀世代文人

巴蜀文化孕育了李白，李白又為巴蜀文化增添了光彩，豐富了巴蜀的文化的內容，李白的思想、性格和創作風格對巴蜀後世的文人學士產生了巨大影響。繼李白之後，宋代有蘇軾，明代有楊慎，清代有李調元，現代有郭沫若……這些「蜀之文人才士，每出皆表儀一代，領袖百家」。這些傑出的巴蜀人物都非常尊崇李白，繼承和發揚了李白的思想和創作風格。

蘇軾青年時期就「博通經史，屬文日數千言」，形成了他思想的博雜，對儒、道、佛兼收並蓄，形成自己的思想體系，被稱為「蜀學」。蘇軾非常讚賞李白傲岸不羈的性格，他說：「士以氣為主，方高力士用事，公卿大夫爭事之，而太白使脫靴殿上，固已氣蓋天下矣！使之得志，必不肯附權幸以取容……戲萬乘若僚友，視儔列如草芥，雄節邁倫，高氣蓋世。」蘇軾以李白為榜樣，一生堅持自己的政治主張，絕不阿附新舊兩黨的權貴。在詩歌創作方面，繼承了李白提倡的清新、自然、質樸之美，反對刻意雕琢和模擬；發揚了李白的浪漫主義風格，他的詞想像豐富，誇張奇特，比喻巧妙，豪邁奔放，氣勢磅礴。我們可以看出李白與蘇軾之間在文學創作方面有很明顯的承傳關係。

楊慎，字用修，號升庵，四川新都人。明代著名的詩人和學者。對李白十分景仰，清人葉思庵說：「楊用修好譽其鄉人，屢尊太白。」（《龍性堂詩話》）他認為「李白為古今詩聖」（《周受庵詩選序》）。楊慎與李白有許多相似之處。楊慎也是從小就廣泛涉獵經史，知識領域非常寬廣，《明史》稱「明世記誦之博，著作之富，唯慎為第一」。他因仗義執言，遭到貶謫，其身世頗似李白而更為不幸，故對李白這位同鄉前賢有更深的理解和感情。面臨人生的挫折，他學習李白的樂觀豪放，疏狂恣肆，縱

酒論詩，逍遙物外，以求自解。他對李白的出生地、家世、生平做了許多很有價值的考證。他的詩歌也是取法於李白，「楊子冠之年也，其修辭蕩放流動，渢渢乎入李白」（張含《南中集序》）。他像李白那樣喜歡寫樂府歌行體，他寫的一百多首古樂府，深得李白之遺韻。

清代著名詩人學者李調元是綿州人，與李白可以說是小同鄉。對於李白這個同鄉前輩詩人推崇備至，他自稱：「余自束髮授書，即喜太白所為詩歌文章，每手一編，朝吟而夕覽。」（《重刻李太白全集序》）他自比李白「余本今之詩狂者，非李太白不取也」。他甚至說「我詩頗向太白偷」，也就是借用或化用李白的詩句。可見李白詩歌對李調元影響之深。李調元與李白有許多驚人的相似之處，甚至在其故鄉，傳說其是李白轉世。李調元也是從小顯露才華，博覽經史子集，學術思想博大精深。他也當過翰林，他的性格也像李白那樣剛直不阿，不畏權勢，他也曾怒斥向他索賄的宦官。由於得罪權貴而遭貶謫，又中途遇赦。他讚賞李白「豪氣壓群凶，能使力士脫靴，貴妃捧硯」。他對李白的不幸遭遇十分同情。他說：「我蜀多才人，皆為文字官，皆不擇細行，又皆竄夷蠻。唐之李供奉，長安酒家眠，朝賦清平調，暮竄夜郎天。」

李白一直影響到現代的郭沫若。郭沫若對同鄉前賢李白特別推崇，他明確表示「唐代的幾位詩人，我比較喜歡李白，這是我的口味，不能拿別人的嘴巴來代替我的嘴巴」。在《李白與杜甫》一書中，明顯地表現了對李白的過分偏愛。郭沫若在青年時代就表現出強烈的叛逆性格，後來他一生好做翻案文章，這不能不說是受李白的影響。特別是他的詩歌創作，深受李白的浪漫主義詩風的影響。在「五四」時期創作的以《女神》為代表的新詩，氣勢雄渾豪邁，激情洶湧澎湃，敢於衝破舊文化的羅網，大膽追求自由解放，標誌著新的詩歌時代的到來。郭沫若的新詩，從思想到藝術風格與李白都有千絲萬縷的連

第三節　李白為巴蜀文化增添了光彩，深深影響巴蜀世代文人

繫和不可割斷的承傳關係。郭沫若在李白研究方面是下了深功夫的。在「文革」十年學術界一片荒漠之時，寫了專著《李白與杜甫》，儘管其中有一些觀點值得商榷，如說李白出生碎葉，李白之父是豪商等；有些是受當時政治風氣之影響，如對杜甫詩歌搞斷章取義、無限上綱批判，是不可取的。但書中對李白及其詩歌進行了總體的深入的研究，提出「李白的思想……基本上是儒、釋、道三家的混合物」，批駁了李白是西域胡人的錯誤觀點，論證李白曾二入長安……他的一些精闢的見解，為李白研究作出了重要貢獻。

李白、蘇軾、楊慎、李調元、郭沫若等雖生活在不同時代，但他們在思想、性格、文風等方面都有驚人的相似之處，這不能不從「環境之熏習」來看這個問題。陳寅恪在《天師道與濱海地域之關係》與《陶淵明之思想與清談之關係》（《金明館叢稿初編》）中一再強調一種思想和風格的形成與「環境之熏習，家世之遺傳」有很大關係。從歷史上看，任何有獨特風格的文學藝術家，都有其濃厚深遠的文化承傳關係，他們的性格、他們的作品必然會有意識或無意識地帶有所在區域文化的鮮明烙印。美國著名人類學家露絲·本尼迪克特說：「個體生命史首先要適應他的共同體世代相傳的方式和標準從他出世時候起，他生入其中的風俗習慣就塑造他的經驗和行為，到他會講話時，他已經成為他所屬文化的小小創造物，到他長大並且能參加他的活動時，它的習慣就是他的習慣，它的信念就是他的信念。」這就是說人在其所生活區域的文化對這個人的影響是難以察覺和無可抗拒的。在特定區域內產生的特定文化一旦形成，就會代代相傳，不斷積澱固化，並體現在該文化圈內的社會群體特徵和個體行為表現上。在巴蜀這塊土地上，歷史上出現的文化名人，從司馬相如、揚雄，到陳子昂、李白，再到蘇軾、楊慎、李調元，以至現代的郭沫若、巴金、沙汀等，在他們身上可以找出許多共同特徵，這些特徵是巴蜀文化在他們身

上打下的鮮明烙印。

李白繼承了巴蜀文化的優良傳統，在他走出夔門遍遊天下時又汲取了其他各地域文化的精華，才使他成為唐代詩壇的泰。如果他不走出巴蜀，不接受其他地域文化之精華，充其量不過三四流詩人，對此應作出足夠的評價。

不過，李白受各地域文化的影響有先有後，有深有淺，有主有次，但影響最大、最深的仍是巴蜀文化，因為李白整個青少年時期都是在蜀中度過的，而青少年時期接受的影響是終身難以改變的。這就使李白形成他獨特的個性。如上所述，學術思想方面的「雜」，藝術表現上的浪漫主義以及奔放不羈的人文性格都在青少年時期給李白的思想和創作打下深深的烙印。李白出蜀時已經不是一張白紙，而是塗上了巴蜀文化的特異色彩，後來接受的各地域文化的影響，不過是在已有的色彩上再增異彩，這就使李白不同於同時代的其他詩人。例如李白與杜甫是同時代的偉大詩人，他們同樣受中華文化的哺育，他們的確也有不少的相同之處，但他們的個性是很不同的。這是因為李白先生活在南方，後生活在北方，而杜甫先生活在北方後生活在南方，他們在青少年時代所受的地域文化影響不同。杜甫青少年時期受的是北方文化的影響，從小受正統的儒家教育，因而他的思想是以儒家思想為主導，他的創作風格是現實主義的，這與李白有明顯的區別。

李白蜀中主要活動年表

西元七〇一年武后長安元年誕生於蜀之綿州昌隆縣青蓮鄉（今江油市青蓮鎮）。

西元七〇五年中宗神龍元年五歲在父親指導下開始讀書，「誦六甲」等。

西元七一〇至七一四年睿宗景雲元年至玄宗開元二年十至十四歲在青蓮家中博覽諸子百家，通觀史籍，誦《子虛賦》等詩賦。創作詩歌：《詠石牛》、《螢火蟲》、《即景》、《上樓詩》、《初月》、《雨後望月》、《曉晴》、《對雨》、《望夫石》等。

西元七一五至七一七年玄宗開元三年至開元五年十五至十七歲西元七一五年春夏做昌明縣小吏，吟《謝令妻》、《山火續句》、《觀漲續句》，得罪縣令後上匡山與東岩子隱居。觀奇書，作詩賦，練劍術，遊神仙，養奇禽。創作的賦有《擬恨賦》、《明堂賦》，創作的詩有《太華觀》、《尋雍尊師隱居》、《訪戴天山道士不遇》等，遊竇圌山有題句。綿州舉有道，不應。

西元七一八至七一九年玄宗開元六年至七年十八歲至十九歲到梓州郪縣長平山安昌岩，拜趙蕤為師，從學歲餘。

西元七二〇年開元八年二十歲春夏之交拜謁蘇頲，遊成都，創作《春感詩》、《登錦城散花樓》、《白頭吟》，夏遊眉州象耳山。至渝州，拜見李邕，寫《上李邕》、《酬宇文少府見酬桃竹書筒》。秋遊峨眉山，創作《登峨眉山》。冬回大匡山，寫《冬日歸舊山》、《大獵賦》。

西元七二一至七二三年開元九年至十一年二十一歲至二十三歲繼續隱居大匡山，讀書，練劍，遊仙。訪江油縣尉，寫《題江油縣尉廳》，探禹穴題字，遊劍門關。

西元七二四年開元十二年二十四歲辭親遠遊，離大匡山時寫《別匡山》，在從岷江清溪驛至渝州途中寫《峨眉山月歌》，至萬縣停留半年，寫《蟾蜍薄太清》。

西元七二五年開元十三年二十五歲春三月離開萬縣，東出三峽，創作《自巴東舟行經瞿塘峽登巫山最高峰晚還題壁》、《宿巫山下》、《巴女詞》等，題《上陽台》。

第四章　李白與巴蜀文化

第五章　李白與楚文化

李白出蜀後生活較長的地方就是楚。開元十二年（七二四）告別匡山，辭親遠遊，乘船經三峽東下，過荊門、江夏，遊洞庭，到潯陽，登廬山，訪金陵，遊揚州，浪跡吳、會之間；再回舟西上，由江夏溯漢水，過襄樊，走臨汝，最後到了安陸。他的文才得到了當過宰相的許圉師的孫女的賞識，並與之結婚。李白與夫人許氏在白兆山的桃花岩下過了一段幸福美滿的婚姻生活。他自稱「酒隱安陸，蹉跎十年」。在此期間他以楚地為中心，漫遊各地，干謁諸侯，求道訪友，一直到開元二十八年（七四〇）移家東魯，才離開楚地。晚年李白從流放到遇赦前後（七五八至七六〇），又漫遊江夏、洞庭一帶。李白第一次成家在楚地，又長期生活、漫遊在楚地，自稱「我本楚狂人」，「少年落魄楚漢間」。可以說李白一生與楚地結下了不解之緣，楚文化對李白的影響是十分深遠的。

第一節　楚文化的形成及其特點

近些年對楚文化的研究，成果頗豐。不過對楚文化或荊楚文化這一概念的界定尚有爭議。筆者認為楚文化是指產生和發展於古代楚地的一種地域性文化。它起源於荊山，據《左傳．昭公十二年》載：「昔我先王熊繹，辟在荊山。」荊山即今湖北西部的武當山東南、漢水西岸一帶，春秋戰國時期隨著楚國的興盛崛起，楚文化與傳統中原文化、齊魯文化相抗衡，其地域範圍包括楚國強盛時期的疆域，覆蓋區域擴展至長江中下遊及以南地區，西至巫山，東至吳、越，北至淮河流域，東北端達山東南部，西南端達到現在的廣西西北部。其影響波及整個南方，其中以兩湖地區最盛，江西、安徽次之。西元前二二三年，秦滅楚後，楚國雖被納入統一的中國版圖，但荊楚文化作為一種地域文化繼續存在，其影響

第一節　楚文化的形成及其特點

延續到今天。只不過原來屬楚國的地區，形成新的行政區域，這些新的區域在荊楚文化的基礎上，在新的歷史條件下，各自發展而形成新的地域文化，如湖北江漢文化（或繼續稱荊楚文化）、湖南的湘楚文化（或稱湖湘文化）。湘楚文化與江漢文化都屬於荊楚文化的重要支脈，它們都承傳了以屈原為傑出代表的楚文化的主旨，不能從楚文化中割裂出來。

在歷史上楚文化一直與荊楚文化同義，因為歷史上荊、楚不分。《詩．商頌．殷武》說：「維女荊楚，居國南鄉。」《竹書紀年》說：「昭王十六年，伐楚荊。」東漢許慎《說文解字》卷一，釋荊：「楚木也，從艸，刑聲。」卷六，釋楚：「叢木也，一名荊也。」《廣雅．釋草》：「楚，荊也。」唐代孔穎達《春秋左傳正義》：「荊、楚一木二名，故以為國號，亦得二名。」看來，荊或楚，荊楚或楚荊聯稱，成為楚族、楚國和荊楚地域的一個特有的稱謂，早已約定俗成，沿襲三千多年了，所以，荊楚文化即楚文化。此處論述的楚文化，又可以稱荊楚文化，是指從古代至唐這段時期的兩湖地區的地域文化。

楚文化具有與中原文化不同的特質，中原文化是一種理性文化，它以哲理、思辨為特色。楚文化則體現為想像豐富、詩人氣質濃厚，表現出一種浪漫與逍遙。

李澤厚、劉綱紀說：「北方的神話遠遜於南方，其主要原因由於較早進入階級社會、『巫』更早被『史』所取代。」胡適說：「越往南，文學越帶有神話的分子與想像的能力。我們看《離騷》裡的許多神的名字——羲和、望舒等——便可以知道南方民族曾有不少的神話。」范文瀾先生曾說中國古代北方為「史官文化」，南方為「巫官文化」。「史重人事，長於事實；巫事鬼神，富於想像。」又說「楚國傳統文化是巫官文化，民間盛行巫風，祭祀鬼神必用巫歌，《九歌》就是巫師祭神的歌曲……楚辭是巫官文化的最高表現。其特點在於想像力非常豐富，為史官文化的《詩》三百篇所不能及」。

第五章　李白與楚文化

楚國統治階級迷信巫術是有傳統性的。楚地民間盛行巫風，祭祀鬼神必用巫歌，《九歌》就是巫師祭神的歌曲。《呂氏春秋．侈樂篇》說「楚之衰也，作為巫音」。春秋以後，巫風在北方各國就大大地削弱了，而這時南方的楚國巫風卻很流行。即使實現了大一統的秦漢以後楚地的巫風仍盛，《漢書．地理志》「楚有江漢川澤山林之饒。江南地廣或火耕水耨，民……信巫鬼，重淫祀」。這一風俗一直保持到唐宋以後，唐人寫的《隋書．地理志》說荊楚「其人率多勁悍決烈，蓋亦天性然也……大抵荊州率敬鬼，尤重祠祀之事，昔屈原為制《九歌》，蓋由此也」。元稹《賽神》：「楚俗不事事，巫風事妖神，事妖結妖社，不問疏與親。」王建的《賽神曲》形象地描述了荊楚民間隆重而歡樂的祭神活動。清代顧炎武《天下郡國利病書》說：「湘楚之俗尚鬼，自古為然。」總之，楚文化在民族心理層面的特徵是親鬼好巫、神人合一、力求浪漫，與中原文化敬鬼遠神、力主現實形成鮮明對照。

在巫風很盛的文化氛圍中產生的《楚辭》，其特點在於想像力非常豐富，且富有神話色彩。李澤厚先生在講到《楚辭》的審美特徵時也說：「其詞激宕淋漓，異於風雅，亦即感情的抒發爽快淋漓，想像豐富奇異，還沒受到嚴格束縛，尚未承受儒家實踐理性的洗禮，從而不像所謂詩教之類有那麼多的道德規範和理智約束。相反多原始活力、狂放的意緒、無羈的想像在這裡表現得更為自由和充分。」

屈原是《楚辭》的主要創作者，他一生留下《離騷》、《九章》、《天問》、《九歌》等許多不朽的詩篇，他借用楚地的神話材料，以奇麗的幻想，使詩歌的境界大為擴展，顯示恢宏瑰麗的特徵，「逸響偉辭，卓絕一世」，為中國古典詩歌的創作，開闢出一條新的道路。《楚辭》既是楚文化的傑出代表，也是中國文學史上的璀璨明珠。

楚人的先輩艱苦創業，西元前十一世紀，夏商更替之際，先祖輾轉遷徙到了荊楚地區。「先王熊繹，辟在荊山，篳路藍縷以處草莽，跋涉山林以事天子，唯是桃弧棘矢，以共王事」（《左傳・昭公十二年》）。周初，周成王盟會諸侯，熊繹受到冷遇，回來後立志發憤圖強，在這塊蠻荒之地，披荊斬棘，耕耘、繁衍、生息，頑強地求發展。歷盡五百餘年的艱辛，疆域不斷擴展，國力不斷增強，由一個方圓不足百里的小國發展成泱泱大國。春秋時期，楚莊王飲馬黃河，問鼎中原，成為春秋五霸之一，到戰國時期，楚國成為雄視秦、齊的南方大國。同時，楚人不斷吸收、融合中原文化和南方蠻夷文化，創造了獨特的能與其他地域文化並駕齊驅的楚文化。楚人在長期奮鬥中養成了以民族利益至重至上的心理，民族自豪感和民族自尊心異常強烈，念祖、愛國、忠君十分突出。屈原正是在這樣的文化氛圍中成為中國歷史上第一個偉大的愛國詩人，在《楚辭》中表現了強烈的愛國精神，他與中國同休戚、共存亡，至死不離楚國。戰國是歷史大變動的時期，「邦無定土，士無定主」，士人奔走各國，以求實現自己的人生價值和理想。在這樣的情勢下，屈原雖在楚國受到排斥打擊，經歷了痛苦的折磨，卻沒有離開楚國，以致最後自沉而死。屈原以極頑強的精神堅持自己對人格理想的追求，「亦余心之所善兮，雖九死其猶未悔」，「雖體解吾猶未變兮，豈余心之可懲？」司馬遷評論屈原其文其人時說：「屈平正道直行，竭忠盡智，以事其君……其文約，其辭微，其志潔，其行廉，其稱文小而其指極大，舉類邇而見義遠。其志潔，故其稱物芳；其行廉，故死而不容自疏。濯淖汙泥之中，蟬蛻於濁穢，以浮遊塵埃之外，不獲世之滋垢，皭然泥而不滓者也。推此志也，雖與日月爭光可也。」

第二節　楚文化與道家

一提到楚文化，必然要談到老子與莊子。近代著名學者梁啟超就把老莊的道家與孔孟的儒家並提，稱之為「孔北老南，對壘互峙」。孔孟的儒家代表北方文化，老莊的道家代表南方文化。有不少研究楚文化的著作中認為老子、莊子是楚人，因此道家發祥於楚地，楚文化以道家思想為主導。仔細研究起來，這種觀點尚可商榷。據《史記．老莊申韓列傳》：「老子者，楚苦縣厲鄉曲仁裡人也。」《史記．正義》：「苦縣本屬陳，春秋時楚滅陳，而苦又屬楚，故云楚苦縣。」陳國是舜的後裔，為周武王所封，都宛丘（今河南淮陽），西元前四七九年為楚國所滅。老子是與孔子同時代的人，比孔子年長，曾做過東周守藏史，後西出函谷，不知所終。孔子去世那年恰好楚滅陳。這就是說老子絕不可能生長於陳國滅亡後的楚地。莊子也非楚國人。《史記．老莊申韓列傳》：「莊子者，蒙人也。名周，嘗為蒙漆園吏。與梁惠王、齊宣王同時。」《史記索隱》：「劉向別錄云：宋之蒙人也。」《史記正義》：「《括地誌》云：漆園故城在曹州冤句縣北十七里。此云莊周為漆園吏即此，按其城古屬蒙縣。」有學者認為宋為齊、魏、楚三國瓜分，蒙地歸楚，故莊周為楚人，此說不確切。齊滅宋是西元前二八六年。莊子與梁惠王、齊宣王同時，大約生卒於西元前三八〇至西元前二九五年之間（一說生於西元前三六九年，死於西元前二八六年）。也就是說莊子在世時，恰好宋國還存在，他並未生長於楚國。再說齊滅宋之役，並沒有魏、楚二國參加，也不可能分其國。據《荀子．議兵篇》：「齊能並宋而不能凝也，故魏奪之。」西元前二八四年，燕、秦、魏、趙、韓五國伐齊，魏國乘機攻齊國新得之宋地，楚國也乘機攻取原宋國的淮北之地。《漢書．地理志》說，宋滅後「楚得其沛」。莊周故里在宋之東北（今屬山東東明縣），宋

第二節　楚文化與道家

滅後應屬齊，不可能歸楚。因此，《齊魯思想文化史》一書將莊子納入齊魯文化。竊以為將老莊納入楚文化或齊魯文化都不確切。老子生長於陳國，莊子生長於宋國，屬於淮河流域，介於中國的北方與南方之間，也可以稱他們為陳宋學派，屬於一種獨具特色的，不同於齊魯文化與楚文化的地域文化。陳國與宋國都是弱小國家，夾在晉（後分為韓、趙、魏）、秦、齊、楚等強國之間，在夾縫中求生存。幾百年的爭霸戰爭，使陳、宋等小國處於被侵略、被征服、被奴役的地位，小國人民陷入了苦難的深淵。宋國就發生過被楚軍長期圍困，「易子而食，析骸以爨」的慘劇。平時他們要準備至少兩份貢品，同時向幾個大國進貢。在這樣的環境中成長的老子和莊子，產生了強烈的反戰情緒。他們的學說代表了受侵略、被奴役的弱小國家和弱勢群體的利益和願望。把他們說成代表沒落的奴隸主貴族的利益也是不妥的。老莊反對爭霸戰爭，反對統治者貪得無厭，站在弱勢群體的立場，求得生存之道，提出了「柔弱勝剛強」的應對策略和「小國寡民」的政治理想。老莊與強國的統治者採取不合作的態度。老子最後歸隱，莊子拒絕了楚國的高官厚祿，窮困終生。老莊生長的淮河流域，歷來水患嚴重，深切感到水的力量。老子說：「天下莫柔弱於水，而攻堅強者莫之能勝。」（《道德經．第七十八章》）老子從他生活的地理環境和社會環境中感悟出「弱之勝強，柔之勝剛」，「弱者道之用」等哲理。由於老莊處於中國南北之間，因而既汲取了北方中原文化之精華，又受到南方楚文化之深刻影響，如道家文化中的神祕文化部分就受到楚地巫祝之風的影響。相比較而言，陳宋兩國被楚國征服、侵略的時間更長，陳國後來又被楚所滅，曾一度成為楚之國都。宋國的一部分被楚占領，因而陳、宋兩國受楚文化影響更深一些，道家學說又深深影響楚文化。在戰國中期的郭店楚墓竹簡中發現了《老子》，這說明楚墓主喜歡老子及其學派，同時也說明道家對楚文化的影響，故有的學者把老莊的道家歸入南方的楚文化也有一定道理。特別是莊子的散文體現的汪洋恣肆、奇譎瑰麗、氣勢奔放的浪漫主義風格和飄逸之美，與《楚辭》是一致的，屈原的《遠遊》與莊子的《逍遙遊》，風格非常相近。從上述可知，楚文化中包容了道家思想，或者說道家思想影響了楚文化，但不能說老子、莊子是楚國人，道家產生於楚地。

道家的老莊學說是道教的理論基礎和思想根源。在道家思想的影響下，在荊楚文化的氛圍中，從東漢至隋唐，道教在楚地一直很興盛。衡山、武當山都是道教聖地，還出過一些著名的道士，如修煉於衡山的司馬承禎和隨州的胡紫陽。古老楚文化中的自然神，如太乙、風伯、雨神、山神（山鬼）、水神、河伯等成為道教的神祇。楚地的巫卜之風也是道教的源頭之一，可以說，荊楚地區是道教生長的沃土，道教是楚文化的重要組成部分。

第三節　楚文化對李白的思想性格、創作風格的重大影響

荊楚文化與巴蜀文化同屬南方文化系統，楚文化重巫，蜀文化重仙，巴文化重鬼。它們的共同性都是想像力非常豐富，追求浪漫、不師故轍，衝破舊規矩的束縛，都屬於發散型的球型思維。李白在接受巴蜀文化薰陶的基礎上，很容易接受楚文化的影響。李白在蜀中「五歲誦六甲，十歲觀百家」，「十五觀奇書，作賦凌相如」，博覽群書，肯定已經讀過《楚辭》，接觸了楚文化，但這畢竟是間接的。李白在蜀中就很嚮往楚地，他說：「余小時，大人令誦《子虛賦》，私心慕之。及長，南遊雲夢，覽七澤之壯觀。酒隱安陸，蹉跎十年。」（《秋於敬亭送從侄耑遊廬山序》）他生活於楚地十餘年，漫遊三楚大地，親身感受楚地的風土人情，接受楚文化氛圍的薰陶，對其思想性格、創作風格產生了重大影響。

李白到了屈原的故鄉，感受到屈原故鄉人民對屈原的崇敬之情，對屈原更加崇拜。他在《江上吟》中表達了對屈原高度崇敬之情：「屈平詞賦懸日月，楚王台榭空山丘。興酣落筆搖五嶽，詩成笑傲凌滄洲。功名富貴若長在，漢水亦應西北流。」在李白的眼中，權傾一時的統治者不過一抔黃土，功名富貴不過是過眼雲煙。只有屈原的詞賦才是光照萬代的日月，永遠發出絢爛的光彩。李白言及屈原的詩有十七首之多，傾慕其文學才華，讚頌其高尚品德，同情其不幸遭遇。屈原的志向高遠、忠於中國的獻身精神，對黑暗現實敢於批判的精神；為追求理想，「雖九死其猶未悔」的執著精神；想像奇特、感情奔放的浪漫精神；「自鑄偉辭」的創新精神，對李白的思想與詩歌創作產生了深遠的影響，或者說造成了導航的作用。

李白在蜀中已經樹立了遠大的理想，告別故鄉時高唱：「莫怪無心戀清境，已將書劍許明時。」而他具體的人生理想正是在定居楚地後確立的，在《代壽山答孟少府移文書》中說：「申管晏之談，謀帝王之術，奮其智慧，願為輔弼，使寰區大定，海縣清一。事君之道成，榮親之義畢，然後與陶朱留侯，浮五湖，成滄海。」李白為他的這一人生理想終生奮鬥不息。他的人生理想吸收了屈原的積極入世的思想，要輔佐君王，使國家富強，天下安定。同時也汲取了道家「功成身退」的思想。老子說：「功遂，身退，天之道哉。」（《道德經．第九章》）李白在楚地最終定型了他的人生理想，不能不說是受到了楚文化的影響。

李白「酒隱安陸」期間，美好的夫妻生活並沒有令李白外出漫遊以圖功業的心志有所減退。他為實現人生理想，而干謁諸侯，曾上書當地的長官李長史、裴長史、韓荊州，表達了強烈的用世願望，熱烈的進取精神，希望得到他們的推薦，可是沒有結果。他又「西入秦海，一觀國風」，「歷抵卿相」，

第五章　李白與楚文化

廣交詩友，希得到援引；另一方面，求仙訪道。李白生長於道教的發祥地川西北，從小受道教文化的薰陶，「十五遊神仙，仙遊未曾歇」。訪過不少蜀中道教名山，結交過不少道友。到荊楚這片道教沃土後，又繼續求仙訪道。在入楚的第一年就在江陵見了著名道士司馬承禎，讚賞他「有仙風道骨，可與神遊八極之表」。這大大地鼓勵了他求道成仙的熱忱。在楚地他與元丹丘、元演過從甚密，一同拜訪了著名道士胡紫陽。在隱居壽山、白兆山時也曾苦讀道經、服丹餌食。李白的求仙訪道活動不僅是追求超塵脫凡、長生久視、身心得到徹底解放的絕對自由的理想境界，也有廣交朋友，提高知名度，希望得到援引而從政的目的，但是在楚地的這些活動並未達到目的。他自己曾說：「富貴與神仙，蹉跎成兩失。」（《長歌行》）統治者並不看重他的才華，更不容他那傲岸的性格，多次碰壁而回，落得個「孤劍誰托，悲歌自憐。迫於淒惶，席不暇暖。寄絕國而何仰？若浮雲而無依。南徙莫從，北遊失路」（《上安州李長史書》）。遠大的人生理想與殘酷的現實發生了激烈衝突，他的悲憤的心情需要宣泄，不能滿足於平實的寫作手法，而從楚文學中吸收營養，像《離騷》那樣，淋漓盡致、激昂慷慨、悲涼豪壯的抒發自己強烈的情感。這段時期創作出了《蜀道難》、《行路難》、《梁甫吟》、《梁園吟》、《將進酒》等作品。這些詩歌顯然受到楚文化傳統的影響，《梁甫吟》中「閶闔九門不可通，以額扣關閽者怒」直接化用了《離騷》中的句子：「吾令帝閽開關兮，倚閶闔而望予。」《寄遠》中「美人美人兮歸去來，莫作朝雲暮雨兮飛陽台」引了宋玉《高唐賦》的典故，用了《楚辭》的句式。《蜀道難》的寫作時期、地點爭議很大，有說寫於蜀中的，有說寫於應詔入京時。筆者認為李白遊蜀中山水，北上遊過陰平道、金牛道，到過劍門關、江油關，為《蜀道難》累積了豐富的創作素材，真正完成《蜀道難》的寫作，應當是一入長安，仕途碰壁以後，以蜀道之艱險象徵仕途之可畏。詩中展開豐富的想像，以誇張的手法，援引歷史故事、神話傳說，藝術地再現了蜀道峥嵘、崎嶇，展示出蜀中山水的雄偉壯麗和磅礴的氣勢。詩風宏偉，句法靈活多變，韻散兼用，文句參差，筆意縱橫，豪放灑脫，是典型的浪漫主義風格，也是李白的代表作。這篇千古絕唱，應當是李白在巴蜀文化的孕育和荊楚文化的影響下完成的傑作。

李白在楚地的求仙訪道活動也大大地影響了他的詩歌創作。神仙世界的騰雲駕霧、呼風喚雨、乘龍馭鳳激發了李白豐富的想像力。他這段時間中創作了不少遊仙詩，把對現實的不滿和對自由的追求，傾注在神仙世界中。這些詩中充滿了大膽的誇張、奇特的想像、跳躍的思維，「神思超邁，飄然而來，忽然而去，不屑於雕章琢句，亦不勞勞於鏤心刻骨，自有天馬行空，不可羈勒之勢」（趙翼《甌北詩話》）。如《元丹丘歌》：「朝飲潁川之清流，暮還嵩岑之紫煙，三十六峰長周旋，長周旋，躡星虹，身騎飛龍耳生風。橫河跨海與天通，我知爾遊心無窮。」詩中充滿了道教的浪漫精神。《贈嵩山焦煉師》、《嵩山采菖蒲者》、《古風》（其七）等都是以浪漫主義手法描寫了神仙世界。《題元丹丘山居》把對神仙世界的追求與對山水自然之美的追求統一起來。《梁甫吟》則是以道教中的奇幻世界來抒發心中的憤懣不平。李白在楚地創作的遊仙詩形成了自己的獨特風格。

李白在楚地學習了荊楚的民間歌謠。荊楚的民歌有悠久的歷史傳統。《詩經》中的《漢廣》、《江有汜》等篇就是產生於楚地的民歌。《楚人歌》、《滄浪歌》等都是楚地的民歌。楚地祭神的巫歌十分盛行。《楚辭》正是汲取了楚地民間文學的營養，屈原《九歌》的前身就是楚國各地民間祭神的歌曲。秦漢時荊楚地方的民歌一般是五句式的唱和式的「相」，到六朝時發展為西曲，其句式生動活潑，語言清新自然。李白生活在楚地，繼承了荊楚民歌傳統，汲取了相、西曲的長處。如他創作的《荊州歌》：「白帝城邊足風波，瞿塘五月誰敢過。荊州麥熟繭成蛾，繰絲憶君頭緒多。撥谷飛鳴奈妾何。」其中

「絲」雙關「思」，就是採用了西曲雙關含蓄的修辭手法。他在荊楚寫的《江夏行》、《長干行》、《襄陽歌》、《襄陽曲》、《大堤曲》都是學習的當地民歌，汲取了荊楚民間文化的營養。胡震亨《李詩通》說，《江夏行》、《長干行》「並為商人婦詠，而其源似出《西曲》。蓋古者吳俗好賈，荊、郢、樊、鄧間尤盛。男女怨曠哀吟，清商諸《西曲》所由作也。第其辭，五言二韻節短而情有未盡。白往來襄、漢、金陵，悉其土俗人情，因采而演之為長什」。《襄陽歌》則是在《襄陽兒童歌》的基礎上的創新之作，據《晉書．山簡傳》載：「簡每出遊嬉，多之池上，置酒輒醉，名之曰高陽池。時有童兒歌曰：『山公出何許？往至高陽池。日夕倒載歸。酩酊無所知，時時能騎馬，倒著白接。』」李白《襄陽歌》也是詠山簡之醉態，卻加大了篇幅，抒發出懷才不遇，人生無常的憤懣之情。

李白在蜀中創作的詩、賦流傳下來的不多，還沒有形成自己獨特的風格。楊天惠《彰明逸事》云：「時太白齒方少，英氣溢發，諸為詩文甚多，微類宮中行樂詞體。今邑人所藏百篇，大抵皆格律也。雖頗體弱，然短羽褵褷，已成鳳雛態。」唐人學詩，律詩是必修課，李白也不例外。如學書法，先必須學楷書，循規蹈矩，「戴著鐐銬跳舞」，而後才「隨心所欲不踰矩」。李白在蜀中詩作多律詩，其中最具代表性的《訪戴天山道士不遇》、《尋雍尊師隱居》，都是完美的五律詩，平仄對仗都合規矩。在蜀中寫的《明堂賦》、《大獵賦》、《擬恨賦》等，也基本上是模仿漢賦，還沒有形成自己獨特的風格。

李白在楚地生活，直接接受了楚文化的影響之後，詩風大變。李白在安陸十年創作的詩歌，絕大部分是歌行，《蜀道難》、《行路難》、《梁甫吟》、《襄陽歌》等的創作，標誌著他的詩歌創作進入了成熟時期，形成了自己的獨特風格。「李白以他真率天成的性格和無與倫比的才氣，將歌行這一新興詩歌種類的藝術特質發揮到了極致。」

李白的青年時期是在蜀中和楚地度過的，這一時期正是他世界觀、人生觀、價值觀、思想性格、創作風格定型和成熟的時期，因而，巴蜀文化和楚文化對李白的思想性格和詩歌創作的影響是決定性的。李白詩歌的獨特風格正是在巴蜀文化的基礎上，受荊楚文化的影響而定型的，這也是他與同時代詩人不同的重要原因。

第四節　李白與孟浩然

李白在楚地結交了許多朋友，其中最崇敬孟浩然，《贈孟浩然》詩云：「吾愛孟夫子，風流天下聞。紅顏棄軒冕，白首臥松雲。醉月頻中聖，迷花不事君。高山安可仰，從此揖清芬。」「高山安可仰」出自《詩經．小雅》：「高山仰止，景行行止。」司馬遷曾在《史記．孔子世家》中引用此詩讚揚孔子：「太史公曰：『詩有之：高山仰止，景行行止』雖不能至，心嚮往之。」把孔子比喻為崇高的山岳，而在李白這首詩中又以仰望高山來比喻對孟浩然的景仰，恃才傲物的李白很難得有對同輩人這樣尊重，在他贈友人的詩中沒有其他類似的。李白與孟浩然的交往怎樣？李白為何如此崇敬孟浩然？李白和孟浩然的思想性格及創作風格有何異同？對這些問題應當深入探索。

關於李白與孟浩然的交往與贈詩，王輝斌先生在《孟浩然研究》一書中作了十分精當的考辨，可從。這裡只作一些補正，李白與孟浩然第一次相識是開元十四年（七二六）秋，地點在溧陽，有詩《遊溧陽北湖亭瓦屋山懷古贈孟浩然》為證，這首詩在一般的李白詩選集中，題為《遊溧陽北湖亭瓦屋山懷古贈同旅》，而在兩宋本、繆本、《文苑英華》、《全唐詩》中俱云：「一作贈孟浩然」，這合符李孟二人的行止，有論者認為李孟初識於開元十三年或十四年在襄陽，這與李孟二人的行止不合。李白在《上安州裴長史書》中說：「仗劍去國，辭親遠遊，南窮蒼梧，東涉溟海，見鄉人相如大誇雲夢之事，雲楚有七澤，遂來觀焉，而許相公家見招，妻以孫女，便憩跡於此。」後面又云：「同伴吳指南於炎月病逝，權葬於湖側，便之金陵。」可見李白出蜀後並未到過襄陽，而是從長江順流而下到金陵一帶，再南下遊吳越，金陵距溧陽很近，正是在溧陽與孟浩然初識。有論者引用李白《上安州李長史書》：「遠客汝海，近還鄖城。」說李白去汝海路過襄陽與孟浩然相識，其實這是李白於鄖城安家，即開元十五年以後的事，才能說「還」。總之，李白於開元十三年或十四年沒有去過襄陽。再看，孟浩然這時也未在襄陽，王輝斌先生考證，開元十三年至十五年孟浩然在吳越一帶漫遊（見《孟浩然研究》）正好在溧陽與李白結識。開元十四年冬，孟浩然在友人張子容處，並在那裡過年，有孟浩然的《永嘉上浦館逢張八子容》、《除夜樂城會張少府》、《歲除夜會張少府宅》等詩可證，其中有詩句云：「平生復能幾，一別十餘春。」張子容是先天元年中進士，赴京前孟浩然曾贈詩告別，至開元十四年正是「一別十餘春」。張子容又有《樂城歲贈孟浩然》，詩云：「土地窮甌越，風光肇建寅。」開元十四年為丙寅年，正是歲在建寅。總之，開元十四年李白與孟浩然都在吳越漫遊，在這年秋天在溧陽相識同遊是完全可能的事。這年冬天，孟浩然在張子容處，李白這時已從剡中漫遊回揚州，生過一場病，有《淮南臥病書懷寄蜀中趙徵君蕤》為證，後仍滯留於揚州，寫了《淮南對雪贈孟浩然》，這首詩在一般選本上作《淮南對雪贈傅靄》，但在兩宋本、尚本、繆本、咸本、王琦本上都注有「一作《淮南對雪贈孟浩然》」，詹鍈《李白詩文系年》、安旗《李白全集編年註釋》，均否認是贈孟浩然之詩，把它系於天寶六年，詹說：「詩云：興從剡溪起，思繞梁園發，似當作於客梁園之後」，其實「思繞梁園發」是用的典故。在謝靈運《雪賦》中說的是梁孝王於梁園召司馬相如作賦之事，以後文人學士雅集賦詩叫「梁園春雪」，不一定是李白從梁園而來，或所贈詩的人在梁園，「傅靄」不可考。倒是李白與孟浩然曾相會賦詩。李白面對雪景回憶與孟浩然相會賦詩之事，故有「思繞梁園發」之句。據兩宋本、繆本、王本俱謂後四句一作：「剡溪空興在，郢路歌未歇。寄君梁父吟，曲盡心斷絕。」這說明李白在這年夏天已遊了剡溪，「郢路」是指他們都從楚地而來，「梁父吟」是同情孟浩然懷才不遇，未能施展抱負，故有「曲盡心斷絕」之悲嘆。這首詩的另一版本是「寄君郢中歌」，指郢人唱「陽春白雪」，曲高和寡，也有才高知遇很難之意，與孟浩然從楚地而來相合。總之，不論哪種版本都應當是贈給孟浩然的。李白贈孟浩然的第三首詩便是膾炙人口的《黃鶴樓送孟浩然之廣陵》，一般注家都是把這首詩系於開元十六年暮春，這與孟浩然行蹤不合，這一年孟浩然實在沒有功夫下揚州，新舊《唐書》中的《孟浩然傳》都說，這一年孟浩然年四十，去京師參加科舉考試。按唐代的科舉制度規定，考試在每年二月，而在頭一年士子就要忙碌起來，據《新唐書．選舉志》云：「每歲仲冬州縣館監舉其成者，送之尚書省，而選舉不由館學者謂之鄉貢，皆懷牒自列於州縣，試已，長吏以鄉飲酒之禮會屬僚，設賓主，陳俎豆，備管弦，牲用少牢，歌鹿鳴之詩，因與耆艾敘長少焉。至省，由戶部集閱，而關於考功員外郎試之。」按制度孟浩然在開元十六年仲冬十一月就要到京城，在此之前還得「自懷牒於州縣」，經過鄉貢這一關，按《通典》：「大唐貢士之法，多循舊制，上郡貢三人，中郡二人，下郡一人。」襄陽郡應貢三人，孟浩然為得到這三人之一的名額，必須要在這年夏秋忙於應付鄉試。胡震亨《唐音癸籤》中說，每年夏天「士子從府州覓解紛紛，故其有『槐花黃舉子忙』之諺語」。孟浩然也不例外，他在對付科舉考試時，的確沒有那個閒心和時間下揚州。有論者說，孟浩然在開元十六年暮春下揚州，冬天回家鄉，再趕到京城參加科舉考試，

第五章　李白與楚文化

以《溯江至武昌》詩為證，詩云：「家本洞庭上，歲時歸思催……殘凍因風解，新梅變臘井。行看武昌柳，彷彿映樓台。」這應當是冬末春初之景。孟浩然這時還在武昌，若回家後，再去京城，二月份的科考就趕不上了，更不用說這之前的鄉貢以及仲冬到尚書省集中等過程都錯過了，所以，《溯江至武昌》這首詩絕不是他參加科考那年冬天寫的。再說，從孟浩然的《送辛大不及》詩中看出，開元十六年秋，孟浩然在襄陽，辛大即辛之諤，據徐枚《登科記考》，辛之諤是開元十七年進士，授職長社尉，他赴京必然是開元十六年，孟浩然是在這年秋在襄陽寫的這首詩，這說明孟浩然這年未去揚州。也有論者認為《黃鶴樓送孟浩然之廣陵》寫於開元十五年暮春，也不確，前面說過，十四年冬孟浩然還在越地樂城，第二年才返回故鄉，準備下一年參加科舉考試，怎麼可能剛一回家就往揚州去呢？那麼李白這首詩究竟寫於何年呢？王輝斌先生認為寫於開元二十三年，可從。開元二十二年韓朝宗任荊州刺史兼山南東道採訪使，駐節襄陽。二十三年春，玄宗下詔要各地刺史推薦人才，韓朝宗推薦了孟浩然而未成行。李白此時也到了襄陽請韓朝宗舉薦，寫了著名的《與韓荊州書》，李白在襄陽的期間必然拜訪故人孟浩然，一起遊覽交談，感情愈加深厚，至暮春時孟浩然應山陰崔國輔之邀，從江夏上船東去，有孟浩然《江上寄山陰崔少府國輔》等詩為證。李白至黃鶴樓為孟浩然送行，情深意切，難捨難分，寫下了千古絕唱《黃鶴樓送孟浩然之廣陵》。開元二十七年，李白第二次遊吳越之後，於秋天溯江而上，至巴陵與王昌齡相會，王昌齡寫了《巴陵別李十二》。之後，李白回安陸家中，於開元二十八年春，再次到襄陽訪孟浩然，寫下了《春日歸山寄孟浩然》，從這首詩的意思看，標題應當是「與孟浩然春日遊山」。詩中有「朱紱遺塵境，青山謁梵筵」之句，「朱紱」代指官職，孟浩然在開元二十五年，被左遷荊州大都督府長史的張九齡辟入幕府，第一次入官場，第二年他又辭去了這個職務，可以說是「朱紱遺塵境」。若把這首詩說成是孟浩然入幕府之前或之時，詩意則不可解。李白在告別孟浩然時，寫了《贈孟浩然》，此時孟浩然已有五十二歲，經過了若干挫折已無入官場之念了，故而有「紅顏棄軒冕，白首臥松雲」之說。有論者將此詩系於開元二十四年，竊以為不妥，那時孟浩然才四十餘歲，也還沒有泯滅入仕之念，還不能說是「白首臥松雲」。李白寫了這首詩後即北上，於開元二十八年五月，定居於東魯，這年下半年孟浩然去世。可以說李白《贈孟浩然》是訣別之詩，記錄了他倆的深厚友誼，表達了李白對孟浩然的無限崇敬之情。

為什麼李白那樣崇敬孟浩然呢？這是因為李白與孟浩然有相同的政治抱負和思想性格，或者說在孟浩然身上李白看到了自己理想的人格。李白與孟浩然共同生活在盛唐時期，他們都想建功立業，都有飽滿的政治熱情，遠大的理想，願把自己的才智獻給太平盛世。李白懷著「濟蒼生」、「安社稷」的宏偉抱負，想做帝王之師，「申管晏之談，謀帝王之術，奮其智慧，願為輔弼，使寰宇大定，海縣清一」（《代壽山答孟少府移文書》）。孟浩然為孟子之後裔，受儒家入世思想之薰陶，也具有積極入世之心，有遠大的抱負，他說：「吾與二三子，平生交結深。俱懷鴻鵠志，共有鶺鴒心」（《洗然弟竹亭》），「杳冥雲海去，誰不羨鵬飛」（《同曹三御史行泛湖歸越》），「謂余搏扶桑，輕舉振六翮」（《山中逢道士雲公》），「再飛鵬擊水，一舉鶴沖天」（《峴山送肖員外之荊州》），「安能與斥，決起但槍榆」（《送吳悅遊韶陽》）。孟浩然這一類詩把自己比為大鵬、鴻鵠，把胸無大志的世俗小人比為斥，這與李白極其相似。李白也是以大鵬自喻，「不鳴則已，一鳴驚人」。「大鵬一日同風起，搏搖直上九萬里」（《上李邕》）。他的《大鵬賦》更是把大鵬作為自己理想的化身，把胸無大志的小人譏笑為「斥之輩」，這說明李白與孟浩然都有共同的宏偉抱負。

李白與孟浩然都採取了「養望待時」，以隱逸求仕的方式，來實現自己的偉大抱負，他們都有過隱居的經歷，李白曾在蜀中隱於岷山之陽（大匡山），後又與「竹溪六逸」隱於徂徠山。孟浩然更是長期隱於鹿門山，但他們都不是為隱居而隱居，而是要透過隱居獲得較高的聲譽，求得有力者的推薦。李白說：「達則兼濟天下，窮則獨善一身，安能食君紫霞，蔭君青松，乘君鸞鶴，駕君虬龍，一朝飛騰，為方丈蓬萊之人耳，此則未可也。乃相與卷其丹書，匣其瑤琴，申管晏之談，謀帝王之術。」（《代壽山答孟少府移文書》）孟浩然雖隱居於田園也是以隱居為手段，以出仕為目的，他「常恐填溝壑，無由振羽儀」（《晚春臥病寄張八》），只要一有機會他就要結束隱居，實現報國之志，「一聞邊烽動，萬里忽爭先。余亦赴京國，何當獻凱還」（《送陳七赴西軍》）。李白與孟浩然都是身在山林而心懷朝廷，這方面有許多內容相似的詩歌。孟浩然：「魏闕心恆在，金門詔不忘。途憐上林雁，冰判已迴翔。」（《自潯陽泛舟經明海》）「未能忘魏闕，空此滯秦稽」（《久滯越中貽謝甫池會稽賀少府》），「寄語朝廷當事人，何時重見長安道？」（《盧明府送鄭十三還秦兼寄之什》）李白在這方面的情感更強烈，「客自長安來，還歸長安去。狂風吹我心，西掛咸陽樹」（《金鄉送韋八之西京》），「遙望長安日，不見長安人。長安宮闕九天上，此地曾經為近臣。一朝復一朝，發白心不改」（《單父東樓秋夜送族弟沈之秦》），他盼望著「何當赤車使，再往召相如」（《贈崔侍御》）。

李白和孟浩然雖然用世心切，但並不趨炎附勢，苟取富貴，他們都卓然傲世，鄙視權貴，絕不與腐敗勢力同流合汙，始終保持著自己的獨立人格。正因為如此，他們在仕途上很不得意，陷於想入世而又歷經挫折，想出世而又不甘心老死於林泉的雙重矛盾之中，因而他們的內心都充滿著牢騷幽憤。孟浩然一方面是「沖天羨鴻鵠」，另一方面又「爭食羞雞鶩」，他想入世做官，但又不願與像雞鴨那樣的小人去爭食，不願去走後門投靠權貴，他說：「欲徇五門祿，其如七不堪。早朝非晏起，束帶異抽簪。」（《京還贈張淮》）用陶淵明不肯為五斗米折腰，和嵇康自稱「七不堪」的典故，表明自己不願去趨奉長官，忍受官場對個性的約束。他說：「世途皆自媚，流俗寡相知。」（《晚春臥病寄張八》）他認為世人只顧自我吹噓，社會陋俗使人知音很少。他埋怨「鄉曲無知己，朝端乏故親」（《田園作》），「惜無金張援，十上空歸來」（《送金大鳳進士赴舉》），「當路誰相假，知音世所稀」（《留別王維》），「不才明主棄，多病故人疏」（《歲暮歸南山》），實際上是說自己懷才不遇，無人援引，未得明主所用。李白在這方面感情表達得更加強烈，他高呼：「大道如青天，我獨不得出。羞逐長安社中兒，赤雞白狗賭梨栗。彈劍作歌奏苦聲，曳裾王門不稱情」（《行路難》），「我本不棄世，世人自棄我」（《送蔡山人》），「我欲攀龍見明主，雷公砰訇震天鼓……閶闔九門不可通，以額扣關閽者怒」（《梁甫吟》）。他始終要保持自己的獨立人格，高尚情操，他說：「松柏本孤直，難為桃李顏」（《古風》其十二），「安能摧眉折腰事權貴，使我不得開心顏」（《夢遊天姥吟留別》）。李白與孟浩然在超出俗流，保持高尚節操方面，是完全一致的。

李白與孟浩然都非常熱愛大自然，對大自然有一種親和力，他們理想的人生道路是功成身退，在建功立業之後，回歸到大自然。他們在入世的過程中頗受挫折，心靈上創傷纍纍，又在大自然中尋找醫治心靈創傷的靈藥，追求人與自然的和諧，求得心理上的平衡和恬靜，因而他們創作了許多描繪自然美景的山水詩篇。孟浩然《自洛之越》云：「皇皇三十載，書劍兩無成。山水尋吳越，風塵怨洛京。扁舟泛湖海，長揖謝公卿。」又云：「寄言當路者，去矣北山岑。」（《秦中苦雨思歸》）表明他要告別塵世間汙濁的名利場，到山水中去尋找樂趣，「隱鹿門以詩自適」，陶醉於大自然的美景之中，他在《澗南即事貽皎上人》中云：「敝廬在郭外，素戶唯田園。左右林野曠，不聞朝市喧。釣竿垂北澗，樵歌唱南軒。」《秋登萬山寄張五》：「北山白雲裡，隱者自怡悅。相望試登高，心隨雁飛天。愁因薄暮起，興是清秋發。時見歸村人，平沙渡頭歇。天邊樹若薺，江畔洲如月。何當載酒來，共醉重陽節。」他的這類詩表達了在美好的大自然中恬靜自適的心境，《夜歸鹿門歌》云：「山寺鳴鐘晝已昏，漁梁渡頭爭渡喧。人隨沙岸向江村，余亦乘舟歸鹿門。鹿門月照開煙樹，忽到龐公棲隱處。岩扉松徑長寂寥，唯有幽人自來去。」在詩中表現了人與自然渾一的清幽境界。他有一首膾炙人口的《春曉》：「春眠不覺曉，處處聞啼鳥。夜來風雨聲，花落知多少。」幽美靜謐的環境與怡然自得的心情相互融合，表現了一種「天人合一」的意境，李白生長在景色幽美的西蜀，隱居於山勢雄奇、飛瀑流泉的大匡山，故鄉的奇山秀水使他熱愛大自然，他希望在建功立業之後功成身退，投入大自然的懷抱。在他從政失敗後，「脫屣軒冕，釋羈韁鎖，因肆情性，大放宇宙間……優遊沒身，偶乘扁舟，一日千里，或遇勝景，終年不移，長江遠山，一泉一石，無往而不自得也」（《李公新墓碑》）。他一生「心愛名山遊，身隨名山遠」，經常沉醉在大自然中，忘掉懷才不遇的苦悶。他的《獨坐敬亭山》：「眾鳥高飛盡，白雲獨去閒。相看兩不厭，只有敬亭山。」山成了心心相印的好朋友。《月下獨酌》：「花間一壺酒，獨酌無相親。舉杯邀明月，對影成三人。月既不解飲，影徒隨我身。暫將月伴影，行樂須及春。我歌月徘徊，我舞影淩亂。醒時同交歡，醉後各分散。永結無情遊，相期邈雲漢。」明月和影以及鮮花都成了他的好朋交，他與大自然融為一體了。《下終南山過斛斯山人宿置酒》：「暮從碧山下，山月隨人歸。卻顧所來徑，蒼蒼橫翠微。相攜及田家，童稚開荊扉。綠竹入幽徑，青蘿拂行衣。歡言得所憩，美酒聊共揮。長歌吟松風，曲盡河星稀。我醉君復樂，陶然共忘機。」王夫之《唐詩選評》評此詩：「清曠中無英氣，不可效陶，以此作視孟浩然，真山人詩爾。」這首詩飄逸清曠，與孟浩然的《夜歸鹿門歌》風格非常相似。

李白與孟浩然在詩歌創作上都主張「貴清真」，自然渾成，反對刻意雕飾，歷代的許多文學評論家都認為孟浩然的詩歌藝術特色是「清淡」，也有「清新」、「清遠」、「清曠」、「清雅」、「清真」之說，總之，圍繞一個「清」字，杜甫稱讚孟浩然「清詩句句盡堪傳」（《解悶》）。所謂「清，朗也，澄水之貌」（《說文》），也就是明淨澄澈之意。「清」還包含著風骨的內涵，王運熙、楊明先生說：「結合盛唐不少詩人力追建安風骨的傾向看，其所謂清或清新，一部分與風骨相通。」（《隋唐五代文學批評史》）孟浩然清新、清淡的詩風，是對南朝至唐初詩壇上流行的「綺靡」之風的否定。聞一多先生對此有很高評價：「到孟浩然手裡，對初唐的宮體詩產生了思想和文學兩重淨化作用，所以我們讀孟的詩覺得文字乾淨極了，他在思想淨化方面所起的作用，當與陳子昂平分秋色，而文字的淨化，尤推盛唐第一人，由初唐荒淫的宮體跳到杜甫嚴肅的人生描寫，這中間必然有一段淨化過程，這就是孟浩然所代表的風格……在文字淨化方面，只有摩詰、太白、香山可以敵他，但論純自然不事雕琢這一點，那只有在他以前的陶淵明到此境界了。」（鄭臨川《聞一多先生說唐詩》）聞先生說孟浩然是「宮體詩的淨化者」，「盛唐初期詩的清道者」，在這一方面可以說李白與孟浩然是志同道合。李白繼承了陳子昂的詩歌革新思想，更高地舉起詩歌革新的旗幟，批評了自從漢賦以來過於浮豔的創作風氣，主張恢復《詩經》、《楚辭》文質並茂的文學傳統。在詩歌審美風格上明確地提出了追求清新、自然、真切之美。他嚮往「清水出芙蓉，天然去雕飾」，反對盲目模仿前人和雕琢藻飾的創作傾向，反對「東施效顰」。李陽冰說：「陳拾遺橫制頹波，天下質文，翕然一變，至今朝詩體，尚有陳宮掖之風，至公大變，掃地並盡，今古文集，遏而不行，唯公文章，橫被六合，可謂力敵造化。」（《草堂集序》）李白對唐代詩歌革新，不僅繼承了陳子昂的事業，也與孟浩然一道，共同努力才取得了偉大成就。

正因為李白與孟浩然在理想抱負、思想性格和創作風格等方面的一致，孟浩然又比李白年長十二歲，李白就對這位兄長般的知音非常尊重和崇敬。

李白與孟浩然都是中華文化孕育的盛唐時代產生的偉大詩人，因而有上述相同之處，這些相同之處也就是那個時代詩人的共性。但由於李白與孟浩然的青少年時期，是生活在不同的地域文化背景之下，在不同的家庭環境中，因而他們的思想性格和創作風格又有許多的不同之處，也就是說各有其個性特徵。人們總是生存在一定的自然環境和社會環境之中，在特殊的環境中創造具有特色的地域文化，而這種地域文化必然影響到每一個家庭及其成員。人們在青少年期間所受到的家庭教育和環境影響，會在他一生中造成決定性的作用。佛洛伊德說：「兒童期經驗是成人個性區別的根本來源。」（見哈里斯《文化人類學》）我們在研究李白與孟浩然的不同時，不能不研究他們的家庭教育與地域文化背景的不同。

孟浩然在《書懷貽京邑好友》中說：「維先自周魯，家世重儒風，詩禮襲遺訓，趨庭沾末躬，晝夜常自強，詞翰頗亦工。」他是孟子的後裔，世世代代以詩禮傳家，從小受傳統的儒家思想教育。再看其地域文化背景：襄陽雖屬楚地，應當是楚文化圈，但他不是楚文化的腹心地，它的地理位置緊靠河南，中無大山阻隔，受河洛文化影響很大。河洛文化指以洛陽為中心的河南地區的文化，洛陽是周朝的王畿之地，周公旦曾在此制禮作樂，可以說是「周禮」的發源地。孔子曾到洛陽學習周禮，而後創立儒家學說，可以說洛陽是儒家的發源地。從東漢至隋唐，洛陽一直設有太學，傳授儒家經典，成為中國傳播儒家思想的中心之一。東漢末，北方戰亂不已，篤信儒術的劉表作荊州刺史近二十年，駐節於襄陽，河南南陽一帶也屬他管轄，他十分重視教育，尊重儒家。北方關西、兗、豫等地的經學大師，為躲避戰亂，

第四節　李白與孟浩然

雲集於相對安定的襄陽，研究經學，教育後生，襄陽成為當時中國經學研究的中心。中國一流的學者，經學大師宋仲子、司馬徽、潁容等都曾在襄陽講學，遠在西蜀的尹默、李仁也到襄陽求學，可見當時襄陽的儒風盛極一時。孟浩然的祖輩很可能就是這個時期遷移定居到襄陽的。總之，孟浩然的一生主要是生活在儒風較盛的襄陽，接受的是正統的儒家教育，孟浩然的思想中儒家思想占有主導地位。

由於李白與孟浩然生長的地域文化環境和家庭教育不同，因而在思想性格與創作風格上也有以下的不同：

李白的叛逆性格很明顯，在他的詩歌中敢怒敢罵，其筆鋒之犀利，抨擊之猛烈，在古代詩歌中是罕見的，他公開辱罵唐玄宗周圍的權貴們是「蝨賊」、「蒼蠅」、「雞狗」、「魑魅」，在《雪讒詩》裡大罵楊貴妃是禍國殃民的妲己、褒姒。在《古風》其五十一中以殷紂王、楚懷王這類昏君來影射唐玄宗，在《為宋中丞請都金陵表》中更大膽地提出「社稷無常奉，明者守之；君臣無定位，暗者失之」。他並沒有把皇帝看成神聖不可侵犯的上天的代表，認為禍國殃民的昏君就應當垮台。孟浩然深受儒家的「溫良恭儉讓」的教育，崇尚中庸之道，在詩歌中「怨而不怒」，「哀而不傷」，雖有牢騷而「絕不張怒」，感情十分平和，找不出像李白那樣情緒激烈的詩句，即使最激烈的也不過是「不才明主棄，多病故人疏」。這也不過是一種謙謙君子的反話，並不是直率的抗爭。

李白詩歌的風格主要是浪漫主義，善於運用想像、虛構、誇張的表現手法，引進大量的神話傳說，使詩歌顯得飄逸、豪放、瑰麗，「飄飄然有淩空馭風之意」。這是受巴蜀傳統文化影響之故。孟浩然的詩歌主要是現實主義的風格，對於客觀景物和思想情感以寫實的白描手法來表現，這是繼承了《詩經》的現實主義的傳統。

李白與孟浩然生活經歷不同。李白走遍南北各地，廣泛接受各地域文化之薰陶，生活道路大起大落，曾十分榮耀地被唐玄宗「降輦步迎」，供奉於翰林，也曾坐過監牢，披枷戴鎖流放於夜郎。李白廣泛深入地接觸了社會各階層，孟浩然雖然也漫遊吳越巴蜀等地，但遊蹤遠無李白那樣遠，生活的道路也比較平緩，生活的面比較狹窄，因而孟浩然詩歌創作的題材和內容遠比李白的詩歌狹窄單薄得多，沒有像李白那樣的鴻篇巨製。蘇軾說：「浩然之詩韻高而才短，如造內法酒手，而無材料耳。」（《後山詩話》）這個評價還是比較中肯的，一方面肯定孟詩「韻高」；一方面說「才短」，「無材料」，其意思是說孟詩表達技巧不足，素材累積較少，題材比較狹窄。

李白與孟浩然都是中國文學史上占有重要地位的詩人，都是唐代詩壇上的明星，而各自又不同，李白像是奔騰咆哮，一瀉千里的大江，而孟浩然像清澈澄碧，平緩流淌的小河，都是中華文化中的一道靚麗的風景線。

第六章　李白與吳越文化

第一節　吳越文化的形成及特點

吳越文化是長江下遊，包括今天蘇、浙、皖在內的區域文化。早在原始社會就出現了以河姆渡文化、馬家浜文化、良渚文化為代表的非常發達的新石器時代文化。先秦古籍分「天下」為九州，其中的「揚州」，約當長江下遊地區。《尚書．禹貢》說這裡是：「三江既入，震澤底定。」也就是江湖密布、山川秀美之地。春秋戰國時期，在這片土地上先後崛起吳、越二霸，以此為代表，形成吳文化與越文化。吳文化一般說來即是以太湖流域為核心的江蘇一帶。越文化是以會稽（今紹興）為中心的浙江一帶。在歷史發展過程中，吳文化和越文化相互吸納，相互交融，「同俗並土、同氣共俗」，逐漸形成統一的文化類型——吳越文化，與長江中遊的荊楚文化、長江上遊的巴蜀文化、黃河流域的中原文化交相輝映。吳越文化古樸粗獷，尚武剛韌，所謂「吳王金戈越王劍」（這兩件文物都已出土）就是代表性的標誌。秦漢實現大一統後，吳越文化與中華文化融為一體，但仍然保留著它的個性特徵，成為中華文化的重要組成部分。《漢書．地理志》將吳越之地統歸為吳地。「吳地……今之會稽、九江、丹陽、豫章、廬江、廣陵、六安、臨淮郡，盡吳分也……本吳粵與楚接比，數相併兼，故民俗略同。東有海鹽、章山之銅，三江五湖之利」。東漢末，北方大亂，孫吳的勢力在江南發展，建都於建業（今南京）。此後，經永嘉之亂，北方士族大量南遷，「中州士女避亂江左者十六七」。東晉、宋、齊、梁、陳，皆建都於建康（即建業）。六朝時期，吳越文化得到了加速發展的機會，經歷了由尚武到崇文的轉變，有學者稱這一時期的吳越文化為「江左文化」，與北方的關隴文化、山東文化鼎足而立，各具特色。江左文化在文學十分繁盛，異彩紛呈，尤其是在詩歌方面成就斐然，山水詩就產生在吳越之地。在詩的領域中，《詩經》、《楚辭》也有對自然環境的描寫，但只是給社會生活的描寫提供背景，還不是以自然山水為題材的山水詩。直到東晉末劉宋初才興起山水詩，《文心雕龍・明詩》：「宋初文詠，體有因革，莊老告退，而山水方滋。」

吳越山水主要特色是秀美。山不險峻而層巒疊嶂，峰不尖銳而嫵媚豐滿，水不湍急而澄碧如玉。吳越為「三江五湖」之地，降雨豐沛，水資源十分豐富，河湖眾多，水網密布。水性柔，顯示出一種陰柔之美。北方士人在吳越寧靜秀美的自然山水的陶冶之下，審美情趣、文化風格發生變化，追求一種曠淡的理想人格，熱愛山水，崇尚自然。在文學語言形式上也以自然、質樸為美。吳越舒緩柔美的山水走入他們文學創作的視野，成為吟詠的對象，產生了真正意義上的山水詩。這種山水詩，帶有清新、自然、秀麗、俊逸、恬淡、細膩的風格，具有一種虛幻飄逸之美。謝靈運正是山水詩興起時期的傑出代表。謝朓促進了山水詩的成熟。二謝可以說是真正意義上的山水詩的開創者。

第二節　李白在吳越的行蹤及詩作

李白青少年時，在蜀中就熱愛山水，崇尚自然。讀了《文選》，對南朝詩人所遊所寫的吳越山水早已嚮往。他出蜀漫遊的重要目的地就是吳越，「此行不為鱸魚鱠，自愛名山入剡中」（《秋下荊門》）。開元十三年（七二五）李白出蜀後，下荊門，過江陵，經江夏，沿江而下，直達金陵、揚州。第二年夏，離開揚州去越中一帶漫遊。此間李白在吳越一帶寫下了許多名作，如《望天門山》、《長干行》、《夜下征虜亭》、《金陵城西樓月下吟》、《金陵酒肆留別》、《楊叛兒》、《別儲邕之剡中》、《越女詞五首》、《浣紗石上女》、《淥水曲》、《採蓮曲》、《西施》、《王右軍》、《夜泊牛渚懷古》等。這年秋天，李白返回揚州，生了一場病，寫了《淮南臥病書懷寄蜀中趙徵君蕤》。這是李白第一次遊吳越。

開元二十七年（七三九），李白第二次漫遊吳越，輾轉安宜、吳郡、杭州、東陽、當塗、宣州等地，寫了《見京兆韋參軍量移東陽》、《送從侄良攜二妓赴會稽戲有此贈》、《送鞠十少府》等，這次很可能會見了吳筠。

天寶六載至九載，約三年多時間，李白第三次遊歷吳越，又到了揚州、金陵、宣城等處。這時寫了許多描繪吳楚風物和民情風俗的作品，如《丁都護歌》、《題瓜洲新河餞族叔舍人賁》、《留別廣陵諸公》、《金陵三首》、《登金陵鳳凰台》、《秋夜板橋浦泛月獨酌懷謝朓》、《金陵城西樓月下吟》、《答王十二寒夜獨酌有懷》、《烏棲曲》、《蘇台覽古》、《對酒憶賀監二首》、《重憶》、《越中秋懷》。

「安史之亂」爆發前後，天寶十二載至十五載，李白又一次漫遊吳越之地，在溧陽、金陵、杭州、宣城等地寫了大量詩篇。如《橫江詞》、《經亂後將避剡中留贈崔宣城》、《扶風豪士歌》、《猛虎行》、《贈從弟宣州長史昭》、《獨坐敬亭山》、《宣州謝朓樓餞別校書叔云》、《送王屋山人魏萬還王屋》、《秋浦歌》等名作，這期間李白在宣州創作的詩歌特別多。

李白流放夜郎被赦之後，貧病交加，最後流落於吳越之地，寫了《聞李太尉大舉秦兵百萬出征東南懦夫請纓》、《獻從叔當塗宰陽冰》、《醉後贈王歷陽》、《笑歌行》、《悲歌行》、《臨路歌》等名篇，最終依當塗縣令從叔李陽冰，「悅謝家青山」，最終長眠於吳越之地。可見李白一生與吳越關係十分密切，先後五次，共約十二年時間在吳越，最後長眠於此。李白在吳越所創作的詩共三百餘篇，占其詩歌總數的百分之三十。

第三節　吳越文化對李白詩歌創作的影響

吳越秀美的自然山水和南朝詩人的山水詩對李白的詩歌創作產生了很深的影響。

李白漫遊吳越，尋南朝詩人之遺蹤，賞南朝詩人曾描繪過的秀麗山水，吟誦南朝詩人寫的山水詩，學習南朝詩人觀賞、吟詠山水的審美方式。李白極為推崇謝靈運、謝朓。如他說：「我乘素舸同康樂，朗詠清川飛夜霜。」（《勞勞亭歌》）他對謝靈運的詩句「池塘生春草」反覆吟誦，以之為範例。李白對謝朓更是推崇備至，「一生低首謝宣城」。對謝朓走過的地方他都要親自去考察和體驗，並寫詩懷念。如他到謝朓遊過的謝公亭，寫了「謝亭離別處，風景每生愁。客散青天月，山空碧水流。池花春映日，窗花夜鳴秋。今古一相接，長歌懷舊遊」。他到謝朓曾停留的板橋浦時，寫了「獨酌板橋浦，古人誰可征？玄暉難再得，灑酒氣填膺」。對謝朓北樓更是多次登臨，寫了《秋登宣城謝朓北樓》、《宣州謝朓樓餞別校書叔云》等詩。謝朓的詩句「澄江靜如練」，李白特別喜愛，多次化用在自己的詩中。如《金陵城西樓月下吟》：「解道澄江靜如練，令人長憶謝玄暉。」在李白詩中引用、點化謝朓詩句多達十多處。謝朓詩自然秀逸的風格為李白所汲取。

鮑照對李白影響也很深，他的詩清新俊逸，繼承了漢魏樂府的優良傳統，《擬行路難》是他的傑出代表作。李白的《行路難》顯然是受其影響。杜甫詩云：「白也詩無敵，飄然思不群。清新庾開府，俊逸鮑參軍。」（《春日憶李白》）就是說李白的詩風如鮑照那樣俊秀瀟灑，不同凡俗。

李白在吳越山水和南朝詩人的影響下，在吳越這樣的文化生態環境中，寫了大量的山水詩。雖然李白在蜀中也寫過《訪戴天山道士不遇》、《尋雍尊師隱居》這樣清新自然的山水詩，但數量不多。《初月》、《曉晴》、《對雨》、《太華觀》等寫自然山水的詩，用語比較平直，不夠雋永，人工雕琢痕跡很明顯，「頗體弱，短羽褵褷」，是尚未成熟的少年習作。李白入吳越後所寫的山水詩較之蜀中寫的山水詩發生了飛躍的進步。他在繼承六朝山水詩清新自然風格的基礎上，把山水詩的創作推向了更高的境界。

李白以敏銳的審美感受，抓住吳越山水的特色加以描繪，如「兩岸青山相對出，孤帆一片日邊來」（《望天門山》），「竹色溪下綠，荷花鏡裡香」（《別儲邕之剡中》），「山花如繡頰，江火似流螢」（《夜下征虜亭》）等成為描繪吳越山水的名句。李白寫吳越山水不是單純寫景，而是將美景與美人相互映襯。如《淥水曲》：「淥水明秋日，南湖采白萍。荷花嬌欲語，愁殺盪舟人。」《越女詞》：「鏡湖水如月，耶溪女如雪。新妝蕩新波，光景兩奇絕。」《採蓮曲》、《西施》、《子夜吳歌．夏》等也是情景交融，使人感受到不僅吳越山水美，人更美。

《詩格》說：「詩有三境：一曰物境，欲為山水詩，則張泉、石、雲、峰之境，極麗絕秀者，神之於心，處身於境，視境於心，瑩然掌中，然後用思，瞭然境象，故得形似。二曰情境，娛樂愁怨，而張於意，而處於身，然後馳思，深得其情。三曰意境，亦張之於意，而思之於心，則得其真也。」如果說六朝的山水詩進入了物境，求形似而多雕琢，模山範水，僅為山水寫貌，而李白山水詩「三境」都已進入，不僅詩中善於描繪自然山水之美，而且寓情於景，情景交融，借自然山水抒發自己的情感，把描繪客觀的山水與抒發主觀情感合而為一。在他們筆下的山水不僅是自然美、形象美打動人，而是把自己思想情感融會其中的一種藝術美，以作者的真情感動人。

李白山水詩的傑作《夢遊天姥吟留別》，極寫天姥山的高大險峻，橫天連亙，氣勢磅礴，已非天姥山的原貌，把自己的思想情感對象化到天姥山上，把天姥山改造成為表現自己傲岸個性的意象，正如王國維說的：「有我之境，以我觀物，故物皆著我之色彩。」李白胸懷「濟蒼生，安社稷」的凌雲壯志，但冷酷的現實使他宏偉的抱負無法實現，政治上一再遭受打擊，他便寄情於自然山水，在大自然中找到了醫治心靈創傷的良藥。讓自然美景驅散他胸中的幽憤，把大自然當成他患難與共的知心朋友。如《獨坐敬亭山》：「眾鳥高飛盡，孤雲獨去閒。相看兩不厭，只有敬亭山。」在他的許多山水詩中，表現出與自然物情感相通，如「雁引愁心去，山銜好月來」，「我寄愁心與明月」，「白雲南山來，就我檐下宿」，「花枝拂人來，山鳥向我鳴」……山水、明月、白雲、花鳥都成了李白喜樂憂愁相通的朋友。他常常沉醉於山水美景之中，達到物我兩忘、人與自然渾一的境界。

總之，李白在繼承六朝山水詩的基礎上，又為山水詩開闢了新的境界，達到了後人難以超越的高峰。

李白除受六朝和吳越文化影響，尤其二謝等文人詩歌外，還有一個重要影響是樂府民歌。李白在吳越樂於同基層民眾交往，「混遊漁商，隱不絕俗」（《與賈少公書》）。喜好民間歌舞，尤好吳歌。他在吳越寫的詩歌中描述的，有以熱情質樸的「踏歌」歡送他的汪倫，一邊唱歌一邊煉鐵的工匠——「赧郎」，喊著勞動號子拉船的船工，還有以菰米飯招待他的荀媼，醞釀美酒的紀叟，地位卑賤的歌伎……這些下層民眾都與他有深厚的交情。李白正是從他們那裡學習民歌。吳越民歌真純自然、明朗樸實的特點，正好符合李白開朗的性格和率真的情感，因而他常常陶醉於吳越歌舞之中。如他在金陵漫遊時所寫的詩：「醉客回橈去，吳歌且自歡」（《金陵三首》），「子夜吳歌動君心」（《白紵辭》），「吳歌白紵飛梁塵」（《猛虎行》），「吳歌趙舞香風吹」（《扶風豪士歌》）等等。吳越民歌對李白詩歌的語言風格產生了積極影響。他正是汲取了吳越民歌的養料，創作出了許多樂府民歌。如《楊叛兒》、

《長干行》、《估客行》、《白紵辭》、《越女詞》、《採蓮曲》、《淥水曲》、《子夜吳歌四首》、《秋浦歌十七首》等。這些詩歌有些原本就是六朝樂府，如《楊叛兒》本《西曲歌》曲調名，源於南齊故事，本為情歌，僅二十字。李白加以改作，衍為四十多字，使民間的情愛之語得到了昇華。《採蓮曲》源於南梁西曲。《子夜吳歌》由六朝樂府《吳聲歌曲》中《子夜歌》、《子夜四時歌》改作而來。李白創作的這些樂府民歌，反映了吳越的民情風俗，生動地描繪了吳越風光。在李白的詩歌中還學習了吳越民歌的藝術特色。《大子夜歌》：「歌謠數百種，子夜最堪憐。慷慨吐清音，明轉出自然。」吳越民歌清新自然，情真意切，音節和諧流暢，語言婉轉動人，呈現出成熟的藝術技巧。這些對李白的詩歌創作產生了很深的影響。李白詩歌中還直接化用了民歌中的句子，如《西洲曲》結句：「南風知我意，吹夢到西洲。」李白的名句：「我寄愁心與明月，隨風直到夜郎西。」就是從此句化出。他正是在吳越自然風光的陶冶和樂府民歌的哺育下，發揚了吳越民歌清新自然的藝術特色，達到了「清水出芙蓉，天然去雕飾」的崇高境界。

吳越的茅山和天台山是道教聖地。茅山道教，在中國道教史上享有很高的聲望和地位，曾享有「秦漢神仙府，梁唐宰相家」、「第一福地，第八洞天」等美譽。著名的道士葛洪、陶弘景、王遠知、潘師正都曾長住茅山修煉。道教別具江南特色的教派——上清派就是在茅山創立的，這一教派成為隋唐時期道教的主流。

李白從小生活在道教發祥地——西蜀，深受道教影響，「五嶽尋仙不辭遠，一生好入名山遊」。李白之所以熱衷於漫遊吳越，不僅是觀賞自然山水，還因為吳越的茅山、天台山、赤城山、金華山等處是道教聖地，他要在吳越求仙訪道，與吳越的道士們交往切磋。《舊唐書．李白傳》云：「天寶初，客遊會稽，與道士吳筠隱於剡中。」《舊唐書．吳筠傳》又說：「吳筠……開元中，南遊金陵，訪道茅山……嘗於天台剡中往來，與詩人李白、孔巢父詩篇酬和，逍遙泉石，人多從之。」有學者依據權德輿的《唐故中嶽宗元先生吳尊師集序》記載，認為吳筠在天寶元年前隱居於南陽倚帝山，不可能在吳越與李白交往。其實吳筠隱居於倚帝山並不排斥他去吳越漫遊，道士不可能幾十年待在一個地方修煉。出外雲遊，求仙訪道是常事。茅山是吳筠的前輩王遠知、潘師正曾經長住之地，他前去訪道也是情理中事。他寫的《登北固山望海》顯然是開元盛世所作。開元中漫遊吳越，與李白交往的事，不能輕易被否定。李白在吳越與道士們交往，對其思想與詩歌創作也是有影響的。

上清派信徒多是知識分子、士大夫等，極看重精神的修養，「主靜去欲，重內輕外」，主張透過煉神的方法達到煉形的目的，將齋醮祈禳、符咒、煉丹等外向修煉重點轉向人的自身修養，也就是煉內丹。上清派注重道教形象的脫俗高雅，致力於理論的建構，不僅吸收道教內部其他各派修行方法，還將佛門煉神的義理汲取進來，主張三教合一，將道、佛、玄融為一體。李白對上清派的這些主張是很樂於接受的。他雖煉丹，但並不完全迷信丹藥。他既結交道士，如他最知己的朋友元丹丘就是茅山上清派，同時又與佛教高僧來往密切，對上清派將道、佛、玄融為一體的理論很感興趣，從中尋求超然世外，崇尚自然，不受世俗束縛，不汲汲於功名利祿，使心靈獲得自由與解放。在閒雅、玄遠的處世態度中，又有清俊飄逸之氣。他在吳越創作了許多超凡脫俗的既清新而飄逸的遊仙詩。這些詩透過對神仙世界的描繪與想像，表達他對擺脫世俗束縛的自由理想境界的追求。如《至陵陽山登石柱山酬韓侍御見招隱黃山》：「韓眾騎白鹿，西往華山中。玉女千餘人，相隨在雲空……何日可攜手，遺形入無窮。」《古風》其二十：「蕭颯古仙人，了知是赤松。借予一白鹿，自挾兩青龍。含笑凌倒景，欣然願相從。」

吳越豐厚的文化積澱造就了無數歷史名人，他們或生長於吳越，或長期寓居於吳越，為吳越增添了光彩。李白到吳越來，仰慕這裡的名人，從他們那裡汲取了精神養料，豐富了詩歌的內容，提升了詩歌的境界。

嚴子陵為東漢隱士，曾與東漢光武帝同學，不慕功名利祿，不畏權勢，拒絕光武帝的高官厚祿，隱居於富春江邊。李白將嚴子陵視為理想人物，羡慕「嚴陵不從萬乘遊，歸臥空山釣碧流」（《酬崔侍御》）。他不止一次遊嚴子陵隱居處，寫詩憑弔，稱讚其高尚的品德：「松柏本孤直，難為桃李顏。昭昭嚴子陵，垂釣滄波間。身將客星隱，心與浮雲閒。長揖萬乘君，還歸富春山。清風灑六合，邈然不可攀。使我長嘆息，冥棲岩石間。」（《古風》其十二）東晉謝安也是李白很仰慕的人物，「詠歌之間，屢稱東山」（李陽冰《草堂集序》）。李白在吳越時多次尋訪謝安的遺蹟遊蹤，寫詩懷念，如《登金陵冶城西北謝安墩》：「冶城訪古蹟，猶有謝安墩。憑覽周地險，高標絕人喧。想像東山姿，緬懷右軍言。梧桐識嘉樹，蕙草留芳根。」又如《書情贈蔡舍人雄》：「嘗高謝太傅，攜妓東山門。楚舞醉碧雲，吳歌斷新猿。暫因蒼生起，談笑安黎元。余亦愛此人，丹霄冀飛翻。」李白既羡慕謝安挾妓飲酒的瀟灑，更崇拜謝安在強敵當前，從容鎮定指揮淝水之戰取得勝利，建立了不朽之功。他甚至以謝安自居，「但用東山謝安石，為君談笑靜胡沙」（《永王東巡歌》）。

東晉王羲之是書法大師，淡泊名利，辭官職，長期隱居山陰（今浙江紹興）。他喜愛山水，崇尚自然，常與士人盡山水之遊，「與道士許邁共修服食，採藥石不遠千里，遍遊東中諸郡，窮諸名山，泛滄海」。他在山水中體悟玄理，尋找人生的樂趣，將山水作為頤養身心之所。他的散文名篇、書法絕品《蘭亭序》，就記錄了他召集同好在會稽山陰蘭亭宴飲詠詩的盛大的集會。李白對王羲之十分仰慕，在他寫的《王右軍》中稱讚王羲之「右軍本清真，瀟灑在風塵」，這也是李白自己的寫照。

盛唐時期，吳越文人再次崛起。《舊唐書・賀知章傳》云：「先是神龍中，知章與越州賀朝、萬齊融，揚州張若虛、邢巨，湖州包融，俱以吳、越之士，文詞俊秀，名揚上京。」吳越文人繼承了魏晉名士風流的文化風格：放曠、清狂、縱逸。《舊唐書・賀知章傳》又云：「知章性放曠，善談笑，當時賢達皆傾慕之……工部尚書陸象先……常謂人曰：『賀兄言論倜儻，真可謂風流之士。吾與子弟……一日不見賀兄，則鄙吝生矣。』知章晚年尤加縱誕，無復規檢，自號『四明狂客』，又稱『祕書外監』，遨遊裡巷。醉後屬詞，動成捲軸，文不加點，咸有可觀。」又云：「（張）旭善草書，而好酒，每醉後號呼狂走，索筆揮灑，變化無窮，若有神助，時人號為張顛。」賀知章是李白的前輩知己，也是李白的舉薦人。李白與賀知章、張旭同為「飲中八仙」，交往密切。賀知章、張旭等吳越名士的風流倜儻、清狂縱逸對李白影響甚大。李白在天寶六年漫遊吳越時，賀知章已去世，面對其故鄉遺蹟，十分懷念。《對酒憶賀監二首序》云：「太子賓客賀公，於長安紫極宮一見余，呼余為『謫仙人』，因解金龜，換酒為樂。」其詩云：「四明有狂客，風流賀季真。長安一相見，呼我謫仙人。」憶其與賀公相得甚歡之狀。

李白生於巴蜀，二十五歲後在中國各地漫遊，以廣闊的眼界和胸襟吸納各地域文化之精華。他在吳越漫遊的時間最長，受吳越文化影響很深，繼承了六朝至隋唐的優秀文化傳統，使其詩歌創作達到了更高境界。如果他不漫遊各地，不善於吸收各地域文化之精華，僅僅凝滯於巴蜀一隅，則不免偏陋，詩歌成就絕不會那麼高。

我們也要看到，李白對各地域文化的學習是有選擇的，或者說是有揚棄的。他曾說過：「自從建安來，綺麗不足珍。」（《古風》其一）又云：「梁陳以來，豔薄斯極，沈休文又尚以聲律。」（孟棨《本事侍．高逸》）六朝江左文人的詩歌追求形式美，其優點是審美細膩，表現精巧，詞藻華麗；缺點則是風力不足，萎靡不振，由於過分雕飾而矯揉失真，特別是齊梁以後，宮體詩盛行，形式主義詩風統治詩壇，內容空虛墮落，這種淫靡浮豔的文風一直影響到隋和初唐。《隋書．文學傳》云：「江左宮商發越，貴於清綺；河朔詞義貞剛，重乎氣質。氣質則理勝其詞，清綺則文過其意。理深者便於時用，文華者宜於詠歌。此其南北詞人得失之大較也。若能掇彼清音，簡茲累句，各去所短，合其兩長，則文質彬彬，盡善盡美矣！梁自大同之後，雅道淪缺，漸乖典則，爭馳新巧……其意淺而繁，其文匿而彩，詞尚輕險，情多哀思，格以延陵之聽，蓋亦亡國之音乎！周氏吞梁荊，此風扇於關右，狂簡斐然成俗流宕忘反，無所取裁。高祖初統萬機，每念斫雕為樸，發號施令，咸去浮華，然時俗詞藻，猶多淫麗。」蜀人陳子昂提出詩歌革新的主張，堅決反對齊梁以來的淫靡詩風，但並沒有完成這一歷史任務。李白善於吸收各地域文化之所長，去其所短。他一方面汲取六朝吳越優秀詩歌中的養料，另一方面反對「綺麗」文風，取其文采聲律之美而不傷於柔弱，取其麗而去其靡，主張天真、自然，反對模仿、雕琢，做到了《隋書》提出的「各去所短，合其兩長，則文質彬彬，盡善盡美」。所以李陽冰說：「陳拾遺橫制頹波，天下質文翕然一變。至今朝詩體，尚有梁陳宮掖之風，至公大變，掃地以盡。今古文集，遏而不行。唯公文章，橫被六合。」（《草堂集序》）

第七章　李白對魯文化的接受與排斥

第一節　魯文化的形成與特點

李白於開元末遷居任城，長期居家於魯地，在魯地寫過不少的詩文，魯文化與李白之關係十分密切。

在春秋戰國時期，以各重要的諸侯封國為中心，逐漸形成了各具特色的地域文化。魯文化是產生在魯國的一支很重要的地域文化。魯文化有廣義與狹義之分。狹義的魯文化指魯國分封之時至西元前二五六年被楚國所滅這一段時期的文化，也就是魯國文化。廣義的魯文化不僅包括魯國文化，還指魯國亡後延續於後世的魯國這一地域貫通古今的文化。本處說的魯文化指廣義的魯文化，但又必須先從狹義的魯文化說起。

魯為西周初期周公旦的封國，轄今山東省東南部，北面以泰山與齊分界，東過龜蒙，南邊包括鳧、嶧諸山，處於洙水與泗水之間的丘陵地帶，適於農業生產。此地原為東方重要的少昊部落的故地，後來是奄國，武王去世後，東方發生武庚叛亂，有奄國參與。周公東征，平定叛亂，為穩定東方局勢，將奄國故地（今曲阜一帶）作為周公封地，因他本人要輔佐年幼的成王，讓其子伯禽趕赴封地。周公是武王的親弟弟，成王的叔父，又是開國第一功臣，封賞特別重。不僅將魯地和殷商六族分封給周公，又得到大批寶器、典籍。魯國在各諸侯國中地位排列順序上居於首位，享有其他諸侯國不可能享有的特權。如可以郊祭文王；祭祀周公時可以奏天子禮樂。魯國是周公的封國，周公制禮作樂，創建了中國禮樂文化。當然要把西周的禮儀、典章制度較為完整地搬到了魯國。魯國的文化便是在周朝「禮樂」文化的基礎上建立起來的。

西週末，鎬京曾遭到戎人的燒殺搶掠，大量文物典籍被毀；國都東遷之後，進入春秋時期，王室衰微，禮崩樂壞，而這時魯國卻保留著最豐富最完整的禮樂文化，居於宗周禮樂文化的正統地位，成為宗周衰落之後禮樂文化的代表。晉國使臣至魯，感慨地說：「周禮盡在魯矣。」

孔子在「周禮」保存比較完整的魯國創立了儒家學說，儒家學說直接承續了周人的禮樂文化，成了魯文化的核心內容。孔子的三千弟子成為傳播魯文化的團隊。秦始皇「焚書坑儒」，儒學受到了沉重打擊，但在其發祥處魯地的影響還是根深蒂固，表現了強大的生命力。《史記．儒林列傳》記載：「高皇帝（劉邦）誅項籍，舉兵圍魯，魯中諸儒尚講誦習禮樂，絃歌之音不絕。豈非聖人之遺化，好禮樂之國哉！」漢武帝「罷黜百家，獨尊儒術」，儒學變成了中國大一統的封建社會的占統治地位的思想。以儒家思想為主要特徵的魯文化輻射到其他地區，影響到中國，成為中國的主流文化。兩漢時期魯地的經學大師頻出，在魯地一直保持著尊崇儒學的傳統。《史記．遊俠列傳》說：「魯人皆以儒教。」《史記．貨殖列傳》中又說：「鄒、魯濱洙泗，猶有周公遺風，俗好儒，備於禮。」《漢書．地理志》云：「其民有聖人之教化……其民好學，上禮儀，重廉恥……今去聖久遠，周公遺化稍微，然其好學猶愈於它俗。」南北朝時期，玄學興起，儒學的主體地位受到衝擊，學術重心南移。而魯地的尚儒之風繼續保持，至隋唐時仍然如此。《隋書．地理志》云：「兗州……兼得鄒、魯、齊、衛之交，舊傳太公、唐叔之教，亦有周孔遺風。今此數郡，其人尚多好儒學，性質直懷義，有古之風烈矣。」孟浩然說：「唯先自鄒魯，家世重儒風。」（《書懷貽京邑同好》）隋唐的統治者實行儒、釋、道三教並舉的政策。儒學再次受到官方重視，儒家經典成為科舉考試的基本內容。魯地儒生保持傳統，謹遵師訓，鑽研儒家經典，走「學而優則仕」的道路。唐代著名的儒學大師顏師古祖籍就是臨沂，其「父思魯，以儒學顯」

《新唐書・儒學傳》）。祖父顏之推寫的《顏氏家訓》豐富了儒家倫理教育思想。可見顏師古正是有其家學淵源。另一位儒學大師蕭德言也是魯地的蘭陵（今山東蒼山縣）人，「明《左氏春秋》……每開經，輒祓濯束帶……曰對先聖之言何復憚勞」（《新唐書・儒學傳》）。李白《任城縣廳壁記》描述魯地風俗：「土俗古遠，風流清高，賢良間生，掩映天下……代變豪侈，家傳文章」，「千載百年，再復魯道」。《春於姑熟送趙四流炎方序》云：「白以鄒魯多鴻儒，燕趙饒壯士，蓋風土之然乎。」可見魯地在唐代仍然是儒風很盛，崇尚儒學，有周孔遺風、洙泗遺俗。而魯地的儒生們仍然謹遵先聖之言，謹守禮教。朱熹也說：「魯則重禮教，崇信義，猶有先王之遺風焉。」（《論語集注・雍也》）魯文化在文學方面也有傑出的成就。孔子刪定的《詩經》是中國第一部詩歌總集，收錄周代各地民歌三百餘首，後代奉之為儒家經典。《論語》記錄了孔子及其弟子的言行，為中國早期語錄體散文，言辭簡約而含義豐富。孔子文學思想的核心內容是注重文學的社會功能，主張文學的內容與形式相輔相成，「質勝文則野，文勝質則史，文質彬彬，然後君子」（《論語・雍也》）。他的這些觀點為後世所尊崇並加以闡發。產生於魯地的另一部儒家經典《孟子》的文學性很強，富於強烈的感情色彩，邏輯性很強，氣勢宏大，善於用比喻和寓言說明道理。

漢末「建安七子」有三人為魯地人。王粲，山陽高平（山東鄒城西南）人，他的詩歌涉及了廣闊的社會內容，反映了東漢末年的離亂景象，抒發了以身報國的豪情壯志。他的代表作《七哀詩》真實地描述了戰亂造成的慘景，表達了對苦難的民眾深切的同情。孔融為孔子第二十代嫡孫，其散文情感充沛，氣勢縱橫，文采斐然。其詩作雖不多，但達到相當高的水平，情感真摯，直抒胸臆，毫不矯揉造作。劉楨，山東東平寧陽人，鐘嶸的《詩品》將其詩列為上品，贊其詩「仗氣愛奇，動多振絕，真骨凌霜，高

第一節　魯文化的形成與特點

風跨俗」，《贈從弟》三首為其代表作。鮑照祖籍郯城，顏延之祖籍臨沂，劉勰祖籍莒縣，都屬魯地，在文學上都有很大貢獻。

文化是一個綜合體，其結構分為物質文化、制度文化、行為文化和精神文化四個層面。精神文化是指人們的思想觀念、信仰、倫理道德、思維方式、審美情趣、風俗習慣等。精神文化是文化中起決定性作用的核心的部分，一旦形成，很不易改變。魯文化的精神文化的基本內容是以儒學為指導思想，推崇儒家提倡的倫理道德，尊崇禮樂文化傳統，遵循禮制，以禮教治國。

魯文化的先進方面，一是仁愛精神，「仁者愛人」，尊重人的價值。儒家經典中就周公制禮作樂的基本指導思想就是「敬德保民」，從敬鬼神轉到重人事。孔子繼承了西周以來的民本思想之精華，在此基礎上確立了人的主體性地位，關注人的生活，提出「民為邦本，本固邦寧」。「仁者愛人」，「泛愛眾」，創建了關於「仁」的學說，主張「禮樂之治」（或曰「王政」）。二是積極進取的精神。儒家主張修身、齊家、治國、平天下，以天下為己任，建功立業，振世濟民。《易》曰：「天行健，君子以自強不息。」孔子、孟子周遊列國，推行自己的學說，百折而不回，明知不可為而為之，這種奮發進取的精神，成為中華民族生生不息、數千年屹立於世界東方的精神之源。但是魯文化的也有保守性一面，魯國為著名的禮儀之邦，要求懂禮、知禮、好禮，言語行動合符於禮。「不學禮，無以立」（《論語．季氏》）。「非禮勿視，非禮勿聽，非禮勿言，非禮勿動」（《論語．顏淵》）。把社會生活的方方面面都歸之於禮，尊敬其「先君」、「先人」，言必稱「先王之訓」，事必尊「先王之業」。這就形成一種保守的心理，比較死板，不靈活，妨礙人們繼續探索、創造、變革，不能不影響社會的發展和進步。梁啟超說：「魯是孔子所居的地方，從地理方面看，在泰山以內，壤地偏小，風俗嚴謹；從歷史方面看，自周公以來，素稱守禮之國。又有孔子誕生，門弟子極多。魯派家法，嚴正呆板狹小，有他的長處，同時亦有他的短處。」這短處就是文化保守主義。

第二節　李白對魯文化的接受

李白在開元二十八年，移居東魯，安家於山東沙丘（在今兗州）二十餘年（其中有些時間去其他地方漫遊），這裡距孔子故鄉曲阜、孟子故鄉鄒縣很近，可以說他就生活在儒家的發祥地，魯文化的核心地帶。李白在魯地創作詩歌約八十首，文六篇。李白在魯文化氛圍中生活，必然有受其影響的一面。

李白生長於西蜀，在西蜀度過的青少年時期，間接受到魯文化的影響。因為儒學在漢武帝「罷黜百家，獨尊儒術」以來，變成了中國封建社會的占統治地位的思想。以儒家思想為主要特徵的魯文化也輻射到其他地區，也影響到西蜀。漢景帝至武帝時期，文翁為蜀郡守「乃立學，選吏子弟就學，遣雋士張叔等十八人東詣博士受七經，還以教授。學徒鱗萃，蜀學比於齊魯」，意味著巴蜀接受了魯文化。唐初，唐太宗派「十八學士」之一的高士廉，擔任益州大都督府長史，十分重視教化，推崇儒學，大興學校，「又因暇日，汲引辭人，以為文會，兼令儒生講論經史，勉勵後進，蜀中學校粲然復興」。在唐代，蜀中儒學大興。李白自述「五歲誦六甲，十歲觀百家」，「常橫經籍書，製作不倦」。這裡的「百家」、「經」當然包括儒家經典，這是間接受魯文化的影響。後來，「我家寄東魯」，安家於山東沙丘，儒家的發祥地，魯文化的核心地帶，就是直接受魯文化的薰陶。

首先，李白接受了儒家的修身、齊家、治國、平天下的思想，以天下為己任，忠君愛民，憂國憂

第二節　李白對魯文化的接受

民，積極進取，為社稷蒼生而建功立業。儒家思想核心的「忠」、「愛」精神以及入世精神和仁政學說鑄就了李白詩中的主旋律。在李白的許多詩中表現出儒家的忠君愛國的思想和積極入世的精神。他離別故鄉時高唱：「莫怪無心戀清境，已將書劍許明時。」他懷著「四方之志」，「仗劍去國，辭親遠遊」，以實現其宏偉的志向：「申管晏之談，謀帝王之術，奮其智慧，願為輔弼使寰宇大定，海縣清一。事君之道成，榮親之義畢，然後與陶朱、留侯浮五湖，戲滄洲，不足為難矣！」（《代壽山答孟少府移文書》）他的政治理想基本上是儒家大同思想、行仁政，再加上道家的無為而治，使百姓安居樂業，官吏清正廉潔，天下太平，國泰民安。他為實現這個理想，終生奮鬥不息。李白之所以選擇在魯地安家，是因為這裡是他崇拜的孔聖人的故鄉。他自稱「顧余不及仕，學劍來山東」。在李白詩中的「劍」是建功立業的象徵。「學劍」也就是追求建功立業。李白在魯地的干謁、交友、隱居等活動也就是為了擴大影響，提高知名度，得到皇帝的重視。他終於在中年之時，在魯地得到了玄宗的詔書，請他進京。他興高采烈，「仰天大笑出門去」，以為輔佐帝王、安邦治國的理想即將實現。入宮以後，看到了上層統治者的腐敗，他的治國安民的宏偉抱負根本無法實現，只得離開朝廷，再次回到魯地，但他積極入世之心並未泯滅，總希望能為國建功立業，他在魯地寫了不少關心中國命運，渴望為國效力的詩篇，念念不忘受過皇帝的恩寵，如「遙望長安日，不見長安人，長安宮闕九天上，此地曾經為近臣，一朝復一朝，發白心不改」（《單父東樓秋夜送族弟沈之秦》），「狂風吹我心，西掛咸陽樹」（《金鄉送韋八之西京》），「魯客向西笑，君門若夢中。霜凋逐臣發，日憶明光宮」（《魯中送二從弟赴舉之西京》），幻想「何當赤車使，再往詔相如」，他相信「天生我材必有用」。他還說，「待吾盡節報明主」，「丈夫賭命報天子」。「安史之亂」發生，國難當頭激起他救國救民的滿腔熱情。他認為「此乃猛士奮劍之秋，謀臣運籌之日」，正是為國建功，英雄用武之時，投入了永王幕中，寫了《永王東巡歌》等鼓舞士氣的詩篇。但是他的滿腔報國熱情很快被一桶冰水澆滅，救國之志未能實現，反倒成了李氏兄弟爭奪帝位的犧牲品，被加上了「附逆」的罪名投入監獄，後被流放。但他想的卻是「何日金雞放赦回」，「何日入宣室，更問洛陽才」。李白被赦後他那一顆忠君報國之心還在燃燒。「中夜四五嘆，常為大國憂」。那時他年屆花甲，貧病交加，窮困潦倒，還要去投入李光弼帳下，參軍平叛。「拂劍照嚴霜，雕戈鬘胡纓，願雪會稽恥，將期報榮恩」（《聞李太尉大舉秦兵百萬出征東南，懦夫請纓，冀申一割之用，半道病還，留別金陵崔侍御十九韻》）。筆者以為，儘管李白的思想很博雜，但儒家的積極入世、忠君愛國的思想才是李白貫徹一生的主導思想。有外國學者認為李白是異族人，是中華大地上的「客寓者」、「旅人」，「不是持久的責任承擔者」，「濟世安民不是他的終極的理念意識」，把李白說成對國家、對家庭不負責任的外來的旅遊者，是非常荒謬的。

李白身處孔子故鄉，對孔子十分崇敬。在《崇明寺佛頂尊勝陀羅尼幢頌並序》中說：「共工不觸山，媧皇不補天，其鴻波汩汩流；伯禹不治水，萬人其魚乎？禮樂大壞，仲尼不作，王道其昏乎？」李白把孔子的功績比作「媧皇補天」、「大禹治水」，可謂對孔子推崇備至。在《送方士趙叟之東平》中，拜託趙叟「西過獲麟台，為我吊孔丘」也表達了對孔子的崇敬。李白對孔子積極用世、百折不回的精神很讚賞，對孔子一生坎坷、政治理想不能實現非常同情。如他在魯地寫的「荊人泣美玉，魯叟悲匏瓜」（《早秋贈裴十七仲堪》），「宋人不辨玉，魯賤東家丘」（《送薛九被讒去魯》），「魯國一杯水，難容橫海鱗。仲尼且不敬，況且尋常人。白玉換斗粟，黃金買尺薪」（《送魯郡劉長史遷弘農長史》），在李白詩文中有二十多處提到孔子，全是尊重、敬慕與同情，看不出有鄙薄之意。有人抓住

「我本楚狂人，鳳歌笑孔丘」（《廬山謠》）的詩句，說李白反孔，嘲笑孔子，其實是誤解了楚狂接輿的意思，接輿說：「鳳兮，鳳兮，何德之衰？往者不可諫，來者猶可追。已而！已而！今之從政者殆而。」（《論語．微子》）意思是天下無道之時從政十分危險。他出於好意，勸孔子不要在亂世奔忙於仕途，並無瞧不起孔子的意思。「鳳兮，鳳兮」，將孔子比喻為吉祥神聖的鳳，怎麼是鄙薄嘲笑呢？不過李白不是把孔子當成神，而是作為學習的榜樣和異代知己。這同魯地儒生對孔子的態度是有區別的。

李白在魯地，對儒家的政治理想十分嚮往，對行仁政的官吏給以頌揚。在《任城縣廳壁記》中，先敘述了魯地的歷史及風土人情，接著歌頌了任城縣令賀公實踐儒家學說，以「禮樂」治邦取得的政績。「一之歲肅而教之，二之歲惠而安之，三之歲富而樂之。然後青衿向訓，黃髮履禮。耒耜就役，農無遊手之夫；杼軸和鳴，機罕蛾之女……行者讓於道路，任者並於輕重。扶老攜幼，尊尊親親，千載百年，再復魯道」。在《崇明寺佛頂尊勝陀羅尼幢頌並序》中，稱讚魯郡太守李輔「其從政也，肅而寬，仁而惠，五鎮方牧，聲聞於天，帝乃加剖竹於魯，魯道粲然可觀，方將和陰陽於太階，致吾君於堯舜」。這也是稱頌的儒家主張的仁政。《贈范金卿．其二》：「范宰不買名，絃歌對前楹。為邦默自化，日覺冰壺清。百里雞犬靜，千廬機杼鳴。浮人少蕩析，愛客多逢迎。遊子睹嘉政，因之聽頌聲。」此詩讚揚范金卿的治績，也是讚頌儒家的政治主張。「絃歌」就是指儒家的禮樂教化，典出《論語．陽貨》：「子之武城，聞絃歌之聲，夫子莞爾而笑曰：『割雞焉用牛刀。』」「為邦默自化」，也就是「無為而治」，這既是道家主張，也是儒家的主張。《論語．衛靈公》：「無為而治者，其舜也與？夫何為哉？恭己正南面而已。」只要為官者清正廉潔，不擾民，百姓自然會安居樂業。

李白在詩歌創作上繼承和發揚了魯文化崇實、質樸的傳統。他對孔子整理編輯的《詩經》十分推崇，以繼承和弘揚《詩經》開創的詩歌優秀傳統為自己的歷史責任，《古風》第一中說：「大雅久不作，吾衰竟誰陳？王風委蔓草，戰國多荊榛……正聲何微茫，哀怨起騷人。揚馬激頹波，開流蕩無垠。廢興雖萬變，憲章亦已淪。自從建安來，綺麗不足珍。聖代復元古，垂衣貴清真。群才屬休明，乘運共躍鱗。文質相炳煥，眾星羅秋旻。我志在刪述，垂輝映千春。希聖如有立，絕筆於獲麟。」這首表現李白文藝思想的詩，說明其是奉《詩經》為正統，以孔子為榜樣，竭力主張恢復《詩經》的正聲，遏止背棄《詩經》傳統的頹靡文風，提倡詩歌要反映現實，重視詩歌的社會作用，主張繼承《詩經》的現實主義詩風；主張情辭相副、文質兼勝；倡導清新、質樸的風格，反對虛誇浮華，雕飾綺靡的文風。李白對於出生於魯地的建安詩人王粲、孔融、劉楨和祖籍是魯地的鮑照的詩歌很推崇。他讚揚和倡導「建安風骨」。《漁隱叢話》說：「李太白亦多建安句法，而罕全篇。多雜以鮑明遠體。」總之，李白繼承和發揚了魯文化淳厚質樸純真的優良傳統。

　　李白對於魯地純樸的民風，勤勞好客的普通百姓，歷史上的傑出人物，壯麗秀美的風光是很讚賞的。他在魯地寫的詩中有很多這方面的內容。如《五月東魯行答汶上翁》的開頭四句：「五月梅始黃，蠶凋桑柘空。魯人重織作，機杼鳴簾櫳。」描寫和頌揚了魯地的百姓在農忙時勤於耕織，一片織機的紮紮之聲，給初遊魯地的他留下了良好的印象。《魯東門觀刈蒲》更是一首讚美魯地勞動人民的頌歌。「揮鐮若轉月，拂水生連珠」描繪了刈蒲人優美的動作和愉快的心情。《酬中都小吏攜斗酒雙魚於逆旅見贈》描述了他與一個社會地位不高的小吏的友情，讚美了這位山東朋友質樸豪爽的性格。《客中作》：「蘭陵美酒夜光杯，玉碗盛來琥珀光。但使主人能醉客，不知何處是他鄉。」不僅讚揚了魯地的美酒，還稱讚了主人的熱情，面臨好客的主人盛來的美酒使人流連忘返。在李白詩中非常讚揚的魯仲連，是戰國時齊人，與魯同屬齊魯文化圈。李白以他為榜樣，建立奇功，不受封賞，功成身退。李白在詩中還讚揚秦漢之際魯地的著名豪俠朱家，「歷抵海岱豪，結交魯朱家」（《早秋贈裴十七仲堪》）。李白對於出生於魯地的諸葛亮更是十分崇拜，將其作為自己的榜樣。李白在魯地寫了不少詩歌描繪和歌頌魯地的壯麗河山，如《遊泰山六首》、《東魯門泛舟二首》、《大庭庫》、《登單父陶少府半月台》等。總之，李白在魯文化氛圍中寫的這些詩，也為魯文化增添了光彩。

第三節　李白對魯文化的保守主義的排斥

從地域文化的角度看，李白與魯文化既有受其影響的一面，也有排斥、衝突的一面。

李白青少年時期生活在巴蜀文化的氛圍中，巴蜀與東魯在文化上的地域性差異是存在的。巴蜀地勢險要，可憑險拒守，物產豐饒，可自給自足，因而表現出很強的獨立性、分散性，常為割據者安身立命之所，或農民起義軍的據點。自來有「天下未亂蜀先亂，天下已治蜀未治」的說法。蜀中的文人也表現出一種獨行特立，不願與統治者合作的高傲性格。從學術思想來看，魯文化以儒家學說為主導；巴蜀文化的學術思想則博而雜，巴蜀雖「其地四塞，山川重阻」，但在文化交流來說，並非是封閉的，自古以來有衝破盆地束縛，勇於接納外來文化，博採眾家之長的傳統。巴蜀多次接納外來移民，秦王政執政時，呂不韋獲罪。呂不韋的親屬、舍人約萬家遷於巴蜀。這些人不少是參加過《呂氏春秋》編撰的，該書是雜家的代表作。雜家的學術思想必然隨之在巴蜀傳播。漢代蜀中的幾位思想家，如嚴遵、揚雄、楊統等，都不是局限於儒家思想，而是融合道儒，博採眾家，獨具一格。唐代蜀中著名的思想家趙蕤，更是博採眾家之長，是典型的「雜家」。在《長短經．正論》中，引用了《漢書．藝文志》對儒、道、墨、法、陰陽、縱橫、雜、農等家的長處與弊端的評論，其中對儒家的評論是：「儒家者，蓋出於司徒之官，助明君順陰陽，明教化者也。遊文於六經之中，留意於仁義之際，祖述堯舜，憲章文武，宗師仲尼，此其最高也。然惑者既失精微，而僻者又隨時抑揚，違離道本，苟以譁眾取寵，此僻儒之患也。」趙蕤認為各家學說都有長處和短處，不能一概肯定或否定，應當全面研究各派學說，根據實際情況變通取捨。趙蕤是李白的老師。李白跟著他「從學歲餘」，對李白影響很深，所以李白能超越於各派之上，對各家學說都進行研究，博採眾家之長。他對儒家思想之精華是接受的，但他不像魯地的儒生那樣完全束縛在儒家思想之中，不能變通。他博覽群書，對佛教、道教也都感興趣，與三教九流的人都有交往，形成了兼收並蓄的開放型的思想體系。

從思維模式來看，巴人「尚鬼信巫」，以巫教為特徵；蜀人重仙，比較虛幻，與魯文化重禮不同。從三星堆、金沙遺址出土文物中有人面鳥身像、人身鳥足像以及太陽鳥形象看，這表現了蜀人最初羽化成仙的想像力。巴蜀的神話傳說非常豐富，蠶叢、柏灌、魚鳧「此三代皆神化不死，皆得仙道」。彭祖，王喬成仙，鱉靈死而復生，杜宇魂化杜鵑，開明上天為開明獸，都是仙化。不僅蜀王仙化，他們統治的部族也「隨王化去」，成了仙。正是在富於神話傳說的巴蜀產生了道教，道教的那些法力無邊而又飄逸的神仙，虛無縹緲而又瑰麗的仙境，表現出了非常豐富的想像力。可以說，富於想像，善於誇張的浪漫性、發散性的思維模式是巴蜀文化的特色。

李白從出生到二十五歲出蜀，整個青少年時期在巴蜀度過，而這段時期正是他世界觀、價值觀、人生觀形成的時期。巴蜀文化不能不在他身上打下深深的烙印。李白思想的博雜，有強烈的自我意識，

第三節　李白對魯文化的保守主義的排斥

具有蔑視權貴、豪邁不羈、孤高自傲的人文性格和富於想像、善於誇張的思維模式，與儒家反對走極端的「中庸之道」格格不入。李白不願循規蹈矩走科舉的路子，而是要「一鳴驚人，一飛沖天」。他中年才到魯地定居，這時他的性格已經定型，在東魯必然要與當地的文化發生衝突，《嘲魯儒》一詩就是他與魯文化衝突的直接表白，詩云：「魯叟談五經，白髮死章句。問以經濟策，茫然墜煙霧。足著遠行履，首戴方山巾。緩步從直道，未行先起塵。秦家丞相府，不重褒衣人。君非叔孫通，與我本殊倫。時事且未達，歸耕汶水濱。」他還說：「羞作濟南生，九十誦古文。」（《贈何七判官昌浩》）表示了對皓首窮經的儒生的鄙視。他還認為魯儒保守狹隘，「魯國一杯水，難容橫海鯨」（《送魯郡劉長史遷弘農長史》）。他還有一首《五月東魯行答汶上翁》，「顧余不及仕，學劍來山東。舉鞭訪前途，獲笑汶上翁」，說明魯地的文人在嘲笑李白。為什麼會這樣呢？因為魯地有濃厚的周孔遺風、洙泗遺俗，要求懂禮、知禮、好禮，言語行動合符於禮，社會生活的方方面面都要歸之於禮，比較保守、死板。魯地的一些儒生只知死讀儒家經典，走的是「學而優則仕」的路子，透過科舉考試，取得一官半職。這恰好與李白的人生道路與思維方式不同，李白的行為舉止、想法不符合魯人的習慣，而被魯人嘲笑，反過來李白對保守的只知讀死書的魯儒也看不慣，加以嘲笑。這反映了兩種地域文化的差異和不同地域文化的衝突與碰撞。

李白在魯地婚姻的失敗也反映出李白對魯文化的排斥的一面。魏顥《李翰林集序》云：「白始娶於許，生一女一男，曰明月奴，女既嫁而卒。又合於劉。劉訣，次合於魯一婦人，生子曰頗黎，終娶於宋。」劉氏與魯婦人是李白在魯地先後「合」（應當是沒有正式結婚而同居）過的兩個女人，她們的關係與李白不好。李白在奉詔入京時說：「遊說萬乘苦不早，著鞭跨馬涉遠道。會稽愚婦輕買臣，余亦辭家西入秦。仰天大笑出門去，我輩豈是蓬蒿人。」（《南陵別兒童入京》）從此詩看出李白對曾與他同居的婦人深惡痛絕。婚姻的不幸有多種原因，通常講是因為生活習慣的不同，而從本質上看也是文化的衝突。與李白同居的婦人及其家人，深受魯文化薰陶，他們要求李白應當熟讀儒家經典，走科舉考試之路，同時為家庭生活計，治置田產，守著家業。而李白卻不能治置產業，不參加科舉考試，喜嗜酒浪遊，與孔巢父等人隱居徂徠山中。對李白的這些行為，其同居婦人與親戚或屢有勸阻。李白與魯地女人的衝突正是兩種文化的衝突。

不過，我們不能從上述的事實得出李白對魯文化是一概排斥的結論。我們在論證李白對魯文化態度時，不能不涉及李白對儒學的態度，因為儒學是魯文化的核心和靈魂，魯文化以儒家禮樂觀念為其文化特徵。若說李白對魯文化是一概衝突與排斥的，那當然不合事實。如果李白對魯文化是完全排斥的，他就不可能在這個地方安家二十年。事實上李白並未對整個儒家思想進行批判，而是對於處處拘泥於禮法，嚴格遵守上下尊卑的等級制度不接受，對中庸的處世態度不接受。李白並未排斥整個魯文化，只排斥魯文化的保守主義一面。李白並未嘲諷魯地所有儒生，他還自稱是「小儒」。他只是嘲諷死讀書本、不知時務的腐儒、鄙儒，也就是他的老師趙蕤批評的那些丟掉儒家學說之精微，違離儒家的本旨，只會譁眾取寵的「僻儒」。他在《嘲魯儒》中推崇的叔孫通，也是出生於魯地的儒生。叔孫通為漢王朝議定朝儀，當時有兩個儒生不肯前去，說：「公所為不合古，吾不行。」叔孫通批評他們「若真鄙儒也，不知時變」。他徵召了「知時變」的魯地儒生三十人進京，為朝廷制訂了一整套禮儀，得到了漢高祖的重賞。李白對於以叔孫通為代表的通達時事的魯地儒生十分讚賞，而且也希望自己像叔孫通那樣得到皇帝重用，「奮其智慧，願為輔弼」，為國家建功立業。

第三節　李白對魯文化的保守主義的排斥

李白之所以成為偉大詩人，就在於他能兼收並蓄，汲取各地域文化中最健康、最鮮活的因素，博採各地域文化之長，去其所短，從而形成自己的特色。可以說李白詩歌是大開放的盛唐時期，各地域文化大融合、大繁榮的產物。

第七章　李白對魯文化的接受與排斥

第八章

李白與中原文化——兼論李杜異同的地域文化原因

說到李白，不能不說他的摯友杜甫。他們都是中華文化哺育出來的偉大詩人。他們有許多共同點，也存在著差異。本章從地域文化的角度，比較其異同。

第一節　中原文化的基本特質

中原文化，主要是指中原地區的文化。中原地區從狹義講指今河南省一帶，為華夏族最早活動的地區。「昔夏人都河東，殷人都河內，周人都河南，夫三河在天下之中」。這中原的概念指的是「三河」一帶，即指今天的黃河洛陽一段，豫、晉兩省交界一帶。河南、山西交界處的王屋山以西，黃河以東為河東。洛陽段的黃河的北邊，太行山南邊，為河內。洛陽為河南。我們講的河洛文化也就是狹義的中原文化，即以洛陽為中心的河南一帶的傳統文化。其後，華夏族活動擴大到整個黃河中下游，廣義的中原指黃河中下遊，與最初的「中國」、「中華」的含義相同。因此廣義的中原文化在某種意義上說也相當於中華文化，確切地說中原文化是中華文化的骨幹和核心部分。它源遠流長，早在五十萬年前的舊石器時代，中原就有人類居住。八千年前的裴李崗文化說明，中原已進入新石器時代，過著農耕定居生活。其後又有仰韶文化、龍山文化，這是中原文化的孕育與萌芽階段。夏商周時期，中原是統治者的腹心之地，長期在此建立都城，成為政治、經濟、文化的中心，這一時期是中原文化的形成與發展的重要時期。春秋戰國時期，由於諸侯割據，中原文化分成為以洛陽為中心的河洛文化，關中的秦文化、三晉文化以及齊魯文化、燕趙文化。秦漢至隋唐，在中國統一的局面下，中原仍然是中國統治中心，中原文化得到進一步興盛與繁榮。

中原文化的基本特質表現在：

❖**正統性**：中原居中華之中，自古就是華夏族活動的腹心之地。夏商周三代在此建都，是統治者直接控制的王畿之地。中央的典籍、檔案長期存放於洛陽，周公旦在此制禮作樂。老子做過東周「守藏室之史」，掌管國家檔案、典籍。孔子曾到洛陽問禮於老子，問樂於萇弘，還閱讀了大量的中央館藏文獻典籍，學習了周公旦制定的禮樂，這之後才創立了儒家學說。可以說，儒家學說的源頭在洛陽，形成於魯地，成為魯文化的主導思想，而魯文化應屬於廣義的中原文化的一部分。漢武帝「獨尊儒術，罷黜百家」，儒家學說上升為占統治地位的思想，也成為中原文化的主導思想。重禮儀，尊詩教也是中原文化的特徵。東漢設太學於洛陽，又置五經博士，傳授儒家經典，此後數百年，洛陽成為傳播儒家思想的中心。在隋唐時期，在首都長安和東都的洛陽都設有太學、國子學，為學習和傳播儒家學說的最高學府，國內和國外留學生都在此學習儒家經典。中原文化在整個中華文化中處於正統的地位，或者說處於支配地位，這種地位一直持續到北宋。

❖**崇實性**：劉師培先生說：「大抵北方之地土厚水深，民生其間多尚實際……民崇實際，故所作之文不外記事、析理二端。」范文瀾先生說：「黃炎族掌文化的人叫做史，苗黎族掌文化的人叫做巫……史重人事，長於徵實；巫事鬼神，富於想像……周朝重史不重巫，史官掌記事也兼詩歌（詩三百篇不少是史官所作）。史官世代專業，儒家所傳經書，其原始部分大都是兩週史官舊藏的典冊。經書文辭分散文與詩歌兩類。散文分質言文言兩體。質言如《周書．大誥》、《康誥》、《酒誥》等篇，直錄周公口語，辭句質樸，不加文飾。文言如《周書．洪範》、《顧命》以及《禮儀》

十七篇，都是史官精心製作，條理細密，文字明白。」這兩位大師從地理和歷史條件談到中原文化的一個重要特性，那就是崇實、質樸，從文學風格來說就是現實主義。孔子繼承和發揚了周朝崇實、質樸的傳統，否定「巧言令色」，「不語怪力亂神」。推引到文學藝術上提倡樸實、嚴謹的風格，反對浮華虛誇。他說：「質勝文則野，文勝質則史。文質彬彬，然後君子。」他編定的《詩經》語言質樸優美，深入全面地反映了社會現實，成為中國文學史上現實主義精神的光輝起點。孟子、墨子、荀子和韓非子等北方的諸子也都是以質樸為美，墨子力倡「先質而後文」、「尚用尚質」，荀子主張「文以致實」，韓非子也力主文章「致實」。從西漢至北朝，北方文學一直保持了重實、質樸的傳統風格。

❖ **先導性**：中原文化作為中國歷史文化的重要骨幹，在中國古代文化中長期處於先導地位。在中原產生過許多文化名人和文化成果，老子在這裡做守藏史，閱讀了中央的典籍、檔案，這之後才創立了道家學說。此外，先秦百家中的道家莊周，名家的惠施，墨家的墨翟，兵家的吳起，法家商鞅、申不害、韓非，縱橫家蘇秦、張儀，雜家呂不韋皆中原人。儒、墨、道、法、名等家的思想的產生與發展都與中原地區有緊密的連繫。兩漢時期，中原產生了偉大的科學家、文學家張衡，醫學家張仲景、華佗，史學家司馬遷、班固，發明家蔡倫，文字學家許慎……他們都是中華文化史上的領軍人物，為中華文明增添了異彩。東漢末的「建安七子」、「三曹」，更是開創文學一代新風。中原文化的這種先導的作用，對整個中華文化有重要貢獻和影響。

❖ **兼容性**：中原處於九州之中，與各地域文化都有交流，與外域往來不斷。歷史上週邊少數民族屢屢進入中原，源於印度的佛教文化最早在中原地區傳播，絲綢之路不斷傳來中亞、南亞的文化，這些都推動了中原文化的多樣化，使其兼容並蓄，博採眾長。特別是在唐代，中國大一統，版圖空前擴大，與亞、歐、非各國交流頻繁，邊疆各族文化和外域文化傳入中原，大大豐富了占統治地位的中原文化。

❖ **輻射性**：中原文化有極強的輻射性和擴散力。在幾千年歷史的變遷中，由於中原處於統治中心，透過行政管轄和經濟、文化交往以及因戰亂出現人口的大遷徙，中原文化不斷向周邊滲透移植，輻射於中國各地，直至海外。巴蜀文化、荊楚文化無不受中原文化的影響。道家原本產生於中原，在傳入楚地後，深深地影響了楚文化；傳入巴蜀後，產生了以道家學說為指導思想的道教。又如嶺南的客家文化也是在中原文化母體上產生的，是中原文化與嶺南文化融合而成的，客家文化的根在中原。總之，中原文化在中華民族的形成與發展中起著極其重要的作用。

第二節　中原文化對李白杜甫的影響

杜甫是在中原文化的孕育下產生的偉大詩人。杜甫出生於河南鞏縣，生母早逝，依洛陽二姑母家長大。從小受以儒家思想為主導的中原文化的薰陶。杜甫的先輩一直生活在中原，祖籍京兆杜陵，曾祖父杜依藝做鞏縣令，定居於鞏縣。祖父杜審言做過洛陽丞，父親杜閒做過郾城尉、奉天令。杜甫自稱「吾祖也，吾知之，遠自周室，迄於聖代。傳之以仁義禮智信，列之以公侯伯子男」（《唐故萬年縣君京兆儒氏墓誌》）。又說「自先君恕、預以降，奉儒守官，未墜素志」（《進雕賦表》）。杜預是晉代著名的儒將，杜甫第十三代祖，著有《左氏春秋傳集解》。杜甫家世代做官，恪守儒家倫理道德，先輩中出了一些實踐儒家倫理道德的「孝烈」之士，杜審言的曾祖杜叔毗事母至孝，為兄報仇，一時傳為美談。杜甫的叔父杜並，十六歲時刺殺誣陷其父的仇人周季重而犧牲自己，使父親杜審言得救。杜甫生活在這樣一個儒家思想傳統很濃的家庭，從小苦讀儒家經典，「讀書破萬卷」。少年時嘗交往洛陽名士，「往昔十四五，出遊翰墨場。斯文崔魏徒，以我似班揚」（《壯遊》）。他交往的崔尚、魏啟心都是飽讀儒家經典的進士。儒家重視詩教，產生於中原大地的《詩經》是他的必修課，也是他創作的樣板。他的祖父杜審言是著名的詩人，與李嶠、崔融、蘇味道共同被稱為「文章四友」，是五言詩的奠基人。杜甫以「吾祖詩冠古」自傲，還告訴他兒子說：「詩是吾家事。」「詩書傳家」正是杜甫家庭的特色。總之，杜甫出生在受中原文化薰陶的一個典型的儒家思想很濃的家庭，因而杜甫自己一直以儒者自居，早年自稱為「儒」，如「有儒愁餓死」（《奉贈鮮於京兆》），年老了還自稱「老儒」，如「社稷纏妖氣，干戈送老儒」（《出江陵南埔》），他執著地追求儒家的理想，「自謂頗挺出，立登要路津。致君堯舜上，再使風俗淳」（《奉贈韋左丞丈二十二韻》）。

李白出生於西蜀，從小受巴蜀文化的薰陶，他與中原文化的關係雖沒有杜甫那樣直接，那樣密切，但仍然受到中原文化的影響。由於中原文化的正統性、輻射性的特點，在中華大地上任何一個地方都會受到中原文化的影響。從三星堆出土文物看，早在三千年前巴蜀就接受了中原文化的禮器、酒器的青銅鑄造技藝和玉器製造工藝。秦滅巴蜀後，「遷秦民萬家實之」，「始皇克定六國，輒徙其豪俠於蜀」。秦國多次從中原移民到巴蜀，帶來了中原文化。漢景帝至武帝時，文翁為蜀郡守「乃立學，選吏子弟就學，遣雋士張叔等十八人東詣博士受七經，還以教授。學徒鱗萃，蜀學比於齊魯」。文翁在地方辦學，學習儒家經典的辦法，漢武帝在中國推廣，「乃令天下郡國皆立學校官，自文翁為之始」。文翁

第二節　中原文化對李白杜甫的影響

辦學意味著巴蜀接受了中原文化，「學比於齊魯」，也就是說巴蜀文化與中原文化的差距縮小，開始融合。也可以說在秦漢建立了大一統的中央集權專制主義封建帝國之後，由於巴蜀文化與中原文化的交流與融合，巴蜀文化不再具有地域與民族的雙重獨立性，而是中華文化這個大系統中一支有地域特色的子文化。李白二十五歲之前都是生活在巴蜀，這時的巴蜀是統一的唐王朝統治下的一部分。唐初的統治者非常重視巴蜀，派遣元老重臣來治理。唐太宗派「十八學士」之一的高士廉，擔任益州大都督府長史，十分重視教化，推崇儒學，大興學校，「又因暇日，汲引辭人，以為文會，兼令儒生講論經史，勉勵後進，蜀中學校粲然復興」。後來他的兒子高履行，又在「顯慶元年（六五六）出為益州大都督府長史，先是士廉居此職，頗著能名，至是履行繼之，亦有善政，大為人吏所稱」。由於中原文化的正統性和強大的輻射性，生長在大一統的盛唐時期的李白，雖身在西蜀，仍然能受到中原文化的影響。如果說李白在巴蜀是間接受中原文化的影響，那麼他後來是直接受中原文化的影響。李白曾兩次入長安，多次到洛陽，「十載客梁園」（《書情題蔡舍人雄》），「我家寄東魯」（《寄東魯二稚子》），他還北遊晉陽、幽州，中原大地遍布他的足跡，特別是他安家於山東沙丘（從兗州出土的北齊碑刻證實沙丘就在兗州）二十餘年，這裡距孔子故鄉曲阜，孟子故鄉鄒縣很近，可以說他就生活在儒家的發祥地，魯文學的核心地帶。《漢書．地理志》說：「魯地……其民有聖人之教化……是以其民好學，尚禮義，重廉恥……今去聖久遠，周公遺化稍微，然其好學猶愈於它俗。」李白在這樣的文化氛圍中生活，不可能不受其影響。

正因為李白與杜甫都受到中原文化的影響，所以有許多相同之處。首先，他們都接受了儒家的修身、齊家、治國、平天下的思想，以天下為己任，忠君愛民，憂國憂民，積極進取，為社稷蒼生而建功立業。儒家思想核心的「忠」、「愛」精神以及入世精神和仁政學說鑄就了李白杜甫詩中的的主旋律。

杜甫早年的志向是「致君堯舜上，再使風俗淳」（《奉贈韋左丞丈二十二韻》），直到臨終，仍在惦念「公孫仍持險，侯景未生擒……戰血流依舊，軍聲動至今」（《風疾舟中伏枕書懷》）。無論是順境，還是逆境，杜甫的憂國憂民的拳拳之心始終如一，「窮年憂黎元」，「濟時肯殺身」，是他的一貫精神。蘇軾說杜甫「一飯不忘君」（當時的「君」就是「國」的代表）。杜甫不僅自己忠君愛國，憂國憂民，還勉勵朋友。他表彰元結說，「道州憂黎庶，詞氣浩縱橫」，他對嚴武說，「公若登台輔，臨危莫愛身」，他對裴虬也說，「致君堯舜付公等，早據要路思捐軀」。他在《自京赴奉先縣詠懷五百字》中說：「葵藿向太陽，物性固難奪！」可見忠君愛國之情已成為杜甫生命的一部分。

李白的許多詩中也表現出儒家的忠君愛國的思想和積極入世的精神，他離別故鄉時高唱：「莫怪無心戀清境，已將書劍許明時。」他懷著「四方之志」，「仗劍去國，辭親遠遊」，以實現其宏偉的濟世安民的志向。他的政治理想基本上是儒家大同思想，再加上道家的無為而治，使百姓安居樂業，官吏清正廉潔，天下太平，國泰民安。他為實現這個理想，終生奮鬥不息。當玄宗下詔請李白進京時，他興高采烈，以為輔佐帝王、安邦治國的理想即將實現。入宮以後，看到了上層統治者的腐敗，他的治國安民的宏偉抱負根本無法實現，只得離開朝廷，但他積極入世之心並未泯滅，總希望能為國建功立業，寫了不少關心中國命運，渴望為國效力的詩篇。「安史之亂」發生，國難當頭激起他救國救民的滿腔熱情，投入了永王幕中，但是救國之志未能實現，反倒成了李氏兄弟爭奪帝位的犧牲品，被以「附逆」的罪名投入監獄，後被流放，李白被赦後，他那一顆忠君報國之心還在燃燒，「中夜四五嘆，常為大國憂」。那時他年屆花甲，貧病交加，窮愁潦倒，還要去投入李光弼帳下，參軍平叛。筆者以為，儘管李白的思想很博雜，但儒家的積極入世、忠君愛國的思想才是李白貫穿一生的主導思想。有外國學者認為李白與杜甫不同的是，杜甫的忠君愛國是「主體者即責任承擔者參與其中為最終目的」，而李白是異族人，是中華大地上的「客寓者」、「旅人」，「不是持久的責任承擔者」，「濟世安民不是他的終極的理念意識」。把李白說成對國家對家庭不負責任的外來的旅遊者，是非常荒謬的。事實上，李白與杜甫都是以天下為己任的愛國詩人。

李白、杜甫在詩歌創作上都繼承和發揚了中原文化崇實、質樸的傳統。他們都重視詩歌的社會作用，主張繼承《詩經》開創的現實主義詩歌傳統；主張情辭相副、文質兼勝；都倡導清新、質樸的風格，反對虛誇浮華，雕飾綺靡的文風。

眾所周知，杜甫是傑出的現實主義詩人，他敢於面對人生，善於用寫實的手法，深刻地反映現實社會，反映民間疾苦，客觀地描寫了玄宗、肅宗、代宗三朝有關政治、經濟、軍事以及人民生活的重大實際問題，所以他的詩被稱為「詩史」。「史」正是北方中原文化的特點，「史重人事，長於徵實」。杜甫的詩正是「重人事，長於徵實」。他從現實出發並忠實於現實，對現實中的民生大事作真實客觀的描寫。

李白是偉大的浪漫主義詩人，但也有現實主義的詩歌。他對《詩經》十分推崇，並以繼承《詩經》的優秀傳統為自己的歷史責任，「大雅久不作，吾衰竟誰陳？王風委蔓草，戰國多荊榛……正聲何微茫，哀怨起騷人。揚馬激頹波，開流蕩無垠。廢興雖萬變，憲章亦已淪。自從建安來，綺麗不足珍。聖代復元古，垂衣貴清真。群才屬休明，乘運共躍鱗。文質相炳煥，眾星羅秋旻。我志在刪述，垂輝映千春。希聖如有立，絕筆於獲麟。」（《古風》其一）這首表現李白文藝思想的詩，說明李白是奉《詩經》為正統，以孔子為榜樣，竭力主張恢復《詩經》的正聲，遏止背棄《詩經》傳統的頹靡文風，提倡詩歌要反映現實。這都說明李白是以繼承和發揚中原文化淳厚質樸純真的優良傳統為己任的。

李白、杜甫的政治思想和文藝思想基本是一致的，都是受到了占正統地位的中原文化的影響，都是中華文化的傑出的代表。這就是他們的共同性，也是他們深厚友誼的基礎。

第三節　李杜異同的地域文化原因

李白與杜甫又表現出不同的個性。對李白杜甫相異的比較已經有不少的論述了，筆者曾在《李杜異同與地域文化》中提出：「李白、杜甫由於青少年時期所受的地域文化薰陶的不同，因而在思想、性格、創作風格方面產生差異，形成各自獨特的個性。」葛景春先生也說：「李杜詩歌風貌之不同，除了其時代因素之外，在相當大程度上，是由於其少年時所受不同的地域文化的影響，以本地域文化為底色，對中國其他地域文化甚至於外來文化做了博採與融合，使其詩歌既有鮮明的地域特徵，又有中華大文化的豐富多彩。」他提出的「底色說」十分生動形象。也有學者認為：「以地域關係區分文學派別，本來無可非議，不過只適宜用於交通不便、政治不統一的時候，如南北朝時便是一例：北朝多產經師及散文家，而南朝多產詩人……自交通便利政治統一以後，以地理作區分是靠不住的。」在政治統一、交通便利的情況下是否還有地域文化的差異？筆者認為，即使在政治統一、交通便利的情況下，在不同的地理環境中的文化差異仍然是存在的。文化的內涵是非常紛繁複雜的，文化的結構也是多層次的，大致可分為物態文化、制度文化、行為文化和心態文化四個層次。一般地說，物質的、有形的改變較易，精神的、無形的改變較難。統一的中央集權專制主義國家，可以透過行政手段強制推行各種統一的制度，甚至強行推行一種思想，如秦朝的「焚書坑儒」，漢武帝「獨尊儒術」。但是，由於中華大地十分

第三節　李杜異同的地域文化原因

遼闊，各地域的自然地理環境、歷史條件相異，經濟發展也不平衡，因而在不同地域生活的人們的思維方式、行為方式、風俗習慣也就不同，要想用行政命令的手段強制統一是不可能的。漢武帝「獨尊儒術」，蜀郡守文翁在成都辦學，意味著巴蜀接受了中原文化，「學比於齊魯」，可以說巴蜀文化與中原文化的差距縮小，開始融合。但中原文化並未代替巴蜀文化，巴蜀文化的獨特性在盛唐時期仍然存在，本書第一編第四章中已有詳細論述。

隋唐時期的洛陽仍然是中原文化的腹心地帶，是中國傳播儒家文化的中心，與巴蜀顯然存在著地域文化的差異。

李白思想的博雜，不遵禮法、蔑視權貴、豪邁不羈、大膽叛逆的人文性格以及詩歌創作上富於想像，善於誇張的浪漫主義風格都可以從巴蜀文化中找到其根源。杜甫終身追求儒家的政治理想，他的性格是儒家提倡的「溫良恭儉讓」，與李白的叛逆性格顯然不同，他的創作風格是質樸的現實主義。這是因為他青少年受的是正統的中原文化的薰陶。

佛洛伊德說：「兒童期經驗是成人個性區別的根本來源。」郭沫若也說過：「一個人在年輕時的可塑性最大，一個人要成為什麼，主要就在年輕時的教育。」因為青少年時期是一個人世界觀、人生觀、價值觀、性格形成的時期，一旦定型，很難改變。也可以說，青少年時期受到的本地域文化的薰陶，猶如在白紙上打上了一道底色。正是有這一道底色，使他們存在著個性差異，在性格、思維模式和創作風格上各不相同。

當然，形成詩人個性特徵的因素是複雜的，即使受同一地域文化薰陶的詩人也有其個性，這還有時代背景、家庭教育等因素。不過，詩人青少年時期受到的地域文化的影響，應當是形成這個詩人個性特徵的決定性因素。因此，我們在研究、評價一個詩人或詩派時，不能不研究其地域文化的影響。

應當看到，李白與杜甫並沒有局限於青少年時期所受的本地域文化的影響，他們都曾經漫遊天下。李白走出巴蜀，到過荊楚、吳越，然後走向北方。杜甫在北方生活，曾漫遊過吳越，後來入蜀定居，最後去世於楚地。正因為在漫遊過程中接受了各地域文化之精華，才在詩歌創作上取得了偉大成就。如果他們僅僅接受本地域文化的薰陶，而不汲取其他地域文化的精華也不可能成為偉大的詩人，或者說僅僅只有一種底色，就不能夠出現絢麗多彩的畫面。

第九章　李白與西域文化

第一節　西域與西域文化

西域是指漢以來對玉門關以西地區的總稱。狹義專指玉門關以西、蔥嶺以東地區；廣義則指蔥嶺東、西地區，包括亞洲中、西部、印度半島，甚至更廣的地域。本處西域主要指狹義的，也包括歷史上曾是漢唐中央政權管轄過的中亞地區。李白雖未出生於西域，但李白的祖父輩流寓西域一百餘年，有西域民族之血緣並接受西域文化之影響，這是毫無疑問的。

早在先秦時期，西域與中原已有連繫。西漢張騫兩次出使西域，打通了漢與西域的道路。西元前六十年，漢設西域都護，巴爾喀什湖以東、以南的地區都屬漢王朝的版圖。此後，西域與漢民族的政治、經濟、文化的連繫日益加強。魏晉南北朝時朝，中原分崩離析，戰亂不已，行政管轄權雖未及西域，但仍然保持著政治、經濟和文化上的連繫。有中原漢人移居西域，也有西域人移居中原，《洛陽伽藍記》載，北魏首都洛陽「永橋以南，圜丘以北，伊洛之間，夾御道有四夷館……西夷來附者處崦嵫館，賜宅慕義裡。自蔥嶺以西，至於大秦，百國千域莫不歡附，商胡販客日奔塞下。所謂盡中國之區也，樂中國土風，因而宅者，不可勝數，是以附化之民萬有餘家」。五世紀中葉，突厥強盛，統治了西域。隋統一中國，版圖達到且末、伊吾一帶，即已達西域的東部。隋末，中原大亂，大量中原漢人遷往西域。據《新唐書．高昌傳》：「大業末，華民多奔突厥。」李白的祖先也正是此時輾轉遷到中亞碎葉。唐太宗時，西突厥向唐王朝進貢，承認唐朝的宗主國地位。貞觀十四年（六四〇）設安西都護府於交河城，後又遷於龜茲，統領龜茲、焉耆、于闐、疏勒四鎮，號稱「安西四鎮」。唐太宗逝世後，西突厥首領阿史那賀魯發動叛亂。唐高宗「顯慶二年（六五七），平賀魯，析其地置濛池、昆陵二都護府，分種

第一節　西域與西域文化

列置州縣，西盡波斯，皆隸安西」（《新唐書．地理志》），「安西四鎮」中的焉耆被碎葉替代。原役屬於西突厥的中亞諸國歸附於唐，唐王朝在此設都督府和州。武則天長安二年（七〇二）又在天山以北設北庭都護府，管轄天山、碎葉河以北的地區；安西都護府管轄天山碎葉河以南，裡海以東的廣大地區，包括中亞在內的西域成為唐王朝版圖。李白父祖輩居住的碎葉，是唐王朝的「安西四鎮」之一，可見李白的父輩雖在西域，仍是唐朝的子民，不能稱之為「外國人」。

既然西域曾是漢唐王朝的版圖，西域文化是中華文化之有機組成部分，是中華文化這個大系統的一個子系統，那麼西域文化和中華文化是一體多元的關係，所以西域文化自古就與中華內地各地域文化有著互相影響、融合、滲透的血脈連繫，是整個中華民族文化大家庭中不可缺少的重要成員，具有中華文化之共性。因此，對中原文化來說，可以稱西域文化為外來文化，而對中華文化來說，不能稱為外來文化。由於西域特殊的地理位置和歷史條件，因而西域文化具有其獨特性。西域處於歐亞大陸的腹心地帶，屬於大陸性氣候，乾旱少雨，「地熱、多沙、冬大寒」（《居延漢簡》），「五月天山雪，無花只有寒」。雪山橫亙，流沙漫漫，環境惡劣，氣候嚴酷，大部分地方不宜農耕，而宜於遊牧，因而形成有別於中原農耕文化的遊牧文化，與所謂的「胡文化」的概念大體重合。遊牧民族因其生活方式而形成勇武、剽悍、豪邁、俠爽、耿直、勁健之氣，這也是西域人的人文性格。《大唐西域記》說，西域「氣序風寒，人性剛勇」，「人性獷暴」，「風俗獷勇」，不同於中原農業民族的人文性格。

西域雖環境惡劣，但卻處於連接東西方的「絲綢之路」的中心地段，是中西陸路交通之要沖，東西方使者、商賈、僧侶來往的必經之地，不僅從波斯、阿拉伯、歐洲東來，就是從南方印度來中國，通常也是先北上進入西域，然後再折向東方，所以在東西交通史上或東西文明傳播史上，西域具有很重要的意義。如季羨林先生所歸類的那樣，西域是世界四大文化體系，亦即中國文化體系，印度文化體系，阿拉伯伊斯蘭文化體系，古希臘、羅馬文化體系的結合點。由於東西方各種文化在這裡匯聚和交融，形成西域文化多元性、開放性、包容性的特色，它超越了民族、地域和東西方的局限，博採眾長，兼收並蓄，在本土文化的基礎上，將許多外來文化的因素吸納為自己的成分，從而變得生機勃勃。從思想意識、宗教信仰來看，不僅有中原傳去的儒家思想和道教，還有從南亞傳入的佛教，更有從西邊傳入的景教、祆教、摩尼教、伊斯蘭教等。從語言上看，古代西域除使用漢語外，還曾使用吐蕃藏文、粟特語、犍陀羅語、大夏語、梵語、敘利亞語、婆羅鉢語、帕提亞語、希伯來語、猶太波斯語、阿拉伯語等等。從音樂舞蹈和美術上看，更是絢麗多彩，中西輝映。著名的龜茲樂、高昌樂、于闐樂、安國樂、康國樂以及胡騰舞、胡旋舞、柘枝舞、蘇幕遮等西域樂舞，就是吸收了東西文化之精華後的傑作。從這些樂舞中既可以看到印度、波斯文化的影子，也可以聽到中原漢文化的樂音。又如龜茲石窟中的雕塑與壁畫，既洋溢著漢文化的風範，又汲取著印度、犍陀羅、波斯等文化藝術的養料。

第二節　李白與西域文化

根據李白的好友魏萬的《李翰林集序》、李陽冰的《草堂集序》以及范傳正的《李公新墓碑序》等權威性的史料表明李白是在其家從西域遷入西蜀後才出生的。所以李白「生於碎葉說」、「生於焉耆說」、「生於條支說」、「生於哈密說」等，證據都不充分。在本書第一編第一章中以及此前拙作《李白蜀中論考》、《李白出生地諸說質疑》、《李白出生哈密說質疑》曾作論述，在此不贅述。雖然李白

第二節　李白與西域文化

不生於西域，不過其祖父輩的確在西域生活百餘年。李白祖籍隴西成紀，「隋末多難，一房被竄於碎葉」。那時中原大亂，「大業末，華民多奔突厥」（《新唐書．高昌傳》），「亡命甚多，走胡奔越，書生不少，中國之禮，並在諸夷」（《大唐創業起居注》）。李白的先輩流徙到西域，也將漢文化帶到西域，同時也接受西域文化的影響，甚至與西域人通婚。在李白身上很可能有著西域人的血緣。李氏一家在隋末流徙於西域，到了武則天統治時期才遷至西蜀，在西域傳了三四代，至李客這一代，已在西域住了百餘年，所受西域文化的影響毋庸置疑，不過在李客身上還保留著中原漢文化的傳統，有較高的漢文化修養。李白自述：「余小時，大人令誦《子虛賦》，私心慕之」（《秋於敬亭送從侄耑遊廬山序》），「五歲誦六甲，十歲觀百家，軒轅以來，頗得聞矣。常橫經籍書，製作不倦」（《上安州裴長史書》），說明李白的父親漢文化修養很高，對李白的學習進行指導督促。另一方面李白從小也在其父輩處接受西域文化之影響。首先是語言文字的影響，前面說道，西域是多民族雜居、交融之地，除使用漢語外，還曾使用吐蕃藏文、粟特語、梵語、波斯語、阿拉伯語等等。李白的父輩在西域生活了很長時期，自然熟悉各種語言，李白從小在這樣的語言環境中長大，就不僅只掌握一種語言，所以後來到長安時，愛去胡人店鋪中飲酒，可以用西域人的語言同他們交流；在翰林院時，「論當事務，草答蕃書，辯若懸河，筆不停輟」（范傳正《李公新墓碑序》）。「蕃」是唐代對西邊的少數民族和外國人的泛稱。李白的《寄遠十二首》有：「魯縞如玉霜，筆題月支書。寄書白鸚鵡，西海慰離居。行數雖不多，字字有委屈。」說他用月支文給住在西海（應指裡海、鹹海一帶）的友人寫信。月支人原生活於河西走廊，西漢時受匈奴之壓迫，遷至中亞，「昭武九姓諸國」即屬月支族。李客居碎葉時，必然與「昭武九姓諸國」之人有交往，懂得他們的語言。李白從他父親那裡學得這種月支文，當然也可稱蕃文。

第九章　李白與西域文化

李白從父輩那裡也接受了西域的人文性格的影響。魏萬《李翰林集序》說李白之父「因放形，因家於綿」。放形即放浪形骸之簡稱，指擺脫各種拘束，放蕩不羈，縱情於山水之間。顯然是受到西域人放蕩不羈、豪爽的人文性格的影響，而這又影響到李白。李白「少任俠，手刃數人」（魏萬《李翰林集序》），「結髮未識事，所交盡豪雄」（《贈從兄襄陽少府皓》）。李白少有豪俠之氣，這既是受巴蜀文化的影響，也是受到從西域而來的父親的影響。安旗先生說李白之父是俠客，有一定道理。筆者認為李白之父是隱士，與俠客說並不矛盾。李客受西域文化的影響，尚武、行俠仗義、放蕩不羈，不願與統治者合作，這些性格對李白的影響是深遠的。李白不是一個僅僅受傳統的儒家教育、謹遵禮法、循規蹈矩的文人，而是文武雙全、豪邁俠爽、放蕩不羈的詩人。這種性格特徵的形成，與他出生在深受西域文化影響的家庭，又生長在巴蜀文化氛圍中是有密切連繫的。

李白不僅從父輩那裡接受西域文化的影響，後來還在漫遊各地時，受到西域文化的影響。唐朝是一個在長期民族大融合的基礎上建立的王朝，李唐皇族就有異族的血緣，因而唐王朝實行開放、開明的民族政策和對外政策，廣泛而大膽地接受異族文化，對各少數民族和外國人來內地居住，不僅未予限制，還給與許多方便。在這種情況下，許多西域人進入內地各大城市定居，在洛陽、揚州、廣州、成都等城市都有西域人，特別是首都長安，有數萬西域人居住。西域文化滲透到唐朝社會各階層和日常生活的各方面。元稹《法曲》云：「自從胡騎起煙塵，毛毳腥羶滿咸洛。女為胡婦學胡妝，伎進胡音務胡樂。」李白漫遊中國，在長安、洛陽、揚州等地都與許多西域人交往，在此過程也必然接受了西域文化之影響。

第三節　西域文化對李白詩歌創作的影響

西域文化豐富了李白詩歌創作的內容。西域風光、西域歌舞、西域服飾、胡客、胡姬、胡馬、胡雁、胡鷹、胡床、胡麻等都是李白詩歌描寫的內容。膾炙人口的《關山月》就是描寫雄渾壯闊的西域風光。在李白詩歌中多處提到西域的許多地方。如《戰城南》：「去年戰，桑乾源，今年戰，蔥河道。洗兵條支海上波，放馬天山雪中草。」蔥河道、條支海、天山都在西域。《上雲樂》生動地描寫了西域康國人「康老胡雛」的奇特相貌和他們獻的西域歌舞。《經亂離後天恩流夜郎憶舊遊書懷贈江夏韋太守良宰》描寫在黃鶴樓上欣賞歌舞：「吳娃與越豔，窈窕誇鉛紅，呼來上雲梯，含笑出簾櫳。對客小垂手，羅衣舞春風。」「小垂手」就是西域舞蹈中的一種舞姿。《觀胡人吹笛》、《猛虎行》描寫了西域人吹笛。《司馬將軍歌》：「羌笛橫吹阿嚲迴，向月樓中吹落梅。」「梅花落」是胡笳曲，「阿嚲迴」也應當是一種漢化了的西域樂曲。《侍從宜春苑奉詔賦龍池柳色初青聽新鶯百囀歌》中的「春鶯囀」就是西域樂師白明達所寫。李白自己也會西域歌舞，如《東山吟》：「酣來自作青海舞，秋風吹落紫金冠。」「青海舞」也是一種西域歌舞。在李白詩歌中寫胡姬的不少，如《前有樽酒行》：「胡姬貌如花，當壚笑春風。笑春風，舞羅衣，君今不醉將安歸？」《少年行》：「落花踏盡歸何處，笑入胡姬酒肆中。」從西域傳來的珍禽異獸、奇花異卉、珍寶玉器也采入了李白詩歌。如《天馬歌》描寫了來自西域的汗血寶馬。《秋浦歌》其三：「秋浦錦駝鳥，人間天上稀。山雞羞淥水，不敢照毛衣。」「錦駝鳥」就是來自西域的駝鳥。《客中作》：「蘭陵美酒鬱金香，玉碗盛來琥珀光。」鬱金香和琥珀都來自西域。據筆者粗略統計，李白詩中涉及西域風物的有四十五首之多。

第九章　李白與西域文化

李白描寫月的詩歌很多，提到月的詩有三百餘首。在李白心目中，「月」是光明和聖潔的象徵，對月有一種特別的崇敬和熱愛的感情。他的胞妹名月圓，兒子的乳名為明月奴，女兒平陽的意思也是月。李白愛月與他受西域宗教的影響有關。西域流行祆教，南北朝時傳入中國。唐朝對各種宗教兼容並包。在長安、洛陽及河西走廊等地都有祆祠。祆教崇拜光明，崇拜火光、日、月、星辰。李白對月的崇敬和熱愛的感情，與來自西域的祆教的影響是分不開的。

李白詩歌豪放飄逸，如天馬行空，如白雲舒捲。這種詩歌風格之形成，與他的父親從西域遊牧民族那裡帶來的那種豪放、俠爽、剛健之氣對他的影響是分不開的。李白是一位站在時代潮頭，有超前意識的偉大詩人，自幼又受西域文化之影響，因而他能很敏銳地捕捉到西域樂舞中新奇的旋律和美妙的韻味，並在他的詩歌創作中反映出來。西域音樂的風格粗獷豪放，一般是「多急拍，聲詩多合俗舞，繁聲、纏聲極盛」。急拍可造成熱烈歡快的氣氛，以應和動作迅急的舞蹈。繁聲也指「促拍快唱之聲」，纏聲指本腔之外的花腔。西域的舞蹈豪放矯健，如《胡旋舞》和《胡騰舞》，挪騰跳躍，急轉如飛，激越活潑，動人心魄。唐人劉言史《王中丞宅夜觀舞胡騰》詩云：「石國胡兒人見少，蹲舞樽前急如鳥……手中拋下葡萄盞，西顧忽思鄉路遠。跳身轉轂寶帶鳴，弄腳繽紛錦靴軟。四座無言皆瞠目，橫笛琵琶遍頭促。亂騰新毯雪朱毛，傍楦輕花下紅燭……」白居易《胡旋女》云：「胡旋女，胡旋女，心應弦，手應鼓。弦鼓一聲雙袖舉，回雪飄飄轉蓬舞，左旋右旋不知疲，千匝萬周無已時。人間物類無可比，奔車輪緩旋風遲……」段安先《樂府雜錄》云：「舞者樂之容也。有大垂手、小垂手：或如驚鴻，或如飛燕。」從這些詩歌中描寫的西域舞蹈，節奏和旋律非常急促而矯健，迴旋騰躍，飄忽不定。李白喜愛西域舞蹈，不僅觀賞而且自己也能舞，這對他的詩歌創作必然產生影響。他的詩歌韻律節奏富於變化，就是受到了西域音樂舞蹈之影響。如李白的《天馬歌》是寫來自西域的天馬，可以從中明顯地看到受西域樂舞的影響，採用三、五、七言的句式，韻腳多次變化，節奏很快而不規則，以這樣新奇的旋律來抒發他內心的憤懣不平。《蜀道難》、《夢遊天姥吟留別》、《將進酒》、《行路難》、《長相思》、《梁園吟》、《梁甫吟》、《遠別離》等樂府歌行，節奏和韻律活潑多變，忽而急促，忽而舒緩，急促時有如西域舞蹈那樣，急轉如飛，動人心魄。美國艾龍先生說，李白詩「多變的韻腳和不規則的節奏，是和唐代中亞音樂有關係的」。

李白詞之真偽一直爭議不休，筆者以為李白創作的詞應是「百代詞曲之祖」。他的這種創造也是受西域樂舞之影響。西域音樂最初傳入中原時有聲無詞，隨著西域樂舞的普及，樂工歌伎們將詩人新作與民謠填入曲中歌唱，這就刺激了詞的產生。《舊唐書．音樂志》說：「自開元以來，歌者雜用胡夷、里巷之曲。」由於西域樂曲形式多樣，節奏較快，傳統的五言、七言詩難以適應，故而打破五言、七言句法，寫出便於歌唱的長短句，這就是詞。李白為西域樂曲作詞有《摩多樓子》、《舍利佛》，不過這還算是五言詩，不是長短句，真正的詞作是《菩薩蠻》、《憶秦娥》。李白的好友崔令欽所作《教坊記》載有當時流行的詞調，其中就有《菩薩蠻》。在敦煌藏經洞中發現的唐代曲子詞中，也有《菩薩蠻》這一曲調，就是從西域傳入的樂曲。李白善於從西域文化和民間文化中汲取營養，完全可能依曲調填寫《菩薩蠻》。其詞意境宏大，情感深沉，達到了高渾純熟的藝術境界，故被尊為「百代詞曲之祖」。

中華文化是包容了許多各具特色的地域文化的多元一體的文化。西域文化是中華文化中的一朵奇葩。李白的父輩從西域而來，他又遍遊中國各地，接受了各地域文化，包括西域文化之精華，故而在詩歌創作上取得了輝煌成就，成為聞名中外的偉大詩人。

結論　中華多元文化孕育了李白

中華文化是多元一體的大文化。由於地域遼闊，各地歷史背景、經濟發展水平、地理環境各有不同，因而形成各具特色的地域文化。各地域文化相互交流、吸收、碰撞、融合，推動著整個中華民族文化的不斷發展，孕育出了中華民族一代又一代的傑出人物。

李白正是中華多元一體文化孕育出來的偉大詩人。他青少年時期在蜀中度過，巴蜀文化對他產生了決定性影響。後來又漫遊中國各地，先後接受了楚文化、吳越文化、中原文化、齊魯文化的影響。李白父輩從西域而來，也接受了西域文化的影響。李白正是接受了各地域文化之精華，才成為偉大的詩人。我們在看到巴蜀文化對李白的決定性影響的同時，也要看到其他地域文化對李白的影響。如果李白不出巴蜀，僅僅受巴蜀文化的影響，或許難以成為偉大詩人。

任何一種文化的發展都必須借助於交流。如果一種文化在一個封閉的環境中，不與另外一種文化交流，或者摩擦、碰撞，它就會僵化，失去發展動力而自生自滅。中華文化正是在各地域文化以及外來文化的交流、融合、碰撞中生生不息，蓬勃發展的。文化交流的具體代表就是特定的文化人之間的交流。在特定地域文化中成長的人，如果僅僅接受本土文化的薰陶、哺育，不外出與其他地域文化接觸，不親身生活在那種文化環境中去感受那裡的風土人情、民間生活，只憑書本間接的了解，是不可能接受其深遠影響的。或者說，在盛唐之世，中國統一，天下太平，已經打破了地域文化的局限，無論原生於哪一地域的哲理學說、文藝創作，都可以足不出戶接觸到，吸收到，但這種接觸必定是間接的，書本上的，與直接到它的原生地去親身感受那種地域文化的薰陶，是大不一樣的。

曾有人說過：「四川人關在盆地裡只能是條蟲，衝出盆地才能成龍。」在巴蜀歷史上有不少名揚天下的傑出人物，都是從盆地走出去，與異地文化交流，而大有成就。李白的好友魏萬說：「蜀之人無聞則已，聞則傑出。」他舉出了司馬相如、揚雄、陳子昂等人。唐代以後還有傑出的文人學者如蘇軾、歐陽修（生於綿州，幼年隨父母離蜀）、楊慎等；現代有巴金、郭沫若、沙汀、艾蕪……這些人都是走出巴蜀後，在與其他地域文化的交流之中，虛心體悟，兼收並蓄，廣泛接納各種文化的長處終取得偉大的成就。

李白生活在大一統的唐代。隋唐以前，中國經歷了近四百年的分裂割據，南北文化在相對隔離狀態中各自發展。隋唐實現大一統，特別是在盛唐時，疆域空前遼闊，西至中亞，東至大海，北至西伯利亞，南至安南。唐朝初期的一百多年，天下太平，社會安定，經濟繁榮，各個地方的人外出旅遊十分方便。杜甫有詩：「憶昔開元全盛日，小邑猶藏萬家室。稻米流脂粟米白，公私倉廩俱豐實。九州道路無豺虎，遠行不勞吉日出。」漫遊各地，成為當時文人的一種風尚，這也促進了文化交流。李白正是生活在這樣一個大一統的時代。他有大開放的博大胸懷，有涵蓋廣闊的大家風範，他漫遊中國各地，廣泛接觸，親身感受各地域文化。他善於兼收並蓄，汲取各地域文化中最健康、最鮮活的文化因子，然後熔鑄成他那「垂輝映千春」的偉大詩篇，因而他在詩歌創作上取得空前輝煌的成就，成為盛唐時期詩歌王國中的一座豐碑。

第九章　李白與西域文化

第十章　李白文化及其現代價值概說

第一節　李白文化概念的界定

李白是中國歷史上最偉大的詩人之一，也是世界文化名人之一。他的詩歌一千多年來盛傳不衰，其傳播之廣泛，影響之深遠，在中國古代文學史上堪稱第一。他傳奇般的經歷、豐富的情感、獨特的個性和追求自由、崇尚自然的精神也越來越引起人們的濃厚興趣。與李白相關的遺蹟遊蹤、傳說、軼聞趣事為人們津津樂道。凡是會說話的小朋友，幾乎都會背誦他的《靜夜思》；「鐵杵磨針」的傳說，已成為激勵刻苦學習而經常引用的成語；在神州大地上，有無數的酒店打著「太白遺風」的招牌；有無數的地方以李白命名，如「太白路」、「太白大道」、「太白小道」、「太白橋」、「太白岩」、「太白中學」……在李白漫遊過的地方留下許多遺蹟遊蹤，有些地方還為他建祠、立廟、塑像，紀念他的太白祠、太白樓、李白紀念館中國就有近二十處；唐宋以來，歷代研究李白其人其詩的學者和著述層出不窮。可以說，李白是中國歷代詩人中最受人民歡迎知名度最高的詩人。明代思想家李贄曾說，李白「死之處亦榮，生之處亦榮，流之處亦榮，囚之處亦榮，不遊不囚不流不到之處，讀其書，見其人，亦榮亦榮」。一千多年來，李白其人其詩歷久不衰的影響，已大大超過了文學詩歌的範圍，成為中華傳統文化中特有的文化現象，對於這種文化現象應不應當稱為李白文化，或者說，以個人命名一種文化是否妥當？一個人的影響能否構成一個文化單元？李白文化現象的確是客觀存在的，何念龍先生還專門撰文《「李白文化現象」論綱》，論述了李白文化現象的生成機制及其意義，但又不同意提「李白文化」概念。其理由是「文化是一個具有集群性、廣泛性的概念……個體的人在一定的社會環境條件下，也可能成為某個文化現象的生成源……但將某個人與文化並列，並稱之為『×× 文化』是不妥的」。筆者以為

第一節　李白文化概念的界定

承認「李白文化現象」而又不承認「李白文化」這是不符合辯證邏輯的。現象與本質是相互區別，相互對立又相互依存的關係，不可能沒有本質的現象。

我們既然承認在客觀上存在著李白文化現象，必然有隱伏在這種李白文化現象下的本質，研究者的任務就是透過對種種李白文化現象對其本質作深入系統的研究。「李白文化」這一概念正是對李白文化現象及其本質的全面的概括。如果只承認「李白文化現象」這一概念，而不承認「李白文化」這一概念，那就是說我們只需客觀的陳述各種各樣的李白文化現象，而不必透過現象去研究本質，發現規律性的東西，這就減輕了研究者的責任。

以個人命名一種文化是否妥當呢？文化具有集群性、廣泛性，但文化是由一個個具體的人創造的，當某個人創造或者說參與創造某種文化，而這個具體的人又在其中起了主導的作用，這種文化以這個具體的人命名又有何不可呢？如許多地方為發掘與弘揚傳統文化，紛紛打「名人牌」，提出「大禹文化」、「文昌文化」、「嫘祖文化」……誰也沒有提出異議。何先生擔心：「如果以某一在文化史上較有影響的人來命名一種文化，那麼『文化』是否有太多太濫的危險。」命名了「李白文化」，「那就可以有孔子文化、孟子文化、老子文化、莊子文化、屈原文化、司馬遷文化、杜甫文化、路游文化……」孔子文化、孟子文化、老子文化、莊子文化因已經有了「儒家文化」、「道家文化」的概念為大家所公認，當然不必再以個人命名。屈原文化、司馬遷文化、杜甫文化、路游文化等概念，在某種特定的範圍仍然是可以存在的，例如在他們的家鄉要打「名人牌」，提出要弘揚以他們命名的文化，又未嘗不可。但在中國以至世界的範圍並未通行這些概念，這是為什麼？這是因為李白的影響大大超過了他們。何念龍先生說得好：「從李白所處的盛唐時代開始，與李白其人其詩相關的歷代故事傳說，甚至直到今天

第十章　李白文化及其現代價值概說

有關李白的文藝作品（如小說、電視劇等），這一切構成了一個內容十分廣闊，歷史異常悠久的文化景觀。在幾千年的中國文學史上，這幾乎是一個絕無僅有、極為奇特的個案。從生時的無比輝煌和轟動效應，到死後廣泛、巨大久遠的影響，再加上歷代文人和普通民眾不停地對李白予以接受、闡釋、傳播，特別是根據自己的喜好和美學理想對李白加以改塑、再創……所有這些，就傳播地區之廣泛、傳播層面之多樣性、傳播內涵之再創性而言，在中國幾千年的文學史上，有哪一位文學家能與之相比較？」何先生還列舉了杜甫、莊子、陶淵明、屈原「在其影響的廣泛與多維上也無法與李白相比」。蘇軾、路游與李白「不在一個檔次」。關漢卿、湯顯祖等，「較之李白，則未免有小巫見大巫之感了」。其結論是「李白在中國文學史上所產生影響之廣泛和久遠，的確是無人可比的特例」。既然李白是一個「特例」，那麼以李白命名一種「文化」又怎能造成「太多太濫的危險」呢？現在的問題是已經在客觀上存在的李白文化現象及其本質夠不夠得上一種相對獨立存在的文化單元？

古今中外的學者對「文化」下過上百個定義。當代中國學者公認的定義是：「從廣義來說指人類社會歷史實踐過程中所創造的物質財富和精神財富的總和。從狹義來說，指社會的意識形態以及相適應的制度和組織機構。」從文化的結構來看，可分為三個層次：第一層次是物質文化，或稱物態文化，指可以感知的物質實體的文化事物；第二層次是行為文化，約定俗成的行為規範，也就是風俗習慣，有的已形成為規範化的制度。也有學者把這一層次細分為行為文化與制度文化；第三層次是抽象的精神文化。指理想信仰、價值觀念、思維方式、倫理道德、審美情趣等。人類文化豐富多彩，類型與模式千差萬別，但不同的文化都具有上述相同的結構。每一個大的文化系統又包含若干子系統，或者說在主流文化之下又有亞文化，亞文化又被稱作次文化、副文化，是相對於占主導地位的中華傳統文化的一種亞文

第一節　李白文化概念的界定

化，或者說它是中華文化這個大系統下的一個子系統。它是在崇敬李白的這一社會群體中形成的，既包含中華傳統文化的特徵，又具有自己獨特要素的文化。李白文化的形成有一個長時期的歷史過程。作為歷史人物的李白，他的生平、思想意識、行為方式和他創作的詩歌，是李白文化的原生體。李白在世時已經名聞中國，他的詩歌在中國各地傳唱。崇拜他的人很多，用現在的話說，他有一大群「粉絲」。李白去世後，其詩歌流傳千餘年，愈傳愈廣，人們在崇敬李白、接受李白、傳播李白、研究李白的過程中，產生了對李白生平事跡及其詩歌進行研究的各種著作；宣傳李白及其詩歌的各種文學藝術作品；還形成了崇敬李白的民俗文化，這些可總稱為李白文化。按文化結構來說，李白文化可以分為三個層次：

（一）**物質文化**：能用視覺和聽覺感知到的物質實體，指在李白的遺蹟遊蹤所及之地的紀念李白的祠堂、廟宇、雕塑及其傳說、戲劇等。李白一生漫遊中國各地，留下了大量的遺蹟遊蹤，人民出於對李白的崇敬和懷念，在這些地方建祠、立廟，供李白塑像，掛李白畫像，傳說李白的故事，上演李白的戲劇；文人墨客前來憑弔，又留下懷念李白的詩文。經千餘年來的積澱，形成了若干李白文化景觀。據王琦《李太白文集》附錄的李白遺蹟有四十餘處。《李白大詞典》收錄李白勝蹟五十處。事實上遠遠不止此數。在李白故里江油就有二十餘處；青年李白在蜀中「來往旁郡」，留有遺蹟十餘處；在李白成婚的安陸有十八處；在李白寓家的山東有十餘處；在李白終老之地馬鞍山有二十二處；在李白流放地夜郎（今貴州桐梓）有太白宅、太白井、太白橋、太白聞鶯處、懷白堂、太白書院和太白碑亭等七處。此外在李白足跡所到的甘肅、陝西、河南、河北、山西、湖南、湖北、江蘇、浙江還有大量的李白遺蹟，總計不下百處，其遺蹟之多，在歷代文人中是絕無僅有的。紀念李白的太白祠、太白樓就有十四處。中國興建和擴建了四川江油、安徽馬鞍山、山東濟寧、湖北安陸等四大李白紀念館。

在李白傳說故事的基礎上，文人們寫成戲劇，在民間久演不衰，使李白故事在民間流傳更廣。據現在所知，早在元代就有《李太白貶夜郎》、《李太白匹配金錢記》等六部戲曲作品。明清兩代各有十部。據不完全統計，在京劇、川劇、秦腔、豫劇、漢劇、湘劇、徽劇、桂劇、粵劇、滇劇、崑曲、河北梆子、并州梆子等十多個劇種中，都有以李白為題材的戲目。除改編，還有新創作的，如京劇《太白進京》，川劇《詩酒長安》、《峨眉山月》、《坎坷太白》、《太白下凡》等。此外，還在北京隆重推出了話劇《李白》，得到了很高的評價。近年來，以李白為主題的小說、電視劇不斷出現，如安旗的《李白傳》、馬昭的《醉臥長安》、王慧清的《李白》、李子龍的《殘陽》等。李白在民間的傳說很多，一九八六年，江油文化部門深入民間進行收集整理，共得三十一則故事，編印成冊。一九九七年，又印發了《李太白的故事》，其中收集李白故事四十六則。這些書的發行，使李白的故事在更廣的範圍內流傳，使偉大詩人李白的光輝形象更加深入人心。

（二）**行為文化**·民眾為表達對李白的崇敬之情，每年定期舉行隆重的祭祀典禮和廟會。據馬鞍山市地方志記載，每年清明節有上萬民眾到當塗青山李白墓祭祀、掃墓。南宋紹興年間，郡守趙松年規定每年清明節前一天為李白墓的掃墓日，此後當地士庶前往李白墓祭祀掃墓成為習慣性的民俗活動。《李白在安陸》一書中收錄有清代《祭唐供奉翰林李青蓮先生文》，可見在安陸也有祭祀李白的活動。李白故里江油的祭祀李白活動非常隆重、熱鬧。根據《彰明縣誌》記載，每年農曆十一月十五日，是李白的誕辰，彰明縣的地方官出面，帶領百姓舉行隆重的祭祀李白的典禮。正月初一，遠近百姓要到隴西院中拜李白。這一天在天寶山上人山人海，各地小商販和各種小食也在這裡營業，這實際上是隴西院的廟會，稱為迎春會。正月十六的太白長壽會，屬民間紀念活動。從上午到晚上，抬著雕有李白像的太白架，舉行數萬人參加的遊行，煙花閃耀，鞭炮齊鳴，龍燈、獅燈翻騰跳躍，至深夜方休。農曆三月初一至初三，在青蓮太華山羅漢洞舉行廟會，也是為紀念李白和胞妹李月圓每年三月初三要到太華山羅漢洞踏青。青蓮羅漢洞廟會一直延續至今。在李白故里江油和李白的終老之地馬鞍山，多次舉行國際李白吟詩節、李白文化節，恢復了李白祭祀典禮和群眾性的紀念李白的詩歌吟唱會。江油一些熱愛李白的人士組成「太白之聲」演唱隊，為參觀李白故里的遊人，義務舉行李白詩歌演唱會。江油還舉辦過幾次李白文化旅遊節和太白燈會。這些屬新的歷史時期出現的李白行為文化。

（三）**精神文化**：李白之所以受到中國人民乃至世界人民的崇敬，是因為他的光輝而傳奇的生平事跡，特別是他的詩歌所表達的精神感動了人們。李白自來是中國文人崇拜的偶像。李白傲視權貴，追求個性自由的精神，成為中國文人推崇的精神。在封建專制制度禁錮下的士人，在內心深處有一種爭取獨立人格和抗衡權貴的願望，而李白傲視權貴，追求個性自由的精神，恰好代表了他們美好的願望。「安能摧眉折腰事權貴，使我不得開心顏」，吐露出了中國文人共同的心聲，引起士人們的共鳴。廣大民眾之所以崇敬李白，主要是因為他具有人民大眾所理想的各種美德。他行俠好義，扶危濟困，蔑視權貴，笑傲王侯。一介布衣憑自己的勤奮和才華，「名動京師」，讓最高統治者皇帝「降輦步迎」，「御手調羹」；使炙手可熱的高力士脫靴、貴妃捧硯，這真使廣大受壓迫民眾揚眉吐氣。世界各國人民熱愛李白，就在於他熱愛和平，反對非正義戰爭的精神，崇尚自然，追求人與自然和諧相處的精神。究竟李白精神是什麼呢？概括起來應有以下幾點：（一）強烈的愛國主義精神，他深情的熱愛自己的國家，希望國家統一富強，「寰宇大定，海縣清一」，國泰民安。為「安社稷，濟蒼生」的宏偉抱負而積極進取，奮鬥終生。（二）人本主義精神，以人為本，關心民眾疾苦，行俠好義，扶危濟困。（三）剛正不阿，敢於蔑視權貴，笑傲王侯，同腐敗黑暗勢力抗爭。（四）熱愛和平，反對非正義戰爭。（五）熱愛大自然，追求「天人合一」，人與自然和諧相處。（六）勤奮刻苦，博覽群書，善於博採眾長，創新獨具特色的作品。

李白精神是李白文化中的核心部分，是高層次的不可直接感知的抽象的部分，也可以說是李白文化的本質部分。上述的李白文化的物質層面與行為層面可以說是李白文化現象。有關研究李白生平事跡、詩歌藝術及李白精神的成果，也應當屬於李白文化的最高層次。既然李白文化具有自身的較為完整的結構，其影響又廣泛而深遠，當然可以成為一個相對獨立的文化單元，以「李白」命名這一文化單元，也是順理成章的。

有不少學者提出建立「李白學」，竊以為李白學研究的對象就是李白文化。筆者認為，現在李白的研究者應當是擴大視野，超出詩歌評論和鑒賞的範圍，從文化學的角度，在更廣闊的文化層面上來研究李白文化，而不是爭論存不存在李白文化，該不該以李白來命名的問題。存在決定意識，總是先有事實，而後才有界定這種事實的概念。李白文化在客觀上已經存在，提出「李白文化」這個概念，就是研究者們從主觀上承認這種事實，並深入、系統地研究它。

第二節　李白文化在全球化浪潮中的價值

千餘年來積澱下來的李白文化，在當代有什麼價值？現在人類面臨的是世界性潮流的現代化和經濟全球化。經濟全球化促進政治、文化等方面在全球範圍的一體化。全球化要求不同種族、國家、地區

第二節　李白文化在全球化浪潮中的價值

必須謀求共生之道，一起創立和平共存的生命形態。美國學者杜拉克說：「明天受過教育的人將不得不準備生活在一個統一的世界裡，這將是一個西化的世界，他們必須會在觀念、視野、訊息各方面成為世界公民，但他們也必須發揚自己本身原有的傳統，反過來去豐富和繁榮自己當地的文化。」這位西方學者認為未來的世界屬於西化世界，挾持著強勢的西方文化來統一世界，但他也不得不承認必須發揚本民族原有的傳統文化，去豐富和繁榮當地的文化。這也就是說未來的世界文化是多元一體化的文化，是全球化和本土化的統一。在杭州舉行的「第三屆全球化——世界文化多樣性」論壇，以「尊重文化多樣性，共建和諧世界」為主題，達成了許多重要共識。在《杭州宣言》中表達了這種共識：「文化是一個民族的靈魂與血脈，不同國家與民族獨特的文化和傳統，是其賴以生存、延續的條件，也是世界文化發展的基礎。不同文化交流促進了人類文明歷史的發展。促進世界文化多樣化發展是世界上大多數國家的共同願望。隨著經濟全球化的加速，各民族和地域的不同文化會受到不同程度的衝擊，但不同民族和地域的文化特點與差異依然會存在。經濟越是走向全球化，就越需要重視不同文化間的互相尊重和平等對話，越是應當尊重文化的多樣性與差異性。」

中國面臨全球化這一不可逆轉的趨勢，一方面要吸收西方文化的優秀部分，而不是「全盤西化」；一方面要發掘、弘揚本民族的優秀文化傳統，振奮民族的精神，自立於世界民族之林，在多元一體的世界文化中，有我們的重要的一席，為人類的進步作出我們應有的貢獻。李白文化是中國傳統文化的重要組成部分，也是切入全球化浪潮的重要文化資源。事實上，李白文化在全球化的過程中，已經超出國界，走向全世界。早在十六世紀，李白詩歌就開始傳入西方，歐美諸國有十二種文字翻譯介紹了李白詩歌，各種版本的李白詩選有十餘種。德國著名的作曲家馬勒的交響樂《大地之歌》有六個樂章，用

第十章　李白文化及其現代價值概說

了八首唐詩譜寫樂曲，其中五首就是用的李白詩詞。這部交響樂在歐洲上演，轟動一時，可見李白詩歌在西方產生的巨大影響力。現在，李白詩歌已經翻譯成幾十種文字，流傳在世界一百多個國家和地區。可以說中國詩人的作品在世界上被翻譯得最多的是李白詩歌。德國著名的漢學家、科隆大學教授呂福克說：「李白不僅屬於中國的詩人，同時也是屬於全世界的詩人，他是世界文學的一部分……『李白』不僅僅是一個人的名字，而是世界文學史上，一個來自古老中國文化的寶貴遺產。」許多世界名人，對李白都很崇敬，如法國前總統席哈克多次談到：「李白和杜甫屬於同一時代，是偉大的人民詩人，我都很喜歡。但我對李白更有特殊的感情。」他聽說在李白故里要舉辦國際李白文化旅遊節，透過中國駐法大使館，提前發來了熱情洋溢的賀電：「欣悉你們即將在唐代偉大詩人李白故里舉辦文化節，我相信這一活動必將有助於中國文化走向世界，我預祝文化節取得圓滿成功。『桃花潭水深千尺，不及汪倫送我情』。正像李白詩中所寫的那樣，法中兩國的友誼將地久天長。」李白在世界上的地位，與英國的莎士比亞、法國的雨果、丹麥的安徒生等一樣的崇高。他是世界文壇上最受崇敬的中國詩人，他的詩歌在世界上有巨大的影響力，可以說，在世界各地，不論哪一個國家的人，知道中國的就知道李白。李白不僅屬於中國也屬於全人類。中國幾千年的歷史上出現了許多傑出人物，而被認定為世界文化名人，對全世界產生重大影響的人物並不多，而李白就是其中之一。

李白文化為什麼能走向世界？李白的詩歌及其表達的李白精神之所以受到世界進步人類的歡迎，是因為它能對在全球化進程中產生的種種問題的解決作出貢獻。近百年科學技術飛躍發展，物質財富巨大增長，但另一方面又出現了物慾橫流、精神空虛、道德水準下降，國際上的霸權主義、恐怖主義，使戰爭、騷亂不斷髮生。特別是全球性的生態環境的惡化，出現了全人類的生存危機。面臨這些問題，西方

第二節　李白文化在全球化浪潮中的價值

的一些有識之士提出要在東方尋求人類生存的智慧。世界宗教大會在美國芝加哥舉行，大會發出了《走向全球倫理宣言》，認為人類若沒有一個倫理方面的基本共識，遲早會走向混亂，不可能有全球性的美好的秩序。大會透過了兩條倫理金律：一是「己所不欲，勿施於人」；二是人道原則，把人當做人，尊重人的價值，使人與人和諧相處。面臨全局性生態環境危機，西方興起了環境倫理學，從倫理學的角度研究人與自然的關係，讓人類對自己的生存環境承擔起道德義務和責任，使人與自然和諧相處。未來的全球化的社會，應當是人與人的和諧，人與自然的和諧。構建這樣的和諧社會，早在中國先秦時，儒家和道家的奠基人就已經提出來了。他們的「天人合一」、「天下為公」、「物我一體」等思想，正是閃爍著東方文化的生存智慧。現代西方人提出的「倫理金律」實際上就是中國儒家的倫理觀。李白吸收了儒家和道家文化的精華，在他的詩歌裡表達了人類共同的美好理想。李白的理想是「使寰宇大定，海縣清一」，「海晏天空，萬方來同」，「天地皆得一，淡然四海清」，「使天人晏安，草木繁殖」。也就是使天下太平，各族、各國的人民和諧共處，人與大自然和諧相處。李白寫了不少詩歌，強烈反對破壞這種和諧的非正義戰爭，如在《戰城南》中，揭露了戰爭的殘酷性，指出「乃知兵者是凶器，聖人不得已而用之」。在《古風》第三十四中揭露了對少數民族發動的不義戰爭給人民帶來的深重災難，他主張「如何舞干戚，一使有苗平」。也就是罷兵息戰，偃武修文，用和平的手段解決各民族之間的矛盾衝突。當今世界的主旋律是爭取人類的和平與進步，李白詩歌當然會受到全世界愛好和平的人民的歡迎。

紐西蘭傑出的社會活動家路易．艾黎先生在參觀江油李白故里後題詞：「到李白少年時代的故鄉來，看一看保存完好的舊日文獻，可以體會一下他的偉大精神。對全世界青年來說，李白的精神告訴他們人是自然的一部分。在當今瞬息萬變的世界中，這種精神往往被泯滅。」這段含義深刻的題詞對我們理解李白精神及其現代價值很有啟迪。「在當今瞬息萬變的世界中」，人們忽視了「人是自然的一部分」這個真理，大搞以人類為中心，向大自然貪婪地索取，以致造成全局性生態環境危機。李白的詩歌體現出「人是自然的一部分」的精神，他熟讀儒家、道家的經典，接受了「天人合一」的思想，從小生活在自然景色十分幽美的環境中，他一生熱愛自然，崇尚自然，以全身心去擁抱自然，把自己融合於大自然中，成為自然的一部分。他「一生好入名山遊」，「或遇勝境，終年不移，長江遠山，一泉一石，無往而不自得也」。在他的詩歌中有大量的內容歌頌自然山水，展示了大自然的各種美，或雄偉壯闊，或秀麗幽深，或險峻奇特，讀了他的山水詩對大自然的熱愛之情油然而生。李白的山水詩不僅是一般的「情景交融」，而是把自己的身心與自然融為一體，自然中有我，我中有自然，以擬人化的手法把自己的情感融入自然中。如他的《獨坐敬亭山》：「眾鳥高飛盡，孤雲獨去閒。相看兩不厭，只有敬亭山。」這類詩歌還有：「雁引愁心去，山銜好月來。」「花枝拂人來，山鳥向我鳴。」「山月隨人歸，綠竹入幽徑。」「白雲南山來，就我檐下宿。」……雁、山月、山花、山鳥、白雲都成了李白喜憂相通的朋友。讀了李白的詩歌，會使人熱愛壯麗的河山，熱愛大自然的一草一木，嚮往一個幽美、潔淨，沒有任何汙染的世界。李白的詩是協調人與自然的關係，進行生態倫理道德教育的最好教材。可以預見，隨著全球化的進程，李白文化會更廣泛地在全世界傳播。

第三節　李白文化在倫理教育方面的價值

近年來，物質生活條件的改善及價值觀念的多元嬗變，對人們的道德觀、人生觀、世界觀產生了無可避免的正負兩方面的影響，其中既有積極向上、與時俱進的一面，也有消極落後的一面。毋庸諱言，市場經濟有其自身的弱點。是非觀念、榮辱觀念被金錢所左右，極端個人主義、拜金主義泛濫，為了獲取金錢不擇手段，出現了貪汙腐敗、損人利己、見利忘義，欺詐造假、坑蒙拐騙等現象。因此，在發展社會主義市場經濟的同時，必須重視道德建設，既要發揚革命傳統道德和借鑑世界各國道德建設的成功經驗，又要繼承中華民族幾千年形成的傳統美德，才能最大限度地消除市場經濟在發展中產生的某些消極因素，抵制商品經濟的負面影響。

李白文化是中華民族優秀傳統文化的組成部分。李白從小有遠大的理想和抱負，一心想「安社稷，濟蒼生」，以天下為己任。他為此理想而積極進取，奮鬥終生。李白詩歌中充滿人本主義精神，關心民眾疾苦，歌頌普通勞動者的勤勞、質樸、好客等優秀品質，如《宿五松山荀媼家》、《秋浦歌》、《越女詞》、《贈汪倫》等，表達了對普通民眾深厚的情感。李白視富貴如浮雲，行俠好義，扶危濟困，同情和支持弱者，而對於禍國殃民的腐敗黑暗勢力敢於蔑視，並與之抗爭，表現出錚錚鐵骨。他面對腐敗荒淫的權貴，剛正不阿，寫了不少的詩歌揭露他們的醜行，痛斥他們是「蟊賊」、「蒼蠅」、「魑魅」。李白的崇高品質和浩然正氣當然是我們今天必須提倡的。李白的愛國愛民精神，正是中華傳統美德，我們今天建設社會主義精神文明，必須要繼承和發揚。總之，我們的時代需要李白精神。

第四節　李白文化在當代傳播中的一些問題

李白文化在當代的傳播中出現了一些值得注意的問題。檀作文的《大唐第一古惑仔李白實錄》出版，在網路上　引起了激烈的爭論，成為李白文化傳播中的熱門話題。在這本書中詩仙李白被改造成吃軟飯、搞婚外情、一夜情、有戀足癖、打群架、混黑社會、夢想是在鬧市拿刀砍人的古惑仔形象。作者自稱：「我個人更傾向用『古惑仔精神』來概括李白。『古惑仔』是一個屬於年輕人的詞彙。不了解『古惑仔精神』的人，或許以為古惑仔是只知砍砍殺殺的小混混。但我以為，『古惑仔』是一種精神氣象，是源自生命的激情，是一曲青春的讚歌。青春自然會有騷動，也難免會犯錯誤，但卻如此動人，如此美麗。」檀作文對「古惑仔精神」大唱讚歌，這簡直是到了不顧常識的是非不分了。「古惑仔」一詞主要來自於廣東和香港，常用來指黑道上的混混，也就是流氓，是道地的貶義詞。這一群人無正當職業，估吃霸賒、打架鬥毆、酗酒吸毒、組織黑社會、擾亂社會治安，為人民群眾深惡痛絕。古代的豪俠是行俠仗義、扶危濟困，「路見不平一聲吼，該出手時就出手」，保護弱者，敢與豪強權貴作鬥爭。《史記》專立《遊俠列傳》加以歌頌。古惑仔與豪俠是時代不同、內涵相反的兩個概念，而檀作文將李白的「豪俠」偷換為當代的地方土語「古惑仔」，然後在李白身上潑上一盆又一盆汙水，他說：「古惑仔就是黑社會，講究拜師父，收徒弟，李白也是。古惑仔一個人是不會有大成就的，需要拉幫結派，這就要求古惑仔們要講義氣。李白就是個講義氣的人，他曾經花很多錢組織黑社會，這也是李白自供出來的。」他所說的「自供」就是《上安州裴長史書》中說的兩件事：一是「東遊維揚，不逾一年，散金三十餘萬，有落魄公子，悉皆濟之」。二是「與蜀中友人吳指南同遊於楚，指南死於洞庭之上」。他毫無任何證據推論「李白的輕財好施，也是戰國四公子養門客的辦法。黑社會就是靠這個組織起來的，我管你吃、喝、住，沒事就算了，到了我有難的時候，你要過來幫忙。這說明李白還是很有心計的，是有領袖氣質的大古惑仔」。「吳指南怎麼死的？我猜測，根據李白的行事風格，恐怕是兩群古惑仔群毆致死的。」檀作文自稱「盡量還原真實的李白……這本書的標題，特意加上『李白實錄』字樣，表明這是一部學術著作，不是戲說……預想一個結論，然後去驗證是做學問的大忌。我在北大接受做學問的系統訓練時，就已經學會了『以識為主，無徵不信』。這個徵指的就是證據，要以常識、證據為主，不能妄下結論。」檀作文恰好在他的這本所謂「學術著作」的最主要的觀點上用了「猜測」、「恐怕」、「很可能」，沒有舉出任何證據，無中生有、胡拉亂扯就「妄下結論」。這種「學術著作」其學術含量可想而知。

這些年惡搞歷史名人的現象並非個別，有人著書《喪家犬——我讀論語》，有人說「諸葛亮是分裂國家的罪魁禍首」，有人講「大禹治水三過家門而不入是與瑤姬搞婚外情」，有人大講「司馬相如與卓文君的戀情是有預謀的劫色劫財」（檀作文在書中照搬並發展了這種觀點）。這些歷史名人都是中華民族的菁英，他們的事跡為世世代代的炎黃子孫所傳頌，他們的精神匯成中華民族的精神，是我們這個民族能幾千年屹立於世界東方的精神支柱。現在的「學者」、「專家」，理應是傳承中國傳統優秀文化的知識菁英，然而他們偏偏要詆毀自己老祖宗，拿歷史名人開刀，給歷史上的傑出人物扣屎盆。這種現象連外國人都看不下去了。韓國《京鄉新聞》發表了題為《中國成了惡搞天國》的文章，稱「中國的惡搞之風已愈刮愈烈，不能再讓影響青少年成長的這些所謂的『搞笑』作品泛濫成災了」。

當今資訊時代，網路技術迅速發展，為大眾文化傳播帶來了極大便利，也為李白文化的傳播提供了廣闊的交流平臺。據不完全統計，以「李白」為關鍵詞進行檢索的條目就有數千萬。這說明在網路上，李白的傳播面是相當廣泛的，影響是很大的。值得注意的是，網路傳播的李白，固然有介紹、欣賞李白詩歌，正面頌揚李白文化精神的，但也有一部分用戲說、調侃、插科打諢的搞笑方式，歪曲李白的形象，消解李白文化精神，將李白置於被嘲笑、被戲謔的尷尬處境。如《大話李白》、《李白性事》、《李白令人叫絕的馬屁功》等等，《大唐第一古惑仔李白》也在網路上廣為傳播。這些東西往往很容易被青少年迷戀。這種低俗的網路文化，拋棄了傳統文化中的最重要的精神品質，導致嚴重的精神危機。

縱觀李白文化在當代的傳播狀況，既有令人興奮的一方面，也有令人擔憂的一面。我們應當正視現實，自覺地承擔起捍衛李白文化、弘揚李白文化的歷史責任。如果我們自己貶低自己的傳統文化，「顛覆」中華民族歷史上的傑出人物，其結果只能是失去了民族文化之根，具有五千年歷史的中華民族就該被「開除球籍」了。

大凡嚴謹的學者往往對「惡搞古人」的狗屁文章不屑一顧，或者認為搭理了這種東西，反而提高了這些人的知名度，恰好中了他們的圈套。但是不予理睬又會讓這些邪說泛濫，貽害無窮。因此，有良心的正直的學者還得拍案而起，對於歪曲李白精神，猥褻李白光輝形象的東西，堅決加以抵制，給以抨擊，不讓其毒害青少年。在網路上我們要以科學的態度，採用輕鬆活潑的形式從正面傳播李白文化。網路上可以自由發表自己的意見，我們有信心以正說壓倒邪說，正確的引導網民，特別是青少年。我們高興地看到，《大唐第一古惑仔李白》出籠後，在網路上受到絕大多數網民的譴責。那些歪曲褻瀆李白的遊戲文字也被網民批駁。這真是「李杜文章在，光焰萬丈長。不知群兒愚，那用故謗傷。蚍蜉撼大樹，可笑不自量」（韓愈《調張籍》）。

第四節　李白文化在當代傳播中的一些問題

現在愈來愈多的地方開發李白文化旅遊資源是好事，使李白文化可以從這些旅遊景區得到傳播。李白的祖籍在隴西（今秦安），先輩流寓於中亞碎葉，李白之父人蜀後，生李白於江油。李白出蜀後在安陸結婚安家，這在學術界已成共識，所以「李白故里之爭」學術界基本未捲入。若要在「李白故里」這個名詞概念上做文章實在沒有多大意義。明代思想家李贄說過一段很風趣的話：「蜀人則以白為蜀產，隴西人則以白為隴西產，山東人又借此以為山東產，而修入《一統志》，蓋自唐至今然矣……嗚呼！一個李白，生時無所容入，死而百餘年，慕而爭者無時而已。余謂李白無時不是其生之年，無處不是其生之地。亦是天上星，亦是地上英。亦是巴蜀人，亦是隴西人，亦是山東人，亦是會稽人，亦是潯陽人，亦是夜郎人。死之處亦榮，生之處亦榮，流之處亦榮，囚之處亦榮，不遊不囚不流不到之處，讀其書，見其人，亦榮亦榮！莫爭莫爭！」現在也應當停止爭論，坐下協商。既然大家都崇敬李白，都是李白文化產業鏈條上的重要節點，都要開發李白文化旅遊資源，以促進當地的經濟、文化的發展，不妨求同存異，攜手聯合，取長補短，汲取更多能量，獲得更大的發展空間，形成更強的競爭力，以達互惠共贏之目的。這方面不乏正面例證：如安徽合肥、河南開封、廣東肇慶三地聯合共推「包公文化」，攜手舉辦包公文化研討會，共同策劃以包公文化為主題的宣傳片，開通包公文化三地聯遊線路，實施相關旅遊項目的優惠政策。秦安、江油、安陸，還有李白第二次安家的兗州，李白的流放地夜郎（今貴州桐梓），終老之地馬鞍山……一切有李白文化遺蹟的地方都可以攜手，共同打造「李白文化之旅」。事實上，現在李白文化旅遊資源的開發還遠遠不夠，中國的李白遺蹟遊蹤不下百處，目前開發的僅占少數。要進一步開發李白文化旅遊資源，首先要進行普查，摸清家底，做好全局性的規劃。以李白故里綿陽市、李白終老之地馬鞍山市、李白的寓居地濟寧市、兗州市、安陸市等李白文化景觀比較集中的地方為重點，整合旅遊資源，增添旅遊設施，形成旅遊線路；還要恢復紀念李白的民俗活動，堅持舉辦一年一度的李白國際吟詩節和李白文化旅遊節，也可以舉辦李白詩酒文化節、李白文化經濟論壇，發展節慶經濟和會展經濟。總之，要將李白文化旅遊資源轉化為旅遊產業，形成獨具特色的「李白文化之旅」，透過各種宣傳手段，將其推向海內外，讓五湖四海的遊客都能感受李白文化。

人類文化是由各民族文化共同構成的，凡是優秀的民族文化都是人類文化寶庫中的瑰寶。李白文化既是中華民族的優秀文化遺產，也是全人類的共同精神財富。李白文化不僅在中國社會主義物質文明和精神文明的建設中，有重大的作用和功能，而且在全球化的進程中愈來愈顯示出它的重要價值。

第十一章　李白精神文化的核心——愛國主義

愛國主義是人類的光榮傳統，也是中國古典詩歌中的一個重大的、光輝的主題。在中國悠久的歷史上一代又一代的詩人譜寫了一篇又一篇充滿愛國激情的詩篇。除偉大的愛國詩人屈原、杜甫、路游等外，李白的詩歌也表現出濃烈的愛國主義精神。

第一節　對中國壯麗河山的熱愛和讚頌

故鄉和中國優美的自然環境是愛國主義感情的最初源泉。李白生長在風景如畫的四川江油，這裡的山山水水薰陶著李白，他從小就熱愛大自然，喜歡遊覽山水，寫下了歌頌故鄉風光的詩篇。

膾炙人口的《訪戴天山道士不遇》就給我們展現了一幅幽美靜謐的山水畫。雄奇峻險的竇圌山是川西北名山，李白留下了「樵夫與耕者，出入畫屏中」的題句。清幽俊秀的匡山是李白第一次隱居的地點，正是在這幽美的環境中李白立下了報國之志，刻苦攻讀，為「濟蒼生」、「安社稷」儲備本領。在他離開故鄉時寫了《別匡山》：「曉峰如畫參差碧，藤影隨風拂檻垂。野徑來多將犬伴，人間歸晚帶樵隨。看雲客依啼猿樹，洗鉢僧臨失鶴池。莫怪無心戀清境，已將書劍許明時。」這首詩不僅讚美了家鄉的秀麗河山，表達了對故土的依戀，還抒發了為中國而獻身的雄心壯志。這是李白早期作品中飽含愛中國、愛故鄉情感的優秀詩篇。李白離開故鄉後曾北上劍閣，南登峨眉，蜀中的壯麗山川培育了他熱愛中國山河的思想感情。二十五歲時，他胸懷「四方之志，仗劍去國，辭親遠遊」，曾順長江而下，泛舟於洞庭、鄱陽，流連於吳越山水，攀登過廬山、黃山、九華山、泰山、衡山、嵩山、華山、太行山……長江南北，大河上下都留下了他的足跡。

第一節　對中國壯麗河山的熱愛和讚頌

范傳正說李白「偶乘扁舟，一日千里，或遇勝景，終年不移，長江遠山，一泉一石，無往而不自得也」。可見李白對中國山水的熱愛到了如痴如狂的地步，他把這種深厚的感情注入筆端，寫出了大量的描繪和歌頌中國瑰麗河山的詩篇。黃河是中華民族的搖籃，李白描寫了她一瀉千里的磅礴氣勢，「黃河之水天上來，奔流到海不復回。」（《將進酒》）「黃河西來決崑崙，咆哮萬里觸龍門。」（《公無渡河》）「巨靈咆哮擘兩山，洪波噴流射東海。」（《西岳雲台歌送丹丘子》）讀到這些動人心魄的詩句，使人們深深感受到黃河具有百折不回，敢於沖決一切艱難險阻的力量。長江是哺育我們民族的另一條大江，李白著重描繪了她的雄偉、壯闊。「山隨平野盡，江入大荒流。」（《渡荊門送別》）「兩岸青山相對出，孤帆一片日邊來。」（《望天門山》）他還寫了長江的威力：「驚波一起三山動」，「濤似連山噴雪來」（《橫江詞》）。李白對於遼闊的中國大地上不同的風貌，以不同風格的詩篇生動逼真地再現出她們的壯美。他最喜歡用雄健奔放的詩句表現雄險奇秀的高山峻嶺，他寫了「青冥倚天開，彩錯疑畫出」（《登峨眉山》）的峨眉山，「屏風九疊雲錦張」，「翠影紅霞映朝日」（《廬山謠寄盧侍御虛舟》）的廬山，「丹崖夾石柱，菡萏金芙蓉」（《送溫處士歸黃山白鵝峰舊居》）的黃山，「千峰爭攢聚，萬壑絕凌歷」（《遊泰山》）的泰山，「天河掛綠水，秀出九芙蓉」（《望九華山贈青陽韋仲堪》）的九華山，「石作蓮花雲作台」（《西岳雲台歌送丹丘子》）的華山。至於奇險壯麗的蜀道，他寫得更是那樣的淋漓盡致，氣勢磅礴，就彷佛置身於「難於上青天」的蜀道。另外，他不僅以「明月出天山，蒼茫雲海間」（《關山月》）這類粗獷奔放的詩句描繪北方的邊塞風光，還以清新佳麗的詩句給我們展現了南方的綺麗景色。隨著他的詩句我們可以欣賞「千岩泉灑落，萬壑樹縈回」（《送友人尋越中水》）的越中山水，「人行明鏡中，鳥渡屏風裡」（《清溪行》）的清溪，「竹色溪下綠，荷花鏡裡香」（《別儲邕之剡中》）的剡溪，「青天掃畫屏」，「山花拂面香」（《秋浦歌》）的秋浦，「淡掃明湖開玉鏡，丹青畫出是君山」的洞庭湖。上述眾多的詩歌無不洋溢著李白對中國山川的熱愛、頌揚之情。當然，描繪和歌頌中國河山的詩歌不自李白始，但從數量之繁多，意境之壯闊，風格之雄健，確是超越前人的。他的上述詩歌具有極大的藝術魅力，使中國山河更增色彩。我們在讀他這類詩時對中國山河熱愛的感情就會油然而生。

第二節　滿腔熱情報效中國

李白的青少年時期正值「開元盛世」，當時的唐帝國是屹立在世界東方的頭等強國，在政治、經濟、文化、軍事各方面都呈現一派繁榮興盛的氣象。李白在這樣的時代長大成人，滿懷幻夢，以在盛世大展雄才，為中國建立不朽勳業。在他的詩歌中熱情地讚頌和推崇那些對中華民族歷史發展作出過傑出貢獻的偉大人物，如管仲、屈原、劉邦、張良、諸葛亮、李世民等。他常以管、亮自比，希望能像他們那樣「濟蒼生」、「安社稷」。他的志向是「申管晏之談，謀帝王之術，奮其智慧，願為輔弼。使寰區大定，海縣清一」（《代壽山答孟少府移文書》），「使天人晏安，草木繁殖，六宮斥其珠玉，百姓樂其耕織」（《大獵賦》），「耒耜就役，農無遊手之夫，抒軸和鳴，機罕顰哦之女」（《任城縣廳壁記》），「人和時康……元元淡然」（《明堂賦》），總之，他希望國家富強，社會安定，人民安居樂業，這顯然是出於愛國愛民之心的進步的政治理想。李白正是這樣，他懷著愛國之情盡自己最大努力來爭取進步的政治理想的實現。由於時代和階級的局限，他只能把實現理想的希望寄託在皇帝身上，爭取

第二節　滿腔熱情報效中國

成為輔佐皇帝的宰相，有了職權才能施展「濟蒼生」、「安社稷」的抱負。為此他投書獻詩，「遍干諸侯」，求仙學道，任俠仗義，這些活動大都服從於一個目標：博得聲譽，取得皇帝的賞識與重用。經過長期的努力終於在天寶初年被玄宗徵召，他為找到了報效中國的機會而歡喜若狂（見《南陵別兒童入京》），但冷酷的現實使他大失所望。當時以唐玄宗為首的統治集團日益沉溺在淫樂之中，過著驕奢淫逸的生活，對內加強壓榨人民，階級矛盾日益尖銳。對外輕啟邊釁，民族矛盾趨於激化。統治階級內部也展開了激烈的爭權奪利的鬥爭。奸相李林甫、宦官高力士、貴戚楊國忠等把持朝政，打擊、排擠、陷害正直有為的朝臣，政治越來越昏暗，大唐帝國在表面繁榮的背後醞釀著嚴重的社會危機。李白進步的政治理想根本沒有實現的可能性。玄宗只不過把李白當成增添宮廷樂趣的御用文人，不可能委以軍國重任，讓其施展抱負。李白親眼看到了最高統治集團種種黑暗腐敗的情形，深深為中國的命運擔憂。這時期他寫了《君子有所思行》：「紫閣連終南，青冥天倪色。憑崖望咸陽，宮闕羅北極。萬井驚畫出，九衢如弦直。渭水銀河清，橫天流不息。朝野盛文物，衣冠何翕艴？廄馬散連山，軍容威絕域。伊皋運元化，衛霍輸筋力。歌鐘樂未休，榮去老還逼。圓光過滿缺，太陽移天昃。不散東海金，何爭西輝匿？無作牛山悲，惻愴淚沾臆。」在《古風》第四十六也寫了與此相似的內容。詩的前半段熱情地歌頌了唐帝國的繁榮富強、巍峨的宮殿、繁榮的京城、發達的文化、強大的軍事力量，能安邦定國的文臣武將……李白多麼希望中國能繼續繁榮昌盛下去，可是由於統治者沉溺於享樂之中，政治日益昏暗，國勢盛極而衰，關心中國命運的李白怎麼不悲傷！如果李白把個人的功名利祿看得比中國的命運更為重要，他必然會安於御用文人的地位，並進而巴結和攀附權貴，以青雲直上，長享富貴。但李白並沒有這樣做，他不願同那些禍國殃民的黑暗腐朽勢力同流合汙，終於被排擠出宮。李白受到了這次沉重的打擊，痛感報國

第十一章　李白精神文化的核心—愛國主義

無門，「大不滿現實，遂為遊仙醉」。他的確寫過一些尋仙求道，縱酒挾妓的詩，表現了人生若夢、及時行樂的消極情緒。不過，可貴的是他並沒有迷惘於求仙，沉溺於酒色之中，「濟蒼生」、「安社稷」的政治抱負並未放棄，報效中國的雄心壯志並未泯滅，他總是把個人的命運與中國的命運緊密地連繫在一起。在他離京漫遊中國各地時寫了不少關心中國命運，急切地希望為國效力的詩篇。他相信「天生我材必有用」（《將進酒》），「東山高臥起來時，欲濟蒼生應未晚」（《梁園吟》），「何當赤車使，再往召相如」（《贈崔侍御》）。在《贈何七判官昌浩》中寫道：「有時忽惆悵，匡坐至夜分。平明空嘯咤，思欲解世紛。心隨長風去，吹散萬里雲。羞作濟南生，九十誦古文。不然拂劍起，沙漠收奇勛。老死阡陌間，因為揚清芬？夫子今管樂，英才冠三軍。終於同出處，豈將沮溺群。」他不願做獨善其身的儒生、隱士，渴望為國建功立業。正是這種「沙漠收奇勛」的想法，促使他北上幽燕，深入虎穴，探安祿山之虛實，「十月到幽州，戈鋋若羅星。君王棄北海，掃地借長鯨。呼吸走百川，燕然可摧傾。心知不得語，卻欲棲蓬瀛。彎弧懼天狼，挾矢不敢張。攬涕黃金台，呼天哭昭王」（《經亂離後天恩流夜郎憶舊遊書懷贈江夏韋太守良宰》）。他看到了安祿山飛揚跋扈，反叛跡像已很明顯，他以詩人的敏感預見危機即將爆發，因而憂心如焚。在《遠別離》中借舜與二妃生離死別之苦，暗諷玄宗將內外大權交楊國忠、安祿山等人，必然引起亡國大禍，「日慘慘兮云冥冥，猩猩啼兮鬼嘯雨。我縱言之將何補？皇穹恐不照余之忠誠。雷憑憑兮欲怒吼，堯舜當之亦禪禹。君失臣兮龍為魚，權歸臣兮鼠變虎」。詩裡表露了對國難即將到來的憂慮和忠言無處可訴的悲憤心情。

李白預言的危機終於在西元七五五年爆發了。這時李白的愛國主義思想上升到了一個新的高度，他寫了許多關心國家命運，同情人民苦難，控訴叛軍罪行的詩歌，如《猛虎行》：「朝作《猛虎行》，暮作《猛虎吟》。腸斷非關隴頭水，淚下不為雍門琴。旌旗繽紛兩河道，戰鼓驚山欲傾倒。秦人半作燕地囚，胡馬翻銜洛陽草。一輸一失關下兵，朝降夕叛幽薊城。巨鰲未斬海水動，魚龍奔走安得寧？」這裡表明了李白不是為個人的不幸遭遇而難過，而是為國家人民的災難而「腸斷」、「淚下」。在《古風》第十九、《扶風豪士歌》、《北上行》等篇中也表現了他因國家破敗、人民遭難而痛心疾首。國難當頭，他沒有消沉逃避，更沒有藉機鑽營，投靠敵人，而是激起了救國救民的滿腔熱情，他認為「此乃猛士奮劍之秋，謀臣運籌之日」，正是為國建功的大好時機。此時永王璘奉玄宗詔命負責保衛和經營長江流域，路過潯陽派人上廬山聘請李白參加幕府。李白懷著救國平叛的滿腔熱情投身軍中，向永王表示「但用東山謝安石，為君談笑靜胡沙」（《永王東巡歌》）。他渴望為平定叛亂貢獻力量，「寧知草間人，腰下有龍泉。浮雲在一決，誓欲清幽燕。願與四座公，靜談《金匱篇》。齊心戴朝恩，不惜微軀捐。所冀旄頭滅，功成追魯連」（《在水軍宴贈幕府諸侍御》）。但李白的滿腔愛國熱情卻遭到一盆冷水，救國之志未能實現，反倒成了李氏兄弟奪權爭位的犧牲品，被加上「附逆」的罪名投入監獄。這一次從政比上一次受到的打擊更殘酷。但他「受屈心不改」，身處於冤獄之中仍然對中國命運懷著高度的責任感。當張秀才來獄中看望他時，他正在讀《留侯傳》，還寫了《送張秀才謁高中丞》、《送張秀才從軍》，詩中鼓勵張秀才要像張良那樣在國家多事之秋建功立業，「壯士懷遠略，志存解世紛……長策掃河洛，寧親歸汝墳。當令千古後，麟閣著奇勛」。後來宋若思把他釋放出獄，並讓他參加幕府，他寫了《為宋中丞請都金陵表》、《宋中丞祭九江文》，控訴了安史叛亂的罪行，表示了「掃妖孽於幽燕，斬鯨鯢於河洛」的決心。還寫了《為宋中丞自薦表》再次表明了他的積極用世之心。在宋若思幕府中未處多久，因病暫住宿松山，寫了《贈張相鎬二首》，滿懷激情地向張鎬表示要為消滅安史叛軍貢獻力量，「撫劍夜長嘯，雄心日千里。誓欲斬鯨鯢，澄清洛陽水。六合灑霖雨，萬物無凋枯。我揮一杯水，自笑何區區。」他還表示參加平叛並非為個人的富貴利祿，「滅虜不言功，飄然涉方壺」。當時他出獄不久，年邁多病，還在等待著朝廷對他的最後處分，仍然以國事為重，要求為國效力，但回答他的是流放夜郎，年近花甲的老人拋妻別子，被放逐到不毛之地，這是多麼大的打擊！但他沒有絕望，想的是「何日金雞放赦回」（《流夜郎贈辛判官》），「何日入宣室，更問洛陽才」（《放後遇恩不沾》）。他以賈誼自比，希望有一天再次得到報國機會。在流放途中仍然關心國家大事，「鯨鯢未剪滅，豺狼屢反覆。悲作楚地囚，何由秦庭哭？」（《書懷示易秀才》）他悲痛的是叛亂沒有平定，而自己是一個失去自由的囚徒，不能像申包胥那樣搬兵救國。可見李白的愛國之情是何其深厚！後來他遇赦得釋再次流浪於江南，過著貧病交加，窮愁潦倒，寄人籬下的生活，但他為國建功立業的雄心壯志並未減退。《經亂離後天恩流夜郎憶舊遊書懷贈江夏韋太守良宰》這首長詩充分表達了他對國家命運的深切關懷，「中夜四五嘆，常為大國憂。……安得羿善射，一箭落旄頭」。還希望得到韋太守的推薦，「君登鳳池去，勿棄賈生才」，仍想得到報效國家的機會。西元七六一年李光弼東鎮臨淮，平定史朝義叛軍，李白寫了《聞李太尉大舉秦兵百萬出征東南，懦夫請纓，冀申一割之用，半道病還留別金陵崔侍御十九韻》，詩中說：「拂劍照嚴霜，雕戈鬘胡纓。願雪會稽恥，將期報恩榮。」這時李白已經年過花甲，重病纏身，操起雕戈，戴上軍帽，參軍殺敵，這是多麼感人的行動！沒有深厚的愛國熱情，何能有如此氣概！何能寫出如此激動人心的愛國詩篇！

第三節　對腐敗的統治者的揭露批判

嚴酷的現實使李白清楚地看到他的報國之志是因為當時的統治者的阻撓、打擊而不能實現；強盛繁榮的唐帝國也正是被統治者拖向了衰落、分裂、動亂的境地。正是由於對中國強烈的愛產生了對統治者強烈的恨，他用詩歌揭露和批判他們禍國殃民的種種罪行。其筆鋒之犀利，抨擊之猛烈，在古代詩歌中是罕見的。李白公開辱罵玄宗周圍的權貴們是「蟊賊」、「蒼蠅」、「蹇驢」、「雞狗」、「魑魅」、「鷙鳥」（烏鴉）、「綠葹」（毒草）。《古風》第二十四揭露宦官（中貴）依仗皇帝作威作福，橫行霸道。《雪讒詩》大罵楊貴妃，比之為禍國殃民的妲己、褒姒。在《古風》第十五、三十七、三十九、五十、五十四，以及《鞠歌行》、《鳴皋歌送岑徵君》等詩中，對上層社會昏庸腐敗，黑白顛倒，奸佞橫行，賢才被斥的現象表示了極大的憤慨，他指責當時是「珠玉買歌笑，糟糠養賢才」，「梧桐巢燕雀，枳棘棲鴛鸞」，「蝘蜓嘲龍，魚目混珍，嫫母衣錦，西施負薪」。特別是《答王十二寒夜獨酌有懷》更是大膽地抨擊時事，矛頭直指李林甫等權奸們，憤怒地控訴他們窮兵黷武，濫事征伐，屢興冤獄，陷害忠良。李白對黑暗勢力的抗爭招來了一次又一次政治上的迫害，但他並未屈服，一直保持著倔強的反抗精神，在他被囚潯陽監獄時還寫詩憤怒地譴責統治者陷害忠良，「樹榛拔桂，囚鸞寵雞……子胥鴟夷，彭越醢醢。」（《萬憤詞》）在流放途中寫的《酬裴侍卿對雨感時見贈》引歷史上忠良被害之事後，大膽指出「頗似今之人，蟊賊陷忠讜」。

當時政治上出現的種種昏暗腐敗的現象，作為最高統治者的皇帝是要負主要責任的。李白也看到了這一點，雖然他也深受「忠君」思想的影響，但在李白的心目中「愛國」比「忠君」有更重的份量。

出於愛國之心，在他的詩中也對皇帝進行了諷喻、批評。如《烏棲曲》描寫吳王夫差的荒淫腐朽生活，實際上以古喻今，勸諫玄宗不要走夫差覆亡之路。《古風》第四十八以秦始皇不顧農業生產，濫用民力的教訓諷喻玄宗。《古風》第五十三以戰國時「晉為卿分」，「田氏代齊」的教訓警告玄宗不要大權旁落。《經離亂後天恩流夜郎憶舊遊書懷贈韋太守良宰》詩中毫無顧忌地指責唐玄宗無知人之明，養痈遺患，導致「安史之亂」。《古風》第五十一以殷紂王、楚懷王這類昏君來影射玄宗。《古風》第三十一借《史記》載華山君預言秦始皇死期不遠的故事，暗示唐玄宗統治不會長久。在《為宋中丞請都金陵表》中更大膽地提出「社稷無常奉，明者守之；君臣無定位，暗者失之……功高而福祚長永，德薄而政教凌遲。三姓之後，於今為庶，非一朝也」。可見李白並未把皇帝看成神聖不可侵犯的上天的代表，禍國殃民的昏君垮台是應該的，誰能「濟蒼生」、「安社稷」，誰就能長坐江山。李白把愛國放在忠君的前面，所以他敢於在詩歌中揭露、諷刺、批判以皇帝為首的昏庸腐敗的統治集團。

第四節　維護中國的統一和民族的團結，反對壓迫其他民族的不義戰爭

唐帝國是一個統一的多民族國家，唐初的統治者對各少數民族實行以恩撫為主的羈縻政策，民族矛盾比較緩和，各民族能和睦相處於中國大家庭中。李白熱情地歌頌這種統一團結的局面，「海晏天空，萬方來同。雖秦皇與漢武兮，復何足以爭雄？」（《大獵賦》）「於斯之時，雲油雨霈。恩鴻溶兮澤汪，四海歸兮八荒會」（《明堂賦》）。他希望永遠保持「天地皆得一，澹然四海清」（《古風》第三十四）

第四節　維護中國的統一和民族的團結，反對壓迫其他民族的不義戰爭

的局面。但是唐玄宗後期奉行窮兵黷武的政策，對少數民族發動了一系列奴役壓迫戰爭，給人們帶來了深重的災難，李白堅決反對這種不義戰爭。天寶元年和天寶六載唐王朝發動了對西北部奚族和吐蕃的戰爭，李白為此寫了《戰城南》：「去年戰，桑乾源，今年戰，蔥河道，洗兵條支海上波，放馬天山雪中草。萬里長征戰，三軍盡衰老……野戰格鬥死，敗馬號鳴向天悲。烏鳶吸人腸，銜飛上掛枯樹枝。士卒塗草莽，將軍空爾為。乃知兵者是凶器，聖人不得已而用之。」這首詩描寫的戰爭殘酷悽慘的景象使人觸目驚心，強烈地譴責了不義戰爭的發動者。天寶十載和十四載楊國忠命令鮮於仲通伐南詔，結果全軍覆沒，李白為此事寫了《古風》第三十四，著重揭露了不義戰爭給人民帶來的災難，「渡瀘及五月，將赴雲南征；怯卒非戰士，炎方難遠行。長號別嚴親，日月慘光晶；泣盡繼以血，心摧兩無聲。困獸當猛虎，窮魚餌奔鯨；千去不一回，投軀豈全生！如何舞干戚，一使有苗平！」詩中把被強迫服兵役的戰士與親人生離死別的場面寫得十分悲痛悽慘，這是對唐王朝窮兵黷武政策的嚴厲批判。後兩句明確提出了應以和平手段解決民族間的衝突，反映了多少年來中華民族內部團結的願望。李白《擬古》、《北風行》等類詩中寫了男子出征後婦女在家中的痛苦，實際上也是反對唐王朝對少數民族發動的不義戰爭。

唐王朝對少數民族進行的戰爭並不都是非正義的，也有的戰爭是屬於維護國家安全統一，解除少數民族統治者的侵擾，保衛中原的和平生產和保衛中外的貿易交通的正義戰爭。李白對於這類戰爭是支持的，他寫了不少詩篇歌頌邊塞將士的英雄氣概和獻身精神，鼓勵將士們勇敢殺敵立功。如《塞下曲》六首就歌頌了邊塞將士不怕艱苦，英勇頑強地反擊西北少數民族統治者發動的侵擾。「曉戰隨金鼓，宵眠抱玉鞍。願將腰下劍，直為斬樓蘭」，「駿馬似風飆，鳴鞭出渭橋。彎弓辭漢月，插羽破天驕」，出征戰士的英雄形象躍然紙上！《出自薊北門行》僅以一百二十字寫了一場自衛反擊戰的全過程，「虜陣橫

北荒，胡星耀精芒。羽書速驚電，烽火晝連光。虎竹救邊急，戎車森已行。明主不安席，按劍心飛揚。推轂出猛將，連旗登戰場。兵威沖絕漠，殺氣凌穹蒼。列卒赤山下，開營紫塞旁。孟冬風沙緊，旌旗颯凋傷。畫角悲海月，征衣卷天霜。揮刃斬樓蘭，彎弓射賢王。單於一平蕩，種落自奔亡。收功報天子，行歌歸咸陽」。詩中把將士們出征的場面寫得十分威武雄壯，也寫了戰鬥的艱苦和最後取得的輝煌勝利，詩的格調很高昂，鼓動性很強。《從軍行》、《白馬篇》、《發白馬》、《塞上曲》等也都歌頌了進行自衛戰爭，維護中國統一和安全的邊塞戰士的英雄精神。這一類充滿愛國激情的詩篇激勵著炎黃子孫為保衛中國而獻身！

此外李白還有一些詩歌描寫了百姓的生活和苦難，表達了對人民真誠的熱愛，愛中國和愛人民是不可分割的，他的這類篇目不太多的詩篇也應當屬於具有愛國主義精神的詩篇。他的這些詩篇究竟在他的整個詩歌中占什麼地位？有學者認為李白詩歌的愛中國愛人民的一面只是在「安史之亂」後才表現出來，更大的一面是「個人主義的錯誤的享樂思想」。有學者說，李白「終其一生，占據他整個生活的就是這三件事：任俠、求仙學道、建功立業」，這都是為了「追求一種既非同凡響而又可以隨意享樂的生活」，「反映了地主階級寄生享樂的人生理想」，甚至連李白那些歌頌中國山河的詩也不是「出於愛國主義的強烈動機」。筆者認為這樣的評價太把李白貶低了。熱愛中國的山河不算愛國主義思想又算什麼呢？李白渴望建功立業難道能說完全是為了追求個人享樂而不是出於愛國之心嗎？若真是如此，在他應詔入宮，得到玄宗寵信之時就會安於御用文人的地位，並進而巴結攀附權貴，以長享榮華富貴。但李白並沒有把個人享受看得比國家的命運更為重要，而是和可能給他富貴利祿的禍國殃民的黑暗勢力作鬥爭，以致困頓一生，這正是李白品質高尚的地方，也是他之所以成為受人民永遠敬仰的偉大詩人的原因。一個人不可能十全十美，李白也有他的缺點，他的確也寫過一些求仙學道、縱酒挾妓的詩，表現了人生若夢、及時行樂的消極頹廢思想，但這在他的詩歌中並不占主導地位。從數量上看，李白遺留下來的一千〇六十四首詩中，經筆者粗略統計，表現愛國主義精神的近五百首，而表現沉溺於酒色、宣揚及時行樂的消極頹廢的詩約四十首，其中《將進酒》這一類詩還不能說完全沒有一點積極意義，它還包含著對黑暗統治的強烈不滿與憤怒抗議。表現求仙學道迷信思想的詩約六十首，另外還有十多首詩又表示了對神仙存在的懷疑和對皇帝求仙的諷刺，可見李白並不是真信神仙。李白的求仙縱酒是由於報國無門，「吾讀太白詩，喜有浪漫味。大不滿現實，遂為遊仙醉」，陳毅同志評價李白的話說得非常深刻、中肯。可貴的是李白並未被道教的精神鴉片弄得麻木不仁，也沒有沉溺於酒色之中長醉不醒，他總是把個人命運與中國的命運連繫在一起。「濟蒼生」、「安社稷」的政治抱負和愛國、報國的思想支配著他一生的行動，占據著他的詩歌的主導地位。處於開元盛世時，希望國家繼續繁榮昌盛；「安史之亂」時，希望早日平定叛亂，人民安居樂業；處於順境得到皇帝寵信時，希望「濟蒼生」、「安社稷」的抱負得以實現；處於逆境時仍然愛國，特別是在政治上受到沉重打擊，貧病交加的晚年愛國之心還是那麼堅定！李白的愛國思想洋溢在他的詩歌中，放射出永不磨滅的光輝。

第十一章　李白精神文化的核心—愛國主義

第十二章

李白精神文化的重要內容——熱愛大自然

紐西蘭傑出的社會活動家路易．艾黎先生在李白故里題詞：「到李白少年時代的故鄉來，看一看保存完好的舊日文獻，可以體會一下他的偉大精神。對全世界青年來說，李白的精神告訴他們：人是自然的一部分。在當今瞬息萬變的世界中，這種精神往往被泯沒。」這段題詞含義深刻，對我們研究李白精神及其現代價值有很大的啟迪。李白一生熱愛自然，崇尚自然，以自己的身心去擁抱自然，把自己融於自然之中，成為自然的一部分，這是李白最突出的個性特徵，把握這個特徵，不僅可以深刻理解李白詩歌的精神實質及獨特的藝術風格，而且可以發掘其現代價值。

第一節　熱愛大自然思想的形成

李白從小生長在自然景色十分幽美的環境裡，這裡的自然美對李白一生產生了深遠的影響。西元七〇一年李白出生於江油青蓮鄉，這裡是涪江、盤江匯合處的一塊平壩，近靠天寶山、太華山，遠望紫雲山、戴天山，山明水秀，風光旖旎，充滿著詩情畫意。李白在這裡度過童年，大約十五年以後隱居大匡山。大匡山是岷山支脈，山勢險峻，景色奇特，西北連崇山峻嶺，東南望平疇沃野，山中蒼松巨柏，鬱鬱蔥蔥，飛瀑流泉，萬壑爭鳴，野鹿覓食於密林，白鷺飛舞於樹梢，一直到一九五八年原始森林被破壞前都是這樣的景色。李白在大匡山，「讀書於喬松滴翠之平有十載」。這裡他深深領悟到大自然之美，把自己融入大自然之中。他曾與東岩子「養奇禽千計，呼皆就掌取食，了無驚猜」（《上安州裴長史書》），他酷愛自然，保護鳥獸，採集野生飼料，以備奇禽取食，與野生動物成了好朋友。李白隱居期間還遊歷了許多景色幽美的地方，如距大匡山東北二十公里的竇圌山，這裡的景色秀麗奇特，山峰

第一節　熱愛大自然思想的形成

如削，壁立千仞，林壑深邃，李白題寫了「樵夫與耕者，出入畫屏中」。李白還去過大匡山上面的戴天山，寫過膾炙人口的《訪戴天山道士不遇》，從詩裡可以看到這裡的景色何等幽美、秀麗。李白還「撥雲尋古道」，登上「群峭碧摩天」的太華山，上過「峰巒環秀，紫氣鬱結」的紫雲山，「孤峰秀拔」的小匡山……故鄉的山山水水薰陶了他崇尚自然的審美情趣，加深了他對自然美的感受能力，產生了他與大自然的親和力。

李白熱愛大自然與他接受的家庭教育和受道家、道教的影響是分不開的。李白的父親是「高臥雲林，不求祿仕」的隱士。李白的好友魏萬說李白之父「乃放形，因家於綿」，即是說放浪形骸於山水之間，選擇了綿州這樣山明水秀的地方隱居下來，使李白從小就陶冶在自然美之中。李白之父還教李白讀司馬相如的《子虛賦》，賦中描繪雲夢澤之壯美秀麗，使李白「私心慕之，及長，南遊雲夢，覽七澤之壯觀」（《秋於敬亭送從侄耑遊廬山序》），這說明李白從小就在父親教育下透過文學經典去提高對自然美的感受力，培養崇尚自然美的情趣，李白之父沒有把李白送入正統的以儒家經典為教科書的學校去上學，而是讓他博覽群書，「五歲誦六甲，十歲觀百家」，「十五學神仙，仙遊未曾歇」，「六甲」是指道教書中的「奇門遁甲」之類，「百家」中必有老、莊的書，「學神仙」就是學道教的神仙之術。李白生長的川西北是道教的發祥地，在風光秀麗的群山中散布著許多道觀，如在李白家附近的紫雲山有黃錄寶宮，太華山上有太華觀，竇圌山上有天尊古殿，戴天山上也有道觀，李白與這些道觀中的道士有密切交往，向他們學神仙之術。道教以老莊哲學為其宗教的哲理內核，以老莊著作為主要宗教經典。老莊哲學主張崇尚自然，順應自然，回歸自然。老子說：「人法地，地法天，天法道，道法自然。」莊子說：「天地與我並生，而萬物與我為一」（《莊子．齊物論》），也就是說人與自然融合為一體，達到物我泯一。道教的服食修煉的思想和老莊的崇尚自然的思想是統一的。在幽美的自然環境中修道煉丹，享受自然之美，最後達到超越生死，物我泯一，與大自然一起得到永生。李白是深受這種思想影響的，他「五嶽尋仙不辭遠，一生好入名山遊」（《廬山謠》）。在《日出入行》中寫到：「魯陽何德，駐景揮戈，逆道違天，矯誣實多。吾將囊括大塊，浩然與溟涬同科。」也就是說要順應自然，要與自然元氣打成一片，達到與自然泯一的和諧境界。

第二節　熱愛大自然的思想與李白的生活道路

李白生長在雜交型、複合型的巴蜀文化氛圍之中，在青少年時期接受的教育也比較博雜。他不僅僅是接受道家、道教的影響，還接受了儒、法、墨、縱橫等家的影響。積極入世建功立業是他思想的主導，他希望做帝王之師，施展其「濟蒼生」、「安社稷」的雄偉抱負。如果他只是或主要是接受道家、道教的影響，那他也會像他父親那樣做一個「高臥雲林，不求祿仕」的隱者，或在故鄉的道觀中當一名道士，但他接受道家崇尚自然、回歸自然的思想影響又比較深，故而在積極入世的道路上又不同於一般人走的科舉考試的道路，而是走了一條特殊的道路，這就是把爭取建功立業與漫遊名山大川、求仙學道相結合。本來積極入世、投入宦海、建功立業與消極出世、投入大自然的懷抱是矛盾對立的，但李白力求把它們統一起來。李白告別故鄉寫的《別匡山》：「曉峰如畫參差碧，藤影搖風拂檻垂。野徑來多將犬伴，人間歸晚帶樵隨。看雲客依啼猿樹，洗鉢僧臨失鶴池。莫怪無心戀清境，已將書劍許明時。」這首詩表現了李白酷愛大自然與充滿政治熱情的思想的矛盾和統一。故鄉如詩如畫的自然景色深深地吸引

第二節　熱愛大自然的思想與李白的生活道路

著他，而大丈夫的「四方之志」又召喚著他「仗劍去國，辭親遠遊」，最後還是下決心要把自己的文才武藝奉獻給大好時代，但這並不是說他不再「戀清境」，而是說不再戀故鄉的清境，要在故鄉以外尋求更多的清境。在離開故鄉以前他遊覽了峨眉山，順江而下，離開巴蜀時，他說：「此行不為鱸魚鱠，自愛名山入剡中。」（《秋下荊門》）這之後他一面遊覽名山大川，一面尋求建功立業的機會。唐代統治者提倡道教，特別是唐玄宗曾多次征辟道士隱者入宮，於是由隱而仕的「終南捷徑」為唐代士人入仕的一條通道，走這條道路既可以享受山林之美，又可以直登廟堂，取得功名，這對於酷愛大自然的李白來說，當然是一條十分理想的道路。不過李白並非透過「終南捷徑」獵取榮華富貴，而在得到皇帝重用、施展濟世安民的政治抱負之後，「功成身退」，回歸大自然。他的《代壽山答孟少府移文書》說得很清楚，他隱居山林是為了等待時機，建功立業，「奮其智慧，願為輔弼，使寰區大定，海縣清一」，當他「事君之道成，榮親之義畢」，還是要「與陶朱留侯，浮五湖，戲滄洲」，也即是最終要投入大自然的懷抱。

李白在漫遊名山大川的同時，交遊干謁，提高知名度，終於「名動京師」，由玄宗召入宮廷。李白登在廟堂之上，並未忘記山林之美，特別是當他看到了宮廷的腐敗，玄宗的昏庸，他的政治理想不能實現，又遭權奸的誹謗之時，更想離開紛擾齷齪的塵世，投入純美的大自然懷抱。《翰林讀書言懷呈集賢諸學士》說：「青蠅易相點，《白雪》難同調。本是疏散人，屢貽褊促誚。雲天屬清明，林壑憶遊眺。或時清風來，閒倚欄下嘯。嚴光桐廬溪，謝客臨海嶠。功成謝人間，從此一投釣。」在詩中明確表示了他嚮往嚴光那樣的隱士生活，沉醉於林壑、清風之中。在《金門答蘇秀才》中也表示「願狎東海鷗，共營西山藥……身世如兩忘，從君老煙水」。此外在《駕去溫泉宮後賜楊山人》、《白雲歌送劉十六歸山》、《送裴十八圖南歸嵩山》等詩中，都表現了他身在宮廷而心在山林。他在宮中前後不到兩年就請求還山，這之後再次漫遊中國各地。范傳正說：「脫屣軒冕，釋羈韁鎖，因肆性情，大放宇宙間……往來於鬥牛之分，優遊沒身。偶乘扁舟，一日千里，或遇勝境，終年不移，長江遠山，一泉一石，無往而不自得也。」李白足跡遍及大河上下，長江南北，北至燕山，南窮蒼梧；西至大漠，東至滄海，泛舟於洞庭、鄱陽，流連於吳趙、秋浦，三山五嶽都曾有他的身影，可以說李白對自然山水的熱愛到了如痴如狂的境地。當然，在沉醉於山水之中時還沒有忘記建功立業，在「安史之亂」發生後，抱著「誓欲清幽燕」的雄心壯志，投入永王璘軍中，不久即遭冤獄，政治上再次受到沉重打擊，被流放雖被赦，而世態炎涼，受不少人白眼，以致晚年窮愁潦倒，貧病交加，此時，大自然成了醫治他心靈創傷的良藥，成了他患難與共的知心朋友。他說：「每思欲遐登蓬萊，極目四海，手弄白日，頂摩青穹，揮斥幽憤。」（《暮春江夏送張祖丞之東都序》）即說鬱結在心中的悲憤，只有面對大自然才能驅散。晚年的李白仍然是「心愛名山遊，身隨名山遠」（《金陵江上遇蓬池隱者》），經常沉醉在大自然中，忘卻苦悶，《獨酌》中寫道：「落日不盡歡，恐為秋所侵。獨酌勸孤影，閒歌面芳林。清風尋空來，碧松與共吟。手舞石上月，膝橫花間琴」，是美好的大自然驅走了他的憂愁，安慰著他那一顆孤寂破碎的心，「良宵宜清淡，皓月未能寢。醉來臥空山，天地即衾枕」（《友人會宿》）。在《雜題》中有：「乘興踏月，西入酒家，不覺人物兩忘，身在世外。」「夜來月下臥醒，花影零亂，滿人衿袖，疑如濯魄於冰壺也」。這裡的冰壺指明月，李白把自己的身心與大自然融為一體了。在他去世前為自己尋找一個自然風光優美的地方作為長眠之處，「晚歲渡牛渚磯，至姑蘇，悅謝家青山，有終焉之志」。他的死傳說是醉後下水捉月騎鯨而去，這個傳說符合他的個性，他一生熱愛自然，最後融進了明月大江之中，在大自然中得到永生。綜觀李白一生與大自然結下了不解之緣，他對大自然的熱愛可謂是終生不渝，從青少年時期到去世時，不論是積極入世追求功名時，或是政治失意出世退隱之時，不論是在宮廷之上，或是在流放途中，大自然都是他絕好的朋友。他從大自然那裡獲得生活的力量和生命的樂趣，在現實生活中失落了的在大自然中得到了補償，心靈上受到的創傷在大自然中得到癒合。他在大自然的懷抱裡如魚得水，大自然成為他生命中不可缺少的一部分，或者說他就是大自然的一部分。

第三節　以自然為師的詩歌創作

李白崇尚自然，與自然泯一的思想對他的詩歌創作影響頗深。他的審美理想就是推崇質樸的自然之美，主張詩歌創作要「清水出芙蓉，天然去雕飾」。王世貞說李白的詩是「以自然為宗」，源於自然而又高於自然。由於李白酷愛大自然，理解大自然，對自然美有很敏銳的感受力。他善於把握自然景物中最根本的特徵，以寫意的手法，傳神地展示出它們的美。他描寫氣勢磅礴的黃河：「巨靈咆哮擘兩山，洪波噴流射東海。」（《西岳雲台歌送丹丘子》）描寫長江的壯闊：「孤帆遠影碧空盡，唯見長江天際流。」（《送孟浩然之廣陵》）描寫天山的粗獷：「明月出天山，蒼茫雲海間。長風幾萬里，吹度玉門關。」（《關山月》）登廬山看到的是：「登高壯觀天地間，大江茫茫去不遠。黃雲萬里動風色，白波九道流雪山。」（《廬山謠》）這些詩給人們展現了山水之壯美。李白還以清新佳麗的詩句描繪江南景色，如：「竹色溪下綠，荷花鏡裡香」（《別儲邕之剡中》），「山花如繡頰，江火如流螢」（《夜下征虜亭》），「兩水夾明鏡，雙橋落彩虹」（《秋登宣城謝朓北樓》），這些詩給人們展現了江南的秀美。

在李白的詩中常常描寫明月、白雲、青松、翠竹、幽蘭……把自然界一切美好的東西呈現在人們面前。

在李白的意識裡有物我泯一的根基，所以在描寫自然美景時不是客觀的描寫，也不僅僅是一般的「情景交融」，而是把自己的身心融入自然美景之中，自然中有我，我中有自然，人與自然渾然一體，分不開主客觀關係，這是李白同其他山水詩人不同之處。李白在少年時題寫竇圌山：「樵夫與耕者，出入畫屏中。」老年時寫的《清溪行》：「人行明鏡中，鳥度屏風裡。」體現了李白的物我泯一的思想的一貫性。李白很喜歡用擬人的手法賦予自然物以情感。《獨坐敬亭山》：「眾鳥高飛盡，孤雲獨去閒。相看兩不厭，只有敬亭山。」敬亭山成了李白心心相印的朋友，慰藉著他的孤寂。《月下獨酌》：「花間一壺酒，獨酌無相親。舉杯邀明月，對影成三人。月既不解飲，影徒隨我身。暫伴月將影，行樂須及春。我歌月徘徊，我舞影凌亂。醒時同交歡，醉後各分散。永結無情遊，相期邈雲漢。」明月和影都成了他的好朋友，同他會飲歌舞。李白還有許多詩歌表現自然物與他情感相通，如「雁引愁心去，山銜好月來」，「花枝拂人來，山鳥向我鳴」，「我寄愁心與明月」，「山月隨人歸，綠竹入幽徑」，「白雲南山來，就我檐下宿」，「太白與我語，為我開天關」，明月、白雲、山鳥、山花等都成了李白喜樂悲愁相通的朋友。正如葛景春先生所說：「李白將自己的強烈的感情生命和偉大的人格，注入了自然山水之中，賦予了它們靈魂和生命……在李白的山水詩中，山水已不再是自然之山水，而是山水與詩人主客觀強烈的交融，二者已完全融匯在一起了。」

第四節　李白詩歌是環境文化的重要內容

如何處理人與自然的關係是數千年來無數哲人思考過的問題。從原始社會到封建社會，由於生產力低下，人們征服自然的能力較弱，人們對自然採取崇拜甚至畏懼的態度。老子、莊子主張崇尚自然，順應自然，回歸自然。儒家主張「天人合一」，荀子主張「天道自然」，「天行有常」，「應之以治則吉，應之以亂則凶……循道而不貳」，主張遵循自然規律，要求人與自然和諧相處。李白詩歌則是以藝術形式表現這些思想，特別是道家的順應自然，回歸自然的思想。

從工業革命以來，生產力和科學技術的迅速發展，人類認為可以無節制地開發利用自然資源，從崇拜自然進入了無視自然的階段，造成了自然環境的急遽惡化，但這並未充分引起人們的注意，隨著生產力的發展，對自然環境的破壞與日俱增，大片森林的砍伐，水土流失，沙漠化加劇，空氣和水的汙染，氣候反常，這種全球性的生態平衡的破壞，嚴重地威脅著人類的生存和發展。正如路易·艾黎指出的「在當今瞬息萬變的世界這種精神（人是自然的一部分）往往被泯沒」才造成這樣的嚴重後果。面臨著全球性環境惡性的嚴峻挑戰，迫使世界各國重視人與自然的關係。從一九七二年以來，聯合國幾次召開人類環境會議，大聲疾呼，在發展經濟的同時要重視自然，保護自然，自覺協調人類與自然的關係，使自然——經濟——社會協調、穩定、健康、持續發展。人類從崇拜自然到無視自然，再到重視自然，經歷了一個否定之否定的辯證過程。以一九七二年聯合國人類環境大會為標誌，人類開始了從無視自然到重視自然的歷史轉折時期，在這一時期，李白詩歌中體現出來的「人是自然的一部分」的精神，特別具有重大的現代價值。

隨著環境保護問題的提出，環境文化在國內外普遍發展，而且已成為世界性潮流。環境文化從廣義上說是指以協調人與自然關係為核心，在人類環境保護的實踐過程中所形成精神成果和物質成果的總和。從狹義上講指精神成果，即指那些在環境保護問題上所取得的人類廣泛的共識以及含有這些「共識」內容的多種文化藝術表現形式。毫無疑義，李白詩歌應列入環境文化的內容。李白詩歌是教育人們熱愛自然、保護自然、培養人們現代環境保護意識和良好的環境道德的最好的教材。讀了李白的詩，誰都會更熱愛壯麗的河山，熱愛自然界中的一草一木，誰都會嚮往一個潔淨、幽美、沒有汙染的世界。

從一九八〇年代以來，隨著李白研究的蓬勃開展，隨著中國旅遊事業的發展，四大李白紀念館先後恢復或建立，有關李白遺址遺蹟也得到保護或恢復原貌，成為保護生態環境的一部分重要內容。如李白青少年讀書的大匡山，訪道士的戴天山，中國「大煉鋼鐵」時，森林被毀，飛泉乾涸，李白詩中展現的美景曾一度消失，以致使一些上匡山憑弔李白遺蹟的先生懷疑這不是大匡山。隨著江油李白紀念館的建立，恢復大匡山、戴天山景觀的問題列入了議事日程，首先封山育林，至今已初見成效，鬱鬱蔥蔥的松樹林正在茁壯成長。李白《訪戴天山道士不遇》、《別匡山》、《冬日歸舊山》等詩中描述的那些自然美景正在逐步重現。如果李白所走過的地方，所描繪的自然美景都能得到保護或恢復，中國的生態環境將得到大大好轉。如果李白詩歌中所表現的「人是自然的一部分」的觀點，成為人類的共識，人們都像李白那樣熱愛大自然，那就不會再出現人類的生存危機了。

人與自然的關係是人類社會永遠需要認真解決的問題，也是文學創作的一個永恆的主題。李白詩歌中給人們展現出自然美也是一種共同美，可以超越時空界限，超越階級，超越國界，為全人類所接受。事實上李白詩歌已經譯成十幾種文字在一百多個國家流傳，深受各國人民所喜愛，今後李白詩歌還會受更多的人所喜愛，並將作為全人類的優秀文化瑰寶，永遠流傳。

第十三章　李白與旅遊

李白詩歌是一座巨大的寶庫，其蘊含的寶藏，應當發掘出來，為「兩個文明建設」服務。當今旅遊業發展很快，李白詩歌就是珍貴的旅遊資源，應當開發李白文化旅遊資源，以促進中國旅遊業的發展。

第一節　李白是偉大的旅行家

李白是偉大的詩人，也是偉大的旅行家。他以旅遊為生活的重要部分，旅遊的範圍很廣，而且把旅遊所見所聞所感，形諸文字，傳之後世，鼓舞著、啟迪著、指導著一代又一代的旅遊者。他「一生好入名山遊」，從「十五學神仙，仙遊未曾歇」，直至六十二歲去世於旅途之中，其中很難找到完整的沒有旅遊的一年時間。

李白旅遊範圍之廣，歷代文人無出其右者。他青少年時期，一邊讀書，一邊旅遊，故鄉的大小匡山是他隱居讀書之處，以此為基點常去戴天山、太華山、竇圌山、紫雲山旅遊。正是這些雄奇壯美的故鄉山水，從小陶冶著李白，使他熱愛大自然，追求自然山水的美。大約十五歲以後，他的足跡超出了本鄉本土，「往來旁郡」。他曾到過梓州，拜趙蕤為師；去過北川縣，探尋大禹的出生地，留下了「禹穴」二字。大約二十歲以後去過成都、眉山象耳山、渝州（重慶）、峨眉山等地。這裡特別要提到的是，李白走過蜀道。許多學者都認為李白沒有走過蜀道，《蜀道難》是憑豐富的想像虛構出來的，這種看法是不妥的。蜀道一般是指四川通往中原的道路，有金牛道、陰平道、米倉道。李白青年時期到過劍門關，從家鄉出發走過了一百多公里的金牛道，《蜀道難》中寫的「地崩山摧壯士死，然後天梯石棧相勾連」，是指梓潼縣七曲山南麓的五婦山（又稱五丁山），這裡有一座送險亭，從北至南，走到此處就送

第一節　李白是偉大的旅行家

走了艱險的旅途，從南向北走，到此處就從丘陵進入險峻的山區。古蜀國的五丁力士（即《蜀道難》中的「壯士」）就是在這裡用生命開出了道路。從梓潼再往北走一百多公里山路才到劍門關，在劍門關內外，還經歷了數處「天梯石棧相勾連」的險路。可見李白對這段艱險的蜀道是曾身臨其境的。陰平道是四川通往陝、甘的另一條更艱險的蜀道，鄧艾伐蜀時，行無人之地七百里，在險惡處「滾氈墜石」而下，才到古江油關（即今平武南壩鎮），江油關以下百餘里叫「左擔道」，狹窄的路是懸在峭壁上的，挑擔子也無法換肩，故名「左擔道」。李白訪問江油縣尉，是走過這段路的。筆者循著李白足跡，步行考察百餘里。從江油市武都鎮北上三公里就進入了涪江峽口，在江邊兩岸峭壁上各有一個溶洞，西岸的叫太白洞，東岸的叫燈籠洞，洞口有兩個鐘乳石，恰似燈籠。在這裡世代流傳著「燈籠洞對太白洞，燈照太白把書誦」的美好傳說。沿江邊的「左擔道」北上，兩岸百餘里奇峰連綿，一線青天鑲嵌於谷頂，百丈峭壁垂直於江面，蒼勁的古松倒掛於絕壁，奔騰的涪江翻滾著雪浪，水石相擊，發出雷鳴般的震響，迴蕩於深山峽谷之中。面臨此種驚險奇絕的景色，吟誦「上有六龍回日之高標，下有衝波逆折之回川，黃鶴之飛尚不得過，猿猱欲渡愁攀援……連天去峰不盈尺，枯松倒掛倚絕壁，飛湍瀑流爭喧豗，砯崖轉石萬壑雷」，就會使人感到李白寫景狀物並非憑空虛構。青年李白的川內旅行，為他寫作《蜀道難》準備了素材，為創作山水詩打下了堅實的基礎。

二十五歲的李白「仗劍去國，辭親遠遊」，開始了中國範圍內的大旅行。宋人曾鞏在《李太白文集・後序》中，對其遊蹤有一個概括性的敘述：「蓋白蜀郡人，初隱岷山，出居襄漢間，南遊江淮，至楚觀雲夢……去之齊、魯，居徂來山竹溪。入吳，至長安……北抵趙、魏、燕、晉，西涉岐、邠，歷商於，至洛陽，遊梁最久。復之齊、魯。南遊淮、泗，再入吳，轉徙金陵，上秋浦，尋陽。……乾元元年，終以汙璘事長流夜郎，遂泛洞庭，上峽江，至巫山。以赦得釋，憩岳陽、江夏。久之，復如尋陽，過金陵，徘徊於歷陽、宣城二郡。其族人陽冰為當塗令，白過之，以病卒。」竊以為其中應修正為：李白流放不止走到巫山，而是到過夜郎。有《南流夜郎寄內》為證：「夜郎天外怨離居，明月樓中音信疏。北雁春歸望欲盡，南來不得豫章書。」明白無誤地表明李白已經到了夜郎，若在流放途中，行蹤不定，哪可能盼望家書？《憶秋浦桃花舊遊時竄夜郎》這詩的標題就說他當時貶謫在夜郎，還有《流夜郎聞不預》、《望木瓜山》等幾首詩都是在夜郎寫的。至於李白詩中提到的「赦放巫山陽」，可以看成是廣義的「巫山之陽」，包括夜郎，如《華陽國志》的「華山之陽」就是廣義的，包括雲、貴、川廣大地區。「半道承恩放還」應當解釋為流放時間的一半，如諸葛亮《出師表》：「先帝創業未半，而中道崩殂。」這個「中道」就是時間概念。張才良先生的力作《李白流夜郎的法律分析》引證《唐律疏義》，指出李白作為被流放的犯人，不可能走了一年多，才走了一千多里，論證是很有說服力的。筆者親自去貴州桐梓縣考察過，面對眾多的李白遺蹟，不能說都是牽強附會的假古董，至少可以說，「李白流放到了夜郎」比「巫山遇赦」的證據充分得多。

李白的遊蹤可以總括地說，東到大海，北到幽州、雁門關，西南到過夜郎，南到蒼梧、九疑山，西至甘隴。遍及今四川、湖北、湖南、江西、安徽、江蘇、浙江、山東、河南、河北、山西、陝西、甘肅、貴州等十四個省及北京、重慶二市。中國的名山大川：黃河、長江、五嶽、黃山、廬山、峨眉山、太行山以及洞庭湖、鄱陽湖、太湖……李白都遊覽過。當時交通不便，許多地方全靠步行，不是一個酷愛旅遊的旅行家是難以遍遊中國那麼多名山大川的。這也正是李白作為「偉大」的旅行家偉大之所在。

走的地方多並不等於就是旅行家。爭利於市的商人也要走很多地方，但他們的目的不在欣賞自然、

第一節　李白是偉大的旅行家

人文景觀，而在於逐利。爭名於朝的士子也會到處跑，干謁貴權，最終目的為升官。李白的旅遊固然有廣交朋友，「遍干諸侯」，提高知名度，尋求入仕門路的目的，但這個目的並未貫穿始終，只是在一段時間內，在某些旅遊中有這樣的目的，而他貫穿始終的旅遊目的是為了追求自然美，追求一種人與自然泯一的崇高境界。李白從小接受了道家崇尚自然、回歸自然的思想。他要在遊覽名山大川中，享受自然之美，尋求精神寄託，把自己的身心融會在自然之中。在他的一生中，不論是處於順境或是逆境，都沒有忘記追求自然山水之美。天寶初李白被召入宮廷，他看到朝廷腐敗，政治抱負不能施展，就想離開紛擾汀濁的塵世，投入純美的大自然懷抱中，可以說是身在朝廷，心在山林。在他「賜金還山」以後，旅遊成為他生活的主要部分和最大愛好。范傳正在《李公新墓碑》中說：「脫屣軒冕，釋羈韁鎖，因肆情性，大放宇宙間……往來於鬥牛之分，優遊沒身，偶乘扁舟，一日千里，或遇勝境，終年不移。長江遠山，一泉一石，無往而不自得也。」晚年的李白仍然是「心愛名山遊，身隨名山遠」（《金陵江上遇蓬池隱者》）。李白流放夜郎是一種戴著枷鎖的旅遊，他在沿途總要對美景吟詩作賦，讓自然美景來撫慰他那顆破碎的心。遇赦以後，窮愁潦倒，貧病交加，流落江南，而他嚮往的是「遐登蓬萊，極目四海，手弄白日，頂摩青穹，揮斥幽憤」（《暮春江夏送張祖監之東都序》），讓大自然的美景來驅散他胸中的幽憤。恐怕很難找出像李白這樣從青少年一直到晚年都這麼酷愛旅遊的文人了，所以我們說李白是中國古代一位偉大的旅行家。

第二節　李白的遊蹤及其詩文是寶貴的旅遊資源

旅遊資源主要指對旅遊者具有吸引力的以自然風光為主的自然資源和以歷史古蹟為主的人文資源。它能夠為旅遊者提供遊覽、觀賞、樂趣、考察研究以及友好往來等條件，能使旅遊者開闊眼界，增長知識、陶冶情操。名人的故居遺蹤是人文旅遊資源的重要內容。名人的知名度愈高，其故居遺蹟的吸引力也愈大，旅遊價值也愈高，正如柳宗元說的：「美不自美，得人而彰。」這就是所謂「名人效應」。中國有尊賢重文的歷史傳統，從古至今中國人歷來講究追躡前賢的遺蹤，憑弔先哲的遺蹟，特別對本鄉本土的前代賢哲、名人更為尊重。因為他們為鄉土增添了光彩，對其故居、遺蹟倍加愛護，還要在風景奇絕處建祠造亭、摩崖銘碑，這就產生了一大批人文旅遊資源。李白是知名度很高的名人，作為唐代詩歌王國中的無冕之王，在去世前就已經很出名了，去世後一直活在人民的心中。他那熾熱的愛國主義熱情，奔放豪邁的性格，壯美清新的詩篇，千百年來深受人們的崇敬和喜愛，他的足跡所至之處吸引了一代又一代人的瞻仰、憑弔。明代思想家李贄說：「余謂李白無時不是其生之年，無處不是其生之地，亦是天上星，亦是地上英，亦是巴西人，亦是隴西人，亦是會稽人，亦是潯陽人，亦是夜郎人。死之處亦榮，生之處亦榮，流之處亦榮，囚之處亦榮，不遊不流不囚不到之處，讀其書，見其人，亦榮亦榮！」李白的出生之地，寓居之地，題詠之地和李白傳說的流傳之地都對旅遊者有很大的吸引力。毫無疑問李白的遊蹤是具有極高旅遊價值的人文景觀，同時也是自然景觀，因李白一生在旅遊中追求自然美，他所到之處自然風光都很美。人文景觀與自然景觀高度完美的結合，正是李白旅遊資源的重要特色。

李白的遊蹤是旅遊資源，那麼李白的詩歌是不是旅遊資源呢？筆者認為凡是與人文景觀和自然景

第二節　李白的遊蹤及其詩文是寶貴的旅遊資源

觀相結合的李白詩歌也是旅遊資源，或者說隱性旅遊資源。旅遊本身就是一種高層次的文化活動，旅遊中產生的詩歌以藝術的形式再現自然美與人格美，對景點能造成點題、渲染、美化意境的作用，可以大大豐富旅遊的內容，提高旅遊資源的價值，增強對旅遊者的吸引力。凡是經李白題詠過的名勝古蹟，其知名度會更高，有些旅遊景點之所以能吸引遊客，主要是因有李白遺蹟或經李白題詠過，如有了李白的《獨坐敬亭山》，敬亭山才有人去遊覽；有了《贈汪倫》，安徽涇縣的桃花潭才知名；大匡山、戴天山本來是岷山山脈千萬座山頭中最普通的山，因為是李白隱居處，寫過《訪戴天山道士不遇》、《別匡山》，才聞名遐邇，引來了一代又一代的遊人。又如李白改九子山為九華山，方使名聲遠震，後來成為中國四大佛教名山之一。李白在旅遊中，以他那如椽之筆，歌詠山水之美，緬懷古人，憑弔古蹟，這就是十分豐富而珍貴的旅遊資源。

李白詩歌對旅遊者能造成啟迪遊興，陶冶情操，增強審美意識，提高審美感受層次的作用。旅遊活動也是一種審美活動，要形成具體的美的欣賞關係，有兩個不可或缺的方面，一方面要有客觀的審美對象——旅遊景點，另一方面是審美主體——旅遊者應具備相應的審美條件。審美主體的條件如何又決定旅遊景觀能否以及在何種程度上進入旅遊者的審美視野，成為欣賞對象，決定著旅遊者所獲得的審美愉悅程度的高低強弱。在旅遊中往往可以看到這樣一種情況：在欣賞同一景觀時，不同的旅遊者的審美感受是很不相同的。這是由於旅遊者——審美主體的審美條件各不相同。審美條件除耳、眼、鼻等審美感官外，主要是文化教養、知識儲備，其中包括對李白等前代詩人的作品的熟悉程度。因為這些方面的差異，旅遊的審美感受就會呈現出多層次性。李澤厚先生將美感分為「悅耳悅目」、「悅心悅意」、「悅神悅志」三個層次。所謂「悅耳悅目」是指耳、目為主的全部審美感官所經驗的愉快的感受，是旅遊者在與審美對象的直接交融中，不加任何思索便可感受到對象的美，喚起耳、目、鼻等感官的愉悅。如旅遊者進入山中，看到滿目青翠，聽到百鳥爭鳴，聞到野花飄香，得到了感官的愉悅。這是一種初級的審美享受，不具備較高的文化修養，不借助於文人題詠也可以得到，但其審美的感受是很淺薄的，只會說：「啊！多美呀！」而說不出為什麼美？怎樣美？如果熟知與旅遊景觀有關的詩文，那麼這種「悅耳悅目」的美感就會大大加強。如李白青年時代寫的《訪戴天山道士不遇》，給我們展示了一幅恬靜幽麗的畫面，鮮豔的桃花，青翠的野竹，淙淙泉水聲中傳來幾聲犬吠，使人耳目為之愉悅。李白有許多生動形象地描寫自然美景詩歌，如「竹色溪下綠，荷花鏡裡香」（《別儲邕之剡中》），「山花如繡頰，江火如流螢」（《夜下征虜亭》），「淥水淨素月，月明白鷺飛」（《秋浦歌》），「青蘿裊裊拂煙樹，白鷴處處聚沙堤」（《和盧侍御通塘曲》），「寒雪梅中盡，春風柳上歸。宮鶯嬌欲醉，檐燕語還飛」（《宮中行樂詞》）等等，這些詩句把自然界中最靚麗的色彩，最悅耳的聲音，最優美的畫面呈現在讀者面前。李白最善於捕捉美，詩中有豐富的想像，生動的比喻，在旅遊中欣賞這些詩肯定會使你「悅耳悅目」的審美感受更加深刻，更為強烈。

第二層次上的美感形態是「悅心悅意」。透過旅遊景觀有限的、偶然的、具體的感性形象，直觀地領悟到其中較為深刻的本質的無限的意蘊，獲得審美享受和情感的昇華，進入一種觀念上的欣快喜悅狀態。這種愉悅已超乎於具體形象之外，在審美主體的自由的審美遐想中創造出「象外之象」，「景外之景」，得到精神上的美的享受，李白在旅遊中處於這一層次的美感狀態中寫的詩歌是很多的。李白從小熱愛大自然，崇尚大自然，有一種物我泯一的根基，在他欣賞自然景觀時，對自然美有一種很敏銳的感受力，善於把握住自然景物中最本質的特徵，而且把自己的情感以至整個身心融入自然美景之中，與自然渾然一體，如《獨坐敬亭山》：「眾鳥高飛盡，孤雲獨去閒。相看兩不厭，只有敬亭山。」他把山擬人化，作為他的知心朋友，而他也要與山融為一體，進入一種無憂無愁，澄明純淨的精神狀態。又如《清溪行》：「清溪清我心，水色異諸水。借問新安江，見底何如此？人行明鏡中，鳥渡屏風裡。向晚猩猩啼，空悲遠遊子。」清澈的江水已經不僅是「悅目」，而且可以「清心」，使心靈得到淨化。以水作明鏡，以山為屏風，也就是以山水為家，沉醉其中，忘掉了遊子的悲愁。李白曾在白兆山中寫道：「問余何事棲碧山，笑而不答心自閒。桃花流水窅然去，別有天地非人間。」（《山中問答》）詩中表達的正是一種「只可意會不可言傳」的「悅心悅意」的美感經驗。李白讚美自然風光，往往是把大自然作為醜惡汙濁的對立面，純潔美好的審美對象來寫的。當他在醜惡汙濁的現實社會中，濟世安邦的宏偉抱負得不到實現，政治上遭到挫折，心靈上受到創傷時，便在自然美景中尋求樂趣，排解心中的愁悶，使心境變得恬靜愉悅。如李白在廬山寫的《日夕山中忽然有懷》：「久臥青山雲，遂為青山客。山深雲更好，賞弄終日夕。月銜樓間峰，泉漱階下石。素心自此得，真趣非外借。」又如《獨酌》：「落日不盡歡，恐為心所侵。獨酌勸孤影，閒歌面芳林。清風尋空來，碧松與其吟。手舞石上月，膝橫花間琴。」正是大自然的美景驅走了胸中的幽憤，使苦悶的心情變得澄明空寂。在旅遊中結合有關景色，讀李白的這一類詩，會使人心胸豁然開朗，忘卻世俗的煩惱，獲得心情的愉悅，這種愉悅感較之「悅耳悅目」，具有相對的持續性和穩定性，會給旅遊者在心靈上打下牢固的美的印記。

第三層次上的美感形態是「悅志悅神」，是審美感受的最高層次。審美主體——旅遊者，在觀賞或秀美、或崇高、或靜、或動的審美對象時，經由感知、想像、情感、尤其是理解等心理功能的交互作用，從而喚起精神意志上的振奮和倫理道德上的超越或完善。這種美感狀態體現了審美主體的大徹大

第十三章　李白與旅遊

悟，體現了主體與審美對象之間的高度和諧統一。李白處於審美感受最高層次上寫的詩最具特色，也是與其他山水詩人的不同之處。李白在一生的旅遊中，面對巍峨雄偉的群山，奔騰不息的江河，東昇西落的日月，生機盎然的花木，深感宇宙的永恆與人生的短暫，造化的偉大與人力的渺小，自然的可貴與名利的卑微，從而領悟人生的真諦，渴望返璞歸真，回歸自然，與天地冥合為一，使精神得到大解放、大自由、大超越。他在《日出入行》中寫道：「日出東方隈，似從地底來。歷天又復入西海，六龍所舍安在哉？其始與終古不息，人非元氣安得與之久徘徊，草不謝榮於春風，木不怨落於秋天。誰揮鞭策驅四運，萬物興歇皆自然。羲和！羲和！汝奚汨沒於荒淫之波？魯陽何德，駐景揮戈？逆道違天，矯誣實多。吾將囊括大塊，浩然與溟涬同科。」李白感悟到自己與自然，以至與整個宇宙合而為一，似乎達到了超道德的本體高度，也就是達到了「天人合一」的永恆與不朽的至高的審美境界。什麼榮華富貴，什麼升官發財，什麼名利地位，都不過是微不足道的過眼雲煙。《夢遊天姥吟留別》就是以夢遊的形式，將典型的山水之美集中起來描述，表現了詩人願融入永恆的美好的大自然之中，要與權貴統治的汙濁的塵世決裂，達到道德上的自我完善。

李白以闊大的胸襟，超越的眼光看大自然，描寫創造出了許多壯美的形象。如寫黃河長江之壯偉：「黃河西來決崑崙，咆哮萬里觸龍門！」（《公無渡河》）「黃河落天走東海，萬里寫入胸懷間」（《贈裴十四》）；「巨靈咆哮擘兩山，洪波噴流射東海」（《西岳雲台歌送丹丘子》）；「登高壯觀天地間，大江茫茫去不還。黃雲萬里動風色，白波九道流雪山」（《廬山謠》）；「驚波一起三山動」，「濤似連山噴雪來！」（《橫江詞》）李白在他的這一類詩歌中所展現的崇高美真可以震撼人心。黑格爾說：「大海給了我們茫茫無定、浩浩無際與渺茫無限的觀念；人類在大海的無限裡感到他自己的無限時，他們就被激起了勇氣要去超越那有限的一切。」旅遊者在面對黃河、長江時，朗誦李白的這些動人心魄的詩句，會深深感受到黃河、長江那百折不回，敢於沖決一切險阻的力量，從而激起人們敢於戰勝困難，超越一切的勇氣。李白的千古絕唱《蜀道難》，對蜀道山水傾注了雄放壯烈的感情，以極端的誇張和非凡的想像描述蜀道之高峻驚險。何其芳先生說：「《蜀道難》描寫了雄壯奇特的自然美，並進而創造了莊嚴美麗的藝術美。這樣的自然美與藝術美，都可以豐富我們對中國的河山和中國的文學藝術的熱愛。」《蜀道難》的寓意深刻，可以從多方面去理解，因而歷代爭議頗多。我認為詩中既有對中國山河的讚美，也有對當時社會危機和個人坎坷遭遇的感慨，還有對古代人民征服自然的豪情壯志的歌頌，在旅遊中讀《蜀道難》會使你熱愛中國山河的情感油然而生，還會給你增添無窮的力量，鼓舞你像敢於攀越和開闢蜀道的勇士那樣，具有大無畏的意志、毅力和氣概！總之，李白的詩歌會使旅遊者得到悅神悅志的催人奮發向上的審美感受。這種高層次的審美感受具有倫理道德意義上追求超越、永恆、無限和必然的特質，這種特質是符合當前時代需要的，是有助於社會主義精神和物質文明建設的。

總之，李白詩歌在旅遊審美過程中所起的作用是很大的。熟悉李白詩歌與不熟悉李白詩歌的旅遊者，在旅遊中的感受大不相同，不熟悉李白詩歌的旅遊者，只不過在「悅耳悅目」這個最低層次上徘徊，而要達到「悅心悅意」，特別是要達到「悅神悅志」的最高美感境界，要達到在旅遊中陶冶情操的口的，則要借助於李白的詩歌。

作為旅遊資源的李白詩歌，不僅限於嚴格意義上的山水詩。在李白詩歌中以描述山水美景為主的詩或者說記遊詩是不多的。他的許多描寫自然山水的佳句名篇往往出於抒情、送別、遊仙、懷古以至於題畫。如政治抒情詩《將進酒》：「黃河之水天上來，奔流到海不復回。」送別詩《送友人入蜀》、《峨眉山月歌送蜀僧晏入中京》，描繪了蜀中山水、峨眉山月。《送孟浩然之廣陵》描寫長江之壯闊。題畫詩《觀元丹丘坐巫山屏風》、《當塗趙炎少府粉圖山水歌》等，生動地描述了巫山等地的自然美景。李白的懷古詩也很多，緬懷古代傑出人物，憑弔著名的歷史遺蹟，重現歷史上驚心動魄的歷史事件。如《烏棲曲》、《蘇台覽古》、《越中覽古》，寫吳越爭霸之事，豐富了蘇州、紹興的旅遊內容。李白對呂尚、屈原、張良、諸葛亮等傑出人物十分崇拜，《鞠歌行》、《江上吟》、《經下邳圯橋懷張子房》、《讀諸葛武侯傳書懷》等就是緬懷他們的，這一類詩在開發以人文景觀為主的旅遊資源中是要起很大作用的。

李白還有一些短小精妙的描繪山水的散文，如《劍閣賦》、《天門山銘》、《秋於敬亭送從侄遊廬山序》等也是隱性的旅遊資源。李白的遺蹟、遊蹤及其相關的詩歌、散文，李白民間傳說故事等，都可以稱之為李白文化旅遊資源，具備很大的開發潛力。

後記

裴斐先生對我說：「李白在四川的事跡和詩文研究是個薄弱環節，史料太少，也是李白研究的難點。但搞清楚李白在四川這一段，是我們四川人不可推卸的責任。只要我們鍥而不捨，總會把李白在四川這一段搞清楚的。」裴斐先生已經遠離我們而去，但他的話始終銘記我心。三十年來，我正是帶著一種責任感進行李白研究。現在《李白與地域文化》即將出版，雖然不敢說已經「把李白在四川這一段搞清楚」，但畢竟弄清了一些問題，也可告慰裴先生在天之靈。

值此書出版之際，謹對以上關心、支持、幫助我完成此書的同事、朋友表示衷心感謝！

蔣志

李白與地域文化

作　　者：蔣志
發 行 人：黃振庭
出 版 者：崧燁文化事業有限公司
發 行 者：崧燁文化事業有限公司
E-mail：sonbookservice@gmail.com
粉 絲 頁：https://www.facebook.com/sonbookss/
網　　址：https://sonbook.net/
地　　址：台北市中正區重慶南路一段六十一號八樓 815 室
Rm. 815, 8F., No.61, Sec. 1, Chongqing S. Rd., Zhongzheng Dist., Taipei City 100, Taiwan
電　　話：(02)2370-3310
傳　　真：(02)2388-1990
印　　刷：京峯彩色印刷有限公司（京峰數位）
律師顧問：廣華律師事務所 張珮琦律師

定　　價：450 元
發行日期：2023 年 02 月第一版
◎本書以 POD 印製

國家圖書館出版品預行編目資料

李白與地域文化 / 蔣志著 . -- 第一版 . -- 臺北市 : 崧燁文化事業有限公司 , 2023.02
面；　公分
POD 版
ISBN 978-626-357-076-4(平裝)
1.CST: (唐) 李 白 2.CST: 文 化 3.CST: 文化研究
782.8415
111022266

電子書購買

臉書